¡AHORA, INNOVA!

Coraje y **método** para la innovación

1ª edición: febrero 2012

Portada de Julien Tromeur - Fotolia.
Ilustraciones del interior de Mario Pereda,
sobre propuestas de Synectics.

Pre-impresión e impresión:
Talleres Gráficos Soler, S. A., Esplugues de Llobregat (Barcelona)

ISBN: 978-84-936120-3-0
Depósito Legal: B-4382-2012

Borja:
Para Silvia, compañera, soporte y amor de mi vida.

Liberto:

Para mis hijos, Mario y Adrià, que me han inspirado
a ser quien soy hoy en día, y a seguir creciendo.
Para Rosario, "la vida entera juntos".

Índice

Prólogo de Richard Harriman

Destilado a su esencia, el mensaje de Borja Baturone y Liberto Pereda es sencillo: la innovación es necesaria, es posible, es personal. Este último punto es el más crítico. Cuando las personas se lamentan de la falta de cambio en cualquier área de importancia para ellos, suelen decir: "Si tan solo...". Por ejemplo, si tan solo la administración nos dejara echarle un vistazo a X, si tan solo hubiera habido más tiempo, si tan solo pudiéramos conseguir más dinero, si tan solo... Es una actitud que pone el poder de cambiar del lado de los demás.

Aunque cada uno de estos puntos de vista "si tan solo" tiene validez y es cierto hasta cierto punto, el innovador tiene la suficiente valentía para cambiar el pensamiento de "si tan solo" a "¿qué pasaría si?" y, más importante aún, "¿cómo puedo...?". Se trata de ver las barreras no como barreras fijas, sino como una invitación a la resolución de problemas y a la creatividad.

Los autores nos muestran como, con habilidades sorprendentemente básicas, podemos comenzar a usar más el talento creativo que reside en cada uno de nosotros. Como ha señalado uno de mis compañeros, George Prince, uno de los precursores en el campo del fomento de la innovación, la creatividad, semilla de la innovación, es mucho más una destreza que un talento. Borja y Liberto nos muestran diversos sistemas para trabajar de manera colaborativa y para integrar la innovación en la empresa.

Claramente aciertan en su conclusión de que es posible, aunque no necesariamente fácil. Y dado el riesgo de no innovar, vale la pena arriesgarse.

Como lector, tiene la fortuna de haber encontrado en Borja Baturone y Liberto Pereda a dos vigorosos transmisores, así que puede estar seguro de que las sugerencias que presentan no son solo ideas interesantes, sino herramientas probadas. Ambos han sido emprendedores de éxito, saben cómo generar nuevas posibilidades y trabajar con ellas. Los dos han sido ejecutivos de una gran compañía multinacional donde han trabajado para introducir innovaciones en entornos complejos. Cada uno se ha dedicado profesionalmente a facilitar la innovación, por lo que conocen perfectamente los obstáculos y la manera de sortearlos. Y viven la vida como personas innovadoras que son: apasionadamente curiosos, implicados en la creación, colaborativos y con una mentalidad abierta.

Es mucho lo que el lector podrá aprender de sus experiencias

Richard Harriman
Cambridge, Massachusetts, Noviembre de 2011

CEO de Synecticsworld durante treinta años y experto en formación en el campo de la innovación; profesor de Innovación en la Universidad de Harvard y en otras universidades estadounidenses, es autor de *Creativity Inc: Building an Inventive Organization.*

Prólogo de José Ramón Magarzo

¡Ahora, innova! *es una invitación a innovar como un proceso compartido, que parte de la creatividad, de una idea, capaz de generar valor. A través de esta obra, los autores hacen un recorrido por las características de la innovación, analizando procesos, métodos y herramientas con que construir líderes y organizaciones más innovadoras.*

En una sociedad cambiante y en continua evolución, la innovación es un imperativo, una necesidad, no una elección. Ambos autores parten de esta concepción y hacen de ella el hilo conductor de toda la obra, aportando distintos ejemplos que la sustentan.

A innovar se puede aprender. Existen métodos para lograrlo. Pero lo más importante es querer hacerlo, ser conscientes de que el riesgo es necesario y aceptarlo, convertir los problemas en retos por superar, cambiar la cultura de una organización y saber que hay que empezar por uno mismo. Hacen faltan líderes que crean en la innovación y que fomenten equipos a los que se les escuche y se les permita equivocarse. Hay que entender, en definitiva, que no siempre es un camino fácil, y estar dispuestos a asumir que, en este proceso, muchas ideas no llegarán a cuajar.

Coraje y método son los dos ingredientes que los autores nos incitan a practicar, y ambos son indisolubles y necesarios, pues no necesariamente se alcanza la innovación solo con creatividad, y una idea por sí sola no produce la innovación: necesita de un proceso para llegar a materializarse.

Si la necesidad de innovar es ya incuestionable, ¿por qué no se innova más? Los sistemas educativos, el miedo al fracaso y la mentalidad cortoplacista imperante son algunos de sus frenos. Innovar es un proceso, y, como tal, requiere cambio, transformación, lo que supone tiempo, costes, recursos y fe. Y es además un proceso compartido, en equipo, lo que lo hace más complejo y, a un tiempo, enriquecedor.

Cuestiones como por qué y para qué innovamos nos dan las claves para innovar. Si es algo innato, y además se puede aprender y potenciar, hagámoslo. Hay mucho que perder si no nos arriesgamos. Querer aprender, conocer, llegar más allá, es lo que nos ha permitido evolucionar, ser mejores. Desde Leonardo da Vinci hasta hoy, los aviones han cambiado mucho; han pasado 500 años, y los procesos son cada vez más rápidos. Pero lo más importante apenas ha cambiado: la curiosidad, la inquietud humana, esa semilla que nos permite seguir innovando.

Innovemos pues, sin titubear.

José Ramón Magarzo
Madrid, Enero 2012

Presidente Ejecutivo de Altran España y Portugal, ambas compañías pertenecientes al grupo Altran, líder global en innovación y consultoría tecnológica. Con una dilatada experiencia de más de treinta años en el sector, ha sido Socio-Director de las principales firmas de consultoría como Coopers & Lybrand, Cap Gemini y Ernst & Young.

Café Saigón, Madrid, 12 de mayo de 2011. Prólogo de los autores

LIBERTO: Bueno, Borja, ya tenemos el encargo del libro, y ¿ahora qué? Antes de pedir a nadie que innove, nos tocará a nosotros innovar. ¿Cómo lo hacemos? Porque sabemos que hace falta coraje y método, pero ¿por dónde empezamos? Tal vez podamos comenzar por ver lo que ocurre en la realidad de las organizaciones. ¿Qué ocurre?

BORJA: Hay un factor importantísimo: el cambio en el entorno es exponencial, las cosas están sucediendo a una velocidad de vértigo. Estamos hablando de que hace siete años no existía Facebook, y hoy cuenta con más de 700 millones de clientes.

L.: Es cierto. Si pensamos en Kodak, ha dominado su mercado durante cien años, y desde hace siete u ocho está sufriendo por la innovación disruptiva de la fotografía digital. Kodak ha podido dominar su mercado durante tanto tiempo porque el ritmo de la innovación era predecible.

B.: Y de la misma forma que Facebook desbancó a Myspace en tan solo dos o tres años, actualmente hay ya un grupo trabajando en Florida para lanzar la alternativa a Facebook, Linkedin y Twitter juntos: la propuesta de Unthink. Los cambios son brutales… Y no solo en el mundo de la empresa: las ONG están viendo que tendrán que reinventarse para poder seguir ofreciendo valor, muchas instituciones están abocadas a su desaparición si siguen haciendo lo mismo. En el sector público está claro que no se pueden seguir haciendo las cosas de la misma manera; cada vez se requieren más servicios públicos, en algunos casos distintos de los de antes, y cada vez hay más problemas para financiarlos... Y qué decir de los cambios sociales y de valores, que corren como la pólvora alrededor de todo el mundo gracias a los avances de la comunicación. Estamos hablando de crisis, pero en el fondo estamos observando un cambio de paradigmas desacostumbradamente rápido para una sola generación.

L.: Esto me recuerda una ocasión en que estaba en Galicia, en casa de mi suegra, una mujer maravillosa de noventa y cinco años. Organicé una sesión de Skype para charlar con mi esposa, que se encontraba en Barcelona, e invité a mi suegra a "skypear". Puedes imaginar su reacción. Dijo textualmente: "Esto es cosa de brujas". Para ella, nacida en el agro profundo de Galicia a principios del siglo XX, el salto tecnológico supera absolutamente su capacidad adaptativa y comprensiva. Debo reconocer que también la mía.

B.: En esos 95 años, las personas hemos pasado de comunicarnos a distancia mediante carta a plumilla y telegrama al WhatsApp. En el camino, el bolígrafo, la máquina de escribir manual, el teléfono fijo, la máquina de escribir eléctrica, el télex, el fax, el procesador de textos, el PC, el *e-mail*, el *laptop*, el teléfono móvil, los SMS, Skype, Facebook, Twitter, WhatsApp... Un salto impresionante, ¿verdad? Podríamos incluir en esta inercia muchísimos otros medios o avances, pero sería interminable.

L.: Interminable como el proceso adaptativo. Una organización es, de una forma muy simple, un conjunto de personas que están en un punto A y que desean llegar a un punto B. La mayoría, con anterioridad a iniciar el camino de A a B, preparan el mapa de la ruta con el diseño de productos y servicios, estrategias, organización, etc. Muchas, incluso, hacen "mapas" realmente impresionantes, con todo tipo de detalles y previsiones para intentar asegurar el éxito de la misión.

B.: Sin embargo, pocas son las que llegan al punto B. Aunque a posteriori se puede justificar con todo tipo de "argumentaciones" (o excusas). No alcanzar los objetivos propuestos se debe a varios factores. El primero que me viene a la cabeza es que la innovación, que antes era algo exclusivo del punto A, es ahora necesaria en todo momento. También observo que a veces se confunde el "mapa" con el "territorio". Cuando comenzamos a caminar, lo normal es encontrar todo tipo de situaciones no previstas; el entorno cambia. Algo se "mueve" con respecto al mapa inicial. Por muy bien elaborado que esté el mapa, será el territorio real el que nos indique dónde estamos, y por dónde podemos "pasar".

L.: Por otra parte, no se sabe bien dónde estamos, cuál es el punto A. Ello se debe no tanto a la carencia de medidas de todo tipo, sino a que estas no se aprecian ni se tienen en cuenta las "lentes" con las que se mira la realidad. El punto A, que también se está moviendo mientras lo estamos observando, será percibido de un modo diferente por alguien con un comportamiento reactivo controlador que por alguien con un comportamiento reactivo complaciente. El punto ciego del liderazgo tiene mucho que ver en ello.

B.: Efectivamente, y además resulta que la mayoría de puntos B (o visión) no inspiran a nadie o a casi nadie, porque están basados en valores y paradigmas que, en muchos casos, ya han quedado obsoletos. Es más, en la mayoría de las ocasiones la visión de un proyecto, equipo u organización es tan solo una declaración de buenas intenciones o una imposición "política". Pocas veces se trata de una visión que supere los límites de la organización y que dé sentido y propósito a las personas.

L.: Igualmente, cuando estamos en un territorio extenso, la "cadena de mando", tan necesaria en entornos evolutivos, frena y limita el avance. Quien se enfrenta a lo "inesperado" raras veces tiene la autonomía para "responder" con agilidad al "cambio del entorno" u obstáculo. Por lo general, tiene que pedir "permiso" o "nuevas instrucciones" a alguien "por encima".

B.: Antes, bastaba con innovar en el punto A, y no había que volver a hacerlo hasta alcanzar el punto B previsto. Hoy, con el cambio exponencial, hay que innovar en todo momento en los diferentes ámbitos de la organización para poder adaptarse. Por otro lado, es importante entender que las capacidades de creatividad e innovación están en todos y cada uno de nosotros. Solo que a veces están oxidadas... y hay que saber cómo "resucitarlas". Replicar las cosas que ocurren por accidente y convertirlas en un proceso. Para ello, es preciso contar con una organización adaptativa y ágil. Y la única posibilidad es, primero, tener coraje para cambiar la forma en que trabajamos; y segundo, tener método. ¿En qué consiste el coraje?

L.: El coraje fundamentalmente es ver en el riesgo una oportunidad. Se trata principalmente del coraje personal de adentrarse en lo desconocido. Para ello es preciso innovar en la forma organizativa, innovar en el liderazgo, y abrirse a compartir el liderazgo en función del tipo de evento de negocio. La empresa necesita responder ágilmente al cambio exponencial del entorno. En este contexto, convertir la red de influencia interna en una red de liderazgo informal, o red de entusiasmo, es clave.

B.: Ello implica que los líderes deben realizar su propia labor de innovación. Si al abordar el trabajo de innovación se frenan por el riesgo, estamos limitando la organización. Y por otra parte, si para cada paso, frente a cualquier reto, la organización tiene que seguir la vía tradicional de la cadena de mando, cuando se quiera responder innovativamente al mercado, tal vez sea tarde. Se necesita dotar de capacidades de adaptación y respuesta a todas las capas de la organización, y conseguir que el conjunto se mantenga coordinado.

L.: Por esa razón es asimismo primordial innovar en la visión de la organización. Una visión potente despierta pasión y emoción, e inspira a una mayoría de las personas en la organización. A partir de ahí, método.

B.: Existe la idea generalizada de que la innovación es cosa de unos pocos, los genios creativos, o los que tienen encargada una función específica de innovación. Sin embargo, los procesos que hacen los genios a veces "sin querer" se pueden reproducir para llevarlos a cabo cada vez que lo necesitemos. Alguien tiene que introducirlos, enseñarlos, facilitarlos, y se puede hacer de manera gradual para evitar rechazos. Todos podemos ser más creativos e innovadores, y la organización como tal puede serlo también. Existen métodos prácticos y replicables que nosotros llevamos desarrollando más de 50 años, junto con las principales organizaciones e instituciones del mundo.

L.: Y además son extremadamente necesarios en todas las organizaciones. Si pensamos en cualquier sector, ¿qué cambios se han producido en los últimos siete años?, ¿cuándo ocurrió la última innovación disruptiva en él? Lo más probable es que las cosas hayan cambiado tremendamente.

B.: También es muy probable que esa organización no haya sido la que desencadenó dicha disrupción. Por ello, lo normal es que esté sufriendo las consecuencias de ser un seguidor que corre detrás para parchear y minimizar el impacto de la innovación disruptiva que otro ha introducido. O bien, simplemente, el entorno ha cambiado de un modo sustancial. Por supuesto, podemos recurrir a la excusa o la justificación de la crisis. La crisis es el colapso de algo y el surgimiento de algo distinto. No es el fin del mundo, no es malo "per se"; es simplemente la propia naturaleza de la vida: evolución y cambio. Desde el punto de vista empresarial, la crisis lo único que hace es mostrar la parte del iceberg que no vemos cuando las cosas "van bien". En épocas de "bonanza económica", casi todas las empresas crecen, aunque no todo lo que podrían, ni necesariamente de forma sostenible. En períodos críticos, solo crecen las empresas que enfocan estratégicamente la innovación disruptiva. Y mirando al largo plazo, solo sobrevivirán las organizaciones, como los organismos, que logren improvisar mejor para adaptarse al entorno cambiante. Ya lo dijo Darwin.

L.: Casi con toda seguridad podemos afirmar que, en este mismo instante, hay al menos una persona o grupo de personas en algún lugar del mundo trabajando para crear la próxima innovación disruptiva en cualquier sector. Como los de Unthink. ¿Representará Unthink para Facebook lo que Facebook representó para Myspace?

B.: Hay una pregunta clave: ¿está nuestra organización trabajando en la siguiente innovación disruptiva? No. Entonces, lo más probable es que en dos o tres años estemos sufriendo (aún más) para sobrevivir, o incluso que la organización haya desaparecido. Y no es nada exagerado si pensamos en Kodak. Hace siete años vivía en la cresta de la ola, y hoy en día se cuestiona su continuidad.

L.: Las empresas siempre han necesitado adaptarse y readaptarse a los cambios del entorno. Muchas han desaparecido por no saber, no poder o no querer hacerlo. Y siempre será así, pura teoría darwiniana. Sin embargo, lo que sí cambia es la duración del ciclo, desde el nacimiento hasta la muerte (o casi). Así, para Kodak han pasado 130 años, mientras que para Myspace han pasado tan solo 8 años. ¿Qué limita la capacidad de adaptación de una empresa al cambio exponencial?

B.: Fundamentalmente dos cualidades: la efectividad del liderazgo en la empresa y la velocidad de respuesta adaptativa al cambio. En ambos casos, la innovación es la única salida. Además, los problemas surgen de la incompatibilidad entre el Mundo de la Innovación y el Mundo Operacional: cuanto más eficientes somos en hacer cada vez mejor lo que ya sabemos hacer, minimizando los riesgos, más dificultades tenemos a la hora de generar cosas nuevas, que siempre suponen un cierto riesgo.

L.: Es una perogrullada decirlo, pero el liderazgo efectivo da mejores resultados que el liderazgo inefectivo. ¿Hace falta insistir? Creo que no. En los últimos 95 años el desarrollo de la tecnología ha sido tremendo, la del management incluida. ¿Ha crecido a la misma velocidad que la tecnología el nivel de conciencia de los seres humanos, directivos incluidos? Una mejor o más novedosa tecnología puedes comprarla, pues te la ofrecen. Un nivel de conciencia mayor se alcanza solo a través del trabajo personal interno, con dedicación y esfuerzo. Obviamente, el enfoque ha estado en la parte tecnológica del desarrollo, competencias, habilidades, etc. Se ha crecido exponencialmente, desde los primeros momentos del taylorismo hasta el *lean management*. Pero a nivel interno se ha hecho poco, casi nada o nada. Por ese motivo lo que en realidad limita la adaptación de las empresas al cambio exponencial del entorno es el nivel de conciencia, no el nivel competencial.

B.: Para adaptarse al cambio del entorno, una empresa tradicionalmente organizada empleará el método de la "cascada", es decir, de arriba abajo. El tiempo que pasa entre que un vendedor detecta una amenaza u oportunidad, la comunica, sube, y sube, y sigue subiendo en la organización jerárquica, llega, se analiza, se piensa, se decide, y baja, y baja hasta llegar de nuevo al vendedor, es extremadamente largo e implica siempre llegar demasiado tarde. Por el camino, las estructuras corporativas están cada vez más separadas de la realidad. Hay un lapso entre lo que realmente necesitan los clientes y lo que ofrece la organización. Muchas organizaciones dicen pensar para el cliente, algunos incluso por el cliente, pero muy pocas *sienten* como este, debido a esta lejanía. Se empeñan en pensar en soluciones que luego tratan de "empujar" en los mercados, cuando debería de ser al revés.

L.: De ahí la necesidad de utilizar el liderazgo informal de la empresa. Con un esfuerzo y atención adecuados, podemos convertir a las personas influyentes de la empresa en una red de entusiasmo de agentes de cambio. Personas que, desde su liderazgo, coordinen respuestas adaptativas a corto plazo, a los cambios del entorno. Combinando la acción consciente del directivo en un nuevo rol de su liderazgo, enfocado en el largo plazo de la organización, y la acción adaptativa de la red de líderes informales, la empresa puede amplificar su capacidad adaptativa y evolutiva, de forma sostenible.

B.: Además, si logramos que esos líderes informales consigan destapar sus capacidades innovadoras e inspirar a los demás y que la organización en la que operan ponga en marcha un sistema que lo fomente, estas respuestas adaptativas podrán cristalizarse en soluciones realmente innovadoras y mucho mejor adaptadas. Se trata de innovar mediante un proceso de transformación creativa permanente, para abordar los retos y oportunidades que ofrece el cambio exponencial.

L.: La clave para la innovación está en combinar coraje y método.

B.: Por eso nuestra invitación al lector es: *¡Ahora, innova!*

1

Historias de innovación

No podemos resolver problemas usando el mismo tipo de pensamiento que usamos cuando los creamos.
Albert Einstein

Fresas con chocolate.
Julia. Emprendedora. Pontevedra. 38 años.

Al salir de la oficina del banco en la calle Michelena, Julia sentía una fuerte contradicción interna. Por un lado pensaba en tirar la toalla y abandonar. Por otro, sentía aún más ganas y fuerza que nunca. "A fin de cuentas he salido de otras peores", se dijo.

Desde que abandonó los estudios universitarios para emprender su negocio de moda, las cosas le habían ido muy bien. Fiel a sus principios y a la idea inicial de negocio, había conseguido un éxito razonable. En quince años había pasado de vender las prendas de su colección en algunas tiendas de poca monta a dirigir una pequeña cadena de *prêt-à-porter* de diseño con diez establecimientos en la provincia.

Ahora, tras la negativa del banco, se veía obligada a aplazar los planes de expansión con los que pretendía recuperar el crecimiento del negocio. Algo había cambiado en los dos últimos años, pues las ventas parecían estancarse, a pesar de su plena dedicación. Julia sentía que la idea genial que le había permitido crecer desde cero, seguía siendo válida en la actualidad. Así se lo confirmaban los encargados de sus tiendas. "Al fin y al cabo, estamos en una época de crisis. Es normal que no crezcamos. Solo tenemos que aguantar el envite", pensó, tratando de consolarse.

Había quedado para comer con Ricardo, su esposo. Ya en el restaurante, al final del primer plato, Ricardo le dijo:

–Julia, creo que lo nuestro se acabó. Llevas tantos años entregada a tu trabajo, que ya ni te conozco. ¡Lo dejo!

Ricardo se levantó y salió a la calle a fumar. En ese instante, ella seguía pensando en el negocio; ni siquiera había escuchado las palabras de su esposo. "¿Cómo puede ser? –se preguntaba una y otra vez–. Trabajo como una jabata, tengo un equipo brillante, tiendas en los mejores emplazamientos, buenos diseños, y sin embargo..." El regreso de su marido la hizo volver al aquí y ahora.

–¿Cómo puede ser Ricardo? –le dijo.

Él la miró, con ojos tristes, y le preguntó:

–¿Aún no te has dado cuenta? ¿Cómo es que no quieres verlo?

Julia volvió a sumirse en sus pensamientos: "¿Qué es lo que no veo? ¿De qué tengo que darme cuenta? El negocio tiene una base sólida y sana. No hemos necesitado endeudarnos hasta ahora. Se trata de la competencia desleal de las tiendas de los chinos. ¡Eso es!"

La llegada de los segundos platos la arrancó de su ensimismamiento. Miró a su esposo y entonces cayó en la cuenta. Vio por primera vez la tristeza en los ojos de Ricardo.

–¿Qué te pasa Ricardo? Perdona, pero es que he ido al banco y han vuelto a denegarme el préstamo. Estaba en lo mío.

–Ya lo sé Julia –respondió él–. Como siempre. ¡Me voy!

Esta vez se levantó, tomó su cartera y se marchó.

Julia recordó en ese momento cómo comenzó su empresa. Ricardo, un joven diseñador en aquel entonces, compartió con ella sus diseños. Eran diferentes, frescos y atractivos, también algo atrevidos. Allí nacieron la idea de su negocio y su matrimonio. Su carácter emprendedor y su coraje le permitieron, con mucho trabajo, elaborar su primer catálogo y empezar a vender. Desde entonces, solo éxito. Ahora, la idea original y su esposo la abandonaban.

De nuevo, el camarero la sacó de sus cavilaciones:

–Sus fresas con chocolate, doña Julia.

Cogió la cucharilla y empezó a saborear su postre favorito. Primero una fresa, luego un poco de chocolate, luego otra fresa, luego… De súbito la asaltó un pensamiento: "Tal vez la idea original siga siendo válida, pero le falta algo. Un complemento, como el chocolate. Algo que la reavive y la relance. ¿Qué puede ser?".

Marcó en su móvil el número de su marido.

–Ricardo, creo que lo he entendido todo. Soy yo la responsable de cambiar las cosas, de cambiar nuestra situación. Quiero que me des una nueva oportunidad. Esta vez no te fallaré, te lo prometo. Soy responsable de nuestra situación, tanto en lo que atañe a nuestra relación como en lo referente al negocio, y vamos a salir juntos de esta. Te veo en casa.

Sin añadir una palabra, ni esperar la réplica de Ricardo, colgó.

Conocía bien la "fresa" de su negocio, pero en absoluto el "chocolate". Se sentía mejor, aunque un poco angustiada. "Pero ¿cómo puedo encontrar el nuevo "chocolate" que necesita mi negocio?", se preguntaba.

"Si no sabes adónde vas, acabarás en otra parte."
Laurence J. Peter

Noche sin luna.
Sandra. Directora general multinacional en España.
48 años.

–¡Mamá, mamá....mamaaaaá! Aquí una hija adolescente llamando a su madre ausente.

La voz de su hija sacó a Sandra de una nube tan espesa como el café que no paraba de remover.

–Perdóname, cariño. Hoy tengo reunión con los accionistas y estoy un poco ida.

–Pues es la primera vez que te veo así. ¡Anda que no habrás tenido tú reuniones de esas! Si siempre me dices que te los comes con patatas...

Sí, Sandra había tenido unas cuantas reuniones con sus accionistas. Ella era la directora general de la multinacional en la que trabajada desde hacía diez años. Pero la noche anterior había estado revisando las cuentas de la empresa y lo había visto todo muy negro.

Una noche en duermevela da para mucho. Ocho horas de silencio y oscuridad a solas con una almohada y el tictac de un reloj le hicieron plantearse más clara y crudamente la situación.

Los planes que estaba poniendo en marcha, basados en su experiencia, no parecían dar los resultados esperados. Estaban dando palos de ciego, sin alcanzar a ver a qué se enfrentaban... ¿Qué les ocurría?

"Las ventas caen, y la ratio de costes de la dirección comercial por ingresos se ha disparado. ¿Por qué nuestra red comercial no es eficiente? La fuerza de ventas está mucho más alineada que antes y cuenta con nuevos mecanismos de control. Además, llevamos tiempo haciendo inversiones en sistemas de CRM y control de ventas..."

En el departamento de marketing los *product managers* habían estado desarrollando y sofisticando cada vez más los productos con prestaciones con las que los clientes ni siquiera habían soñado. ¿Cómo era posible que no vendieran?

La almohada no le daba respuestas, y el edredón de pluma de oca pesaba como una losa. Se destapó y continuó con su recorrido frenético por la empresa:

"Mercado hay, o debe haber. Pero tampoco el director comercial parece entenderlo como antes: bolsas de clientes que no parecen ser *target* están comprando más de lo previsto; por el contrario, los clientes que deberían constituir nuestras principales fuentes de ingresos giran hacia otros productos sustitutivos. Pero ¿es que no se dan cuenta? ¡Si nuestros productos son mejores! Datos e información tenemos de sobra. Prácticamente nadamos en datos. Bueno, yo diría que nos ahogamos en ellos. Aclaran con precisión lo que ha pasado... pero cada vez me ayudan menos a tomar decisiones. Y para colmo, cada seis meses surge una nueva tecnología que seguramente podríamos incorporar a nuestros productos, pero siempre resulta demasiado arriesgado hacerlo sin asegurarse de que no puede dar problemas. Cada vez que una tecnología está madura, hay alguien que se nos adelanta y la implementa con éxito. Así que tenemos que esperar al siguiente ciclo tecnológico. ¿Por qué no somos capaces de ser los primeros?"

Tictac, tictac, tictac. Las cuatro de la mañana de una noche sin luna, de color azul oscuro, una noche extraña… Sandra seguía sin pegar ojo, su cabeza bullía:

"Por si fuera poco, tenemos unos índices de rotación de personal brutales. Cuando me fijo en los jóvenes que llegan… Tienen la cabeza llena de pájaros. Ni uno es capaz de aguantar la presión y el sacrificio que requiere nuestro negocio. ¡Menuda generación perdida! Claro, con esta rotación, la calidad y el trabajo están empeorando. Además, ya no los veo como antes: se han convertido en funcionarios, esperando con impaciencia a que lleguen las seis de la tarde para salir corriendo. No tienen ambiciones, no les interesa crecer profesionalmente, ni asumir más responsabilidades. Eso sí, para "jugar" en sus redes sociales y chatear sí que tienen tiempo. Cada mes tengo que ordenar al director de tecnología que "cape" una nueva dirección o servicio web; el tráfico se dispara y nos quedamos sin ancho de banda para el trabajo serio, el de verdad... Al final, son como niños, pero las políticas de premios y castigos que llevamos desarrollando desde hace tanto tiempo no parecen relevantes para estos chicos... Hay algo en sus emociones que se nos escapa."

Sintió un leve escalofrío y volvió a cubrirse de nuevo con el edredón.

"Llevo seis meses con un plan de recortes importante. Tuve que eliminar la unidad de Eduardo. Mira que era brillante ese muchacho, pero solo podría ofrecernos resultados a medio plazo."

Tictac, tictac, tictac. El camión de la basura anunciaba la seis de la mañana.

"¡Vaya nochecita torera que me estoy pasando! Ni un kilo de maquillaje va a lograr disimularme las ojeras. Lo que me faltaba..."

Analizándolo en conjunto, Sandra trataba de dilucidar qué debía hacer, qué podía estar "flotando" en torno a todo aquello.

"El mundo de la empresa se ha vuelto del revés. Solo se me ocurre apretarnos el cinturón, encajar la mandíbula y luchar a brazo partido. Es lo que siempre hemos hecho en los malos momentos. Cuenta con tu gente, me dicen. ¡Pero si tienen pánico a proponer cualquier mejora! Están todos a la espera de que les digan lo que tienen que hacer; la iniciativa para solucionar cualquier problema es igual a cero."

Y como sucede siempre en las noches sin luna, cuando la oscuridad total permite ver estrellas que normalmente están ocultas a nuestros ojos, Sandra atisbó algo. Era un simple destello, una leve intuición. Pero su efecto la hizo levantarse de la cama de un golpe.

¿Y si la clave, además de en los procesos, estuviera en las personas? Quizá si lograba dar un giro a la mentalidad reinante, la gente trabajaría más a gusto, y podrían sentirse inspirados para afrontar y resolver los problemas de forma diferente. Tal vez de ese modo conseguirían que se marchara menos gente. O todavía mejor, atraer el talento que necesitaban. Pero, para hacer todo esto, ¿por dónde debían empezar? Lo mismo ocurría con sus clientes. ¿Eran realmente insondables, o acaso no les entendían lo suficiente? Si conseguían comprenderles mejor, seguro que podrían adaptar sus productos y servicios para hacerlos más atractivos, o inventarse unos nuevos que pudieran tener más éxito.

Aquel día Sandra cambió su traje de chaqueta normalmente crudo o gris por un blazer rojo y un pantalón de mezclilla. En el espejo, veía ahí las ojeras, y bien gordas, pero en sus ojos algo brillaba... Mientras se miraba, continuaba con su diálogo interno:

"Está muy bien esto de lanzarme a la piscina y atreverme a cambiar las cosas, pero ¿cómo lo hacemos? A ver si va a ser peor el remedio que la enfermedad... Primero, no sé hacerlo. Segundo, si supiese, necesito la valentía y el apoyo necesarios para poder cambiar tantas cosas. Y tercero, en el caso de que estuviera convencida de cambiar todas esas cosas, que todavía no lo estoy, ¿cómo me meto en el bolsillo a los demás miembros del Consejo y a los accionistas para que lo apoyen? *Pero Sandra, ¿qué cambios? Si todavía no sabes qué demonios tienes que hacer...*"

Y mientras daba vueltas al café solo podía pensar en una cosa: no había duda de que, si seguían haciendo lo mismo, la empresa corría peligro. Una voz aguda y familiar la hizo aterrizar de nuevo en la cocina de su casa:

–¡Mamá, mamá... mamaaaaá!, aquí una hija adolescente, llamando a su madre ausente.

"Aquel que desee ver el arcoíris debe aprender a disfrutar de la lluvia."
Paulo Coelho

No es solo café.
Eduardo. Director de unidad de negocio. Barcelona. 42 años.

Aquella mañana sería la última. No sentía resentimiento, solamente le preocupaba su equipo y lo que habían logrado durante aquellos años. Ahora que estaba a punto de dejar la empresa, sentía que todo iba a cambiar.

Habían trabajado muy duro. Había dedicado muchas horas a motivar al equipo, a inspirarles, con la idea de acabar a tiempo el plan de negocio para la división que dirigía. Había tenido en cuenta todos los detalles: la competencia, las tendencias, la tecnología disponible, los recursos necesarios, la inversión precisa. Todo, absolutamente todo. El plan era perfecto; al menos él así lo creía.

El día de la presentación al consejo de administración, se sentía seguro y preparado. Llegó el momento. Se puso en pie para comenzar su presentación. En ese momento, Sandra, la directora general, lo interrumpió:

–Disculpa, Eduardo. Tengo que comunicarte una decisión que tomamos ayer en el consejo. Ya sabes, la crisis, la necesidad de priorizar los recursos… En fin, que hemos decidido vender tu división. Tenemos una buena oferta que no podemos rechazar. La venta se llevará a cabo en dos meses. Agradecemos el trabajo que tú y tu equipo habéis desarrollado. ¿Quién sabe?, tal vez los nuevos propietarios puedan aprovecharlo".

Eduardo se quedó paralizado, no comprendía nada. Sintió un nudo en el estómago. "¿Cómo puede ser?", se preguntó.

Sandra añadió:

–Por otra parte, Eduardo, la nueva propietaria desea poner en tu puesto a una persona de confianza, alguien que trabaja con ellos desde hace años. Eduardo, te quedan dos meses en la empresa. Tal vez necesites distanciarte de la situación y comenzar a pensar en tu futuro. Ya sabes lo que dicen, hay que reinventarse continuamente.

Aquellas últimas palabras eran lo último que esperaba escuchar. Se encogió por dentro. Quería llorar, pero resistió el impulso. Sin decir palabra, recogió su portátil, su *smartphone* y sus papeles y abandonó la sala de reuniones.

Cuando entró en la oficina la mañana de la que iba a ser su última jornada, sintió de nuevo aquel encogimiento. Aquellos dos meses habían pasado muy rápidamente. Tal vez en un intento de negar la situación, había trabajado más duro que nunca. Quería dejarlo todo en orden. Dio unas últimas instrucciones, que los demás recibieron con compasión. Había llegado el momento. "¿Cómo puede ser?", se repetía. Al salir, los miembros de su equipo lo abrazaron, y compartieron algunas lágrimas. Pocas.

Ahora, finalmente, se encontraba en la calle. Vio el Starbucks donde solía tomar su café preferido, el Caramel Macchiato, y se animó a repetir el ritual cotidiano.

–¡Hola Laura! –dijo, saludando a aquella joven dependiente que siempre tenía una sonrisa a punto para él–. "Caramel Macchiato, *double shot*, por favor".

Tomó su bebida y se sentó en el sofá verde del rincón. Mientras sorbía el café, observó de nuevo a Laura. "Siempre está sonriendo. Nunca la he visto de mal humor. ¿Cómo puede ser, con la clase de trabajo que tiene?"

Comenzó a relajarse. Miraba distraído a su alrededor cuando un cartel le llamó la atención: IT'S NOT JUST COFFEE. IT'S STARBUCKS! Aquel mensaje estaba diciéndole algo. Se quedó pensativo. Entonces escuchó una voz en su interior: "No soy simplemente un directivo. ¡Soy Eduardo!".

Conocía bien sus fortalezas, su talento, su capacidad creativa. Había algo más que el rol. Era en sí mismo una persona creativa, con ideas. "Si he podido lanzar tantos productos con éxito, ¿cómo no voy a ser capaz de lanzarme con éxito a mí mismo? Siempre he dependido de mí. ¡Eso es, dependo de mí!"

Su cara comenzó a cambiar, e incluso esbozó una sonrisa que respondió a la nueva sonrisa que Laura le ofrecía. "Necesito reinventarme, e innovar en mi vida. Quiero algo diferente, que me llene personalmente. ¡Voy a cambiar mi vida!" Se sentía muy fuerte, cada vez más, a medida que el coraje crecía en su interior.

"Pero ¿cómo puedo renovar mi vida?", se preguntó.

"Si tú no creas el cambio, el cambio te creará a ti."
Anónimo

Si Bécquer levantara la cabeza.
Manuel. Alcalde de un pueblo de Madrid. 55 años.

Talán, talán, talán… Como cada mañana, la campana de la Iglesia de San Cosme sacaba a Manuel de ese nebuloso mundo de los sueños por el que no le gustaba demasiado deambular. Él prefería su realidad, esa que se repetía día a día y que se había estado repitiendo durante casi 30 años de su vida. Esa realidad que conocía al dedillo, que podía predecir con los ojos cerrados. Manuel era el alcalde de una pequeña localidad… bueno ya no tan pequeña, cerca de la capital.

Aquella mañana, Manuel sintió que esas campanas ya no tenían la misma cadencia, ni la misma intensidad. Algo estaba cambiando y las campanas, sus fieles despertadoras a lo largo de aquellos años, le estaban avisando.

Intentando refugiarse en los hábitos que tanta paz le habían dispensado hasta el momento, se dio una ducha rápida, se afeitó y se vistió; como siempre, camisa de cuadros, pantalón de pinzas, zapatos negros con cordones. En el bar de al lado del consistorio saludó a Isabel, que sin mediar palabra le sirvió lo de costumbre: café con leche y una tostada, muy tostada, con mantequilla y mermelada. Pero ni el café ni las tostadas le sabían como le habían sabido a lo largo de los años.

Manuel llevaba más de 25 años dedicado a la política. Varios alcaldes del pueblo habían pertenecido a su familia. Lo había mamado. Hasta ese momento, siempre había sabido llevar las riendas, conocía las reacciones de la gente, eran sus vecinos. Sabía cómo se movía el tejido empresarial, tenía claro a qué puertas de la Comunidad llamar para conseguir "la pasta". Era experto en gestionar las expectativas de la gente y satisfacerlas en un estado suficiente.

Pero aquella mañana de miércoles, cuando acababa de entrar en su despacho…

–Buenos días señor alcalde. Las redes sociales están que arden con el tema de los terrenos que el Ayuntamiento ha cedido para construir la central térmica. Se está creando una fuerte corriente de opinión en contra del Ayuntamiento. Exigen transparencia ¿Emitimos algún comunicado?

Manuel asintió con la cabeza, mientras se torturaba preguntándose quién narices habría inventado aquello de las redes sociales. Él, que hacía nada había aprendido a manejar el ordenador, ahora veía que en esos foros se encumbraba y se dilapidaba, se hacía y se deshacía. Tanta gente sin nombre, sin cara… Lo que antes se solucionaba hablando con tres vecinos en la plaza del pueblo, ahora se le iba de las manos. "Transparencia" era la palabra de moda. Nadie sabía lo complejo que era su trabajo, y además, al final él sería el responsable, la cabeza a quien pedirían responsabilidades. Así que ¿cómo iba a dejar que una masa de gente desconocida le dijera lo que tenía que hacer?

El sonido del teléfono sacó a Manuel de sus pensamientos…

–Buenos días, Manuel. Soy Eduardo, de Urbanismo. Resulta que ahora tenemos un problema serio con los del nuevo desarrollo. Exigen sus licencias de ocupación ya, y nosotros tenemos una pila de expedientes; no damos abasto. ¿Qué hacemos, Manuel? O contratamos a alguien o al final nos linchan. Y además, no nos cabe ni un expediente más en el despacho. ¿Has oído hablar de la gestión digital de los expedientes? ¿Tenemos dinero para implantarla?

–Déjame que le dé una vuelta y luego te llamo– respondió Manuel.

Echó una mirada a la ventana del balcón consistorial, buscando sosiego en su iglesia, en su plaza, en sus árboles, en Sancho, el alguacil. Los que siempre habían estado ahí parecían, de momento, inmutables. Una pareja de africanos que entraba en el templo lo sumió de nuevo en inquietantes pensamientos. El municipio estaba cambiando de tal forma que daba vértigo. La población era cuatro veces mayor que hacía tan solo seis años. Por supuesto, la expansión urbanística debía traer riqueza... pero también había conllevado un aumento de la carga de trabajo que ya no sabía cómo gestionar. Además, antes conocía los nombres y apellidos de cada persona con que se cruzaba por la calle; ahora, no solo eran muchos más, sino que había infinidad de "tribus" muy distintas entre sí: los inmigrantes africanos, los del este, los de Sudamérica, los parados de la construcción, los ricos del pueblo, los del pueblo llano de toda la vida, los que habían llegado con la expansión urbanística..., gente que no solo no entendía el pueblo, sino que encima lo quería cambiar sin entenderlo.

"¿Por qué todo se mueve tan deprisa? ¿Por qué hay que cambiarlo todo? ¿Por qué...?"

Antes de que Manuel llegara a formularse la siguiente pregunta, Julia, la concejala de Hacienda, irrumpió en el despacho.

–Buenos días Manuel –le dijo, y se le acercó entre sigilosa y decidida; al instante le facilitó una información que convirtió el pellizco en su estómago en un agujero negro que empezaba a nublarle la mente–: Como sigamos a este ritmo de recaudación de impuestos, en seis meses no podremos pagar ni al personal del Ayuntamiento. Necesitamos agilizar los procesos, y la partida presupuestaria de mi concejalía está seca... ¿Manuel? ¡Manuel!, ¿me estás oyendo? ¿Qué estás mirando?

El alcalde oía su voz, pero no la escuchaba. Todos sus sentidos estaban puestos al otro lado de la ventana, en la antena telefónica que hacía muy poco habían instalado en el edificio de enfrente. Esa cuya instalación había puesto de uñas a los vecinos. Y allí, revoleteando alrededor de la antena, un montón de golondrinas, con sus cabecitas rojas y negras, construyendo nidos en la misma antena. ¡Hasta las golondrinas se habían vuelto locas y estaban cambiando su forma de anidar! ¿Qué estaba pasando? ¿Quizá se comportaban así porque algunos vecinos arrancaban sus nidos de los balcones y las pobres habían tenido que ingeniar nuevas soluciones para criar con más seguridad? "Si Bécquer levantara la cabeza...", se dijo. Pero algo tan aparentemente irrelevante como un nido de golondrinas hizo que los kilos y kilos de preguntas que aquella mañana le asaltaban y le ahogaban se convirtieran en una única interrogación. Ahora bien, era una interrogación descomunal, gigante, pesada y pegajosa… Pero al menos, solo era una. Tenía que hacer algo diferente, las soluciones de antes ya no le valían; debía de ser eso que llamaban innovación. Y esa era la pregunta que encerraba a las demás: "¿Cómo puedo yo innovar?".

2

¿Qué es innovar y por qué es importante?

Quedarse quieto es la manera más rápida de ir hacia atrás en un mundo cambiante.
Synectics

Innovación es una palabra que últimamente se ha puesto muy de moda. Todo el mundo habla de innovación, las organizaciones la utilizan como adjetivo de sus propuestas, y parece que se ha quedado uno obsoleto si su proyecto no se arrima a este término tan "prometedor". Esto ocurre en todos los ámbitos: empresarial, social, político.... Pero ¿qué es, realmente, eso de la innovación? ¿En qué consiste? ¿Es en verdad tan necesaria como se nos vende? ¿Es algo fácil de hacer?, ¿resulta un proceso natural?, ¿ha sido inventada en los últimos tiempos?

En este capítulo descubriremos la verdadera naturaleza de la creatividad y la innovación, tratando de dilucidar la diferencia entre ambas. Además, intentaremos aportar luz a la complejidad de definiciones y enfoques existentes, explicando el proceso básico de la innovación, así como su importancia en el mundo actual.

¿Qué es, realmente, la innovación?

Podemos encontrar multitud de definiciones de innovación que provienen de diferentes disciplinas: técnicas o tecnológicas, científicas, sociales y económicas, o incluso fiscales (con el fin de discriminar deducciones de impuestos). Haciendo un compendio de todas ellas, y yendo a la raíz última de lo que significa innovar, podemos decir que:

Innovación es creatividad aplicada con éxito de forma que aporta valor

En esta definición tan simple coexisten algunos conceptos importantes:

Para que exista innovación debe existir creatividad, aunque esta por sí sola no garantiza la innovación. Podríamos definir la creatividad como la generación de nuevas ideas apropiadas al contexto. De alguna manera, consiste en la imaginación dirigida hacia algo, un problema que queremos resolver, un reto al que nos enfrentamos y sobre el cual necesitamos o deseamos nuevas ideas. Gracias a la creatividad, que como veremos consiste en encontrar nuevas conexiones, obtendremos nuevas "ideas" para enfocar el problema o reto.

Ahora bien, es necesario ser capaz de hacer realidad esas ideas, esto es, de llevarlas a cabo, implementarlas con éxito. Si el resultado de todo ello es algo que, además de ser nuevo, aporta valor respecto a lo que teníamos anteriormente, podemos llamarlo innovación.

De este enfoque puede participar una nueva tecnología, un nuevo proceso, una nueva manera de hacer las cosas. Podemos descubrir, evidentemente, un nuevo producto o proceso, o también un nuevo concepto revolucionario que podrá ser probado y resultar viable.

Pero insistamos en la importancia de cada uno de los componentes: se trata de algo nuevo que se ha conseguido hacer realidad, de manera que aporta valor respecto a lo que teníamos antes.

Evidentemente, innovación tampoco es I+D+i, ni tiene por qué tener un componente tecnológico. Podríamos decir que la I+D+i ayuda a obtener innovación. Puede ser un medio, es una parte de ella, pero la innovación va mucho más allá. Tampoco se trata de la *i* minúscula de la expresión I+D+i, puesto que, en puridad, esta representa la innovación tecnológica. Por eso las mediciones sobre la innovación que normalmente aplican los gobiernos no calibran en verdad la innovación: suelen limitarse a la innovación tecnológica, ya que los parámetros que deben medirse son más simples de entender y de mensurar.

En este sentido, deberíamos ampliar nuestra conciencia colectiva de lo que es realmente la innovación, a fin de determinar los verdaderos avances o retrocesos, en la misma en un determinado país.

En la literatura sobre el tema se tratan muchos tipos de innovación. Así, podemos dividir la innovación en función del ámbito donde se aplica en:

- Innovación en producto.
- Innovación en servicio o proceso.
- Innovación en organización o modelos de negocio.

También podemos hacer una clasificación según el rango de "disrupción" que aporta:

1. Innovación incremental: aquella que consigue una mejora respecto de lo anterior, pero sin cambiar significativamente sus características. Por ejemplo, en un producto dentro del sector transportes, sería un nuevo tipo de coches, con nuevas características que no tenían los vehículos anteriores.
2. Innovación significativa: aquella que cambia sustancialmente lo anterior. Siguiendo el ejemplo anterior, se aplicaría a los coches de hidrógeno, que si bien siguen siendo coches, tienen una propulsión totalmente distinta, y además requieren de una industria de servicio distinta (gasolineras, reparaciones, etc.).
3. Innovación transformacional o radical: se cumple la misma función, mediante una solución totalmente distinta. En el ejemplo anterior, la invención y puesta a disposición del público general del automóvil, en lugar de caballos o carretas tiradas por caballos.

Otra división muy generalizada de la innovación está basada en el "cómo" y "para qué" (y no solo la manera, sino también "por quién" y "para quién") se realiza esta innovación, surgiendo la innovación abierta, la innovación social, etc.

Muchos autores diferencian el proceso de innovación para cada uno de estos tipos. Nosotros pensamos que la esencia de la innovación, de acuerdo con la definición expresada anteriormente, es la misma en todos los casos. Una vez superada y dominada esta esencia, se podría profundizar en las características específicas de cada tipo de innovación.

Normalmente innovamos para encontrar nuevas soluciones a retos o problemas. Si queremos abrir las puertas a cualquier posible solución, lo que es altamente recomendable si de verdad se quiere innovar, el proceso debe ser suficientemente abierto como para que el resultado final pueda ser un producto, un servicio, una nueva manera de organizar nuestros servicios o de "paquetizar" nuestros productos, una nueva forma de comercialización, un nuevo modelo de negocio, una nueva estrategia, etc.

Estas posibles soluciones pueden tener un carácter incremental y, no obstante, ser de gran valía, ya que solucionan el problema; o, por el contrario, ser totalmente transformacionales.

Por todo ello, nos parece en cierta medida contraproducente intentar separar los tipos de innovación "a priori", debido a la propia naturaleza de la innovación: cuando se está en los dominios de lo desconocido, explorando diferentes posibilidades, no hay ninguna seguridad equivalente a un resultado final. Y querer definirlo a priori es matar la innovación antes de alumbrarla.

Esta es una de las razones que nos llevan a tratar la innovación a nivel genérico, y por la que desaconsejamos comenzar los esfuerzos innovadores con una premisa que no sea una definición (lo más concisa posible) de los objetivos que queremos cumplir. Sobre todo cuando nos encontramos en las fases iniciales de la innovación, la llamada "Front End of Innovation".

Y de eso se trata: afianzar las bases para comenzar a innovar, empezar a andar el camino con la suficiente motivación, energía y conocimientos.

Los Dos Mundos

La doble naturaleza de la innovación (algo nuevo que además esté implementado con éxito) hace que en el proceso estén implicados dos estadios distintos, que deben coexistir y dialogar, y que demasiado a menudo chocan frontalmente.

En Synectics-Altran, después de haber analizado y participado en miles de procesos de innovación con el 80% de las organizaciones del Fortune 500 durante los últimos 50 años, hemos llegado a la conclusión de que estos dos estadios son dos "mundos", distintos y necesarios. Los llamamos "Mundo Operacional" y "Mundo de Innovación", y podrían representarse de la siguiente manera:

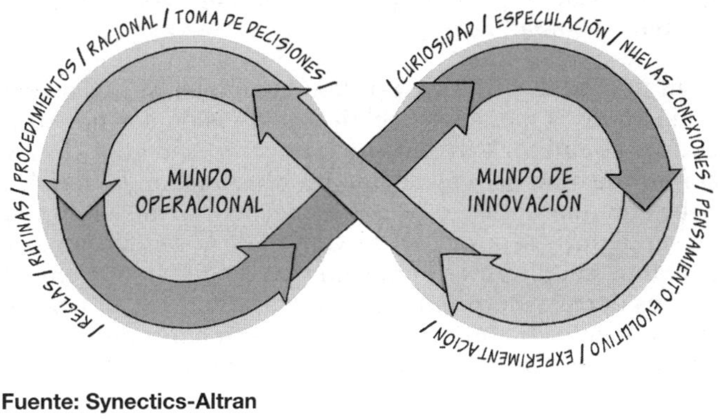

Fuente: Synectics-Altran

El Mundo Operacional es el entorno en el que se trata de hacer cada vez mejor lo que ya se sabe hacer. Es el mundo de los resultados conocidos, de la aplicación sistemática de reglas y rutinas mil veces aprendidas. El objetivo es evitar el fallo, y sobre todo, ¡las sorpresas!

Sin embargo, llega un momento en el que, por muchas vueltas que le demos a la maquinaria, no conseguimos mejorar los resultados obtenidos. O bien el entorno ha cambiado, y ya no sirven las mismas soluciones, o bien deseamos cambiar el entorno.

Esto hace que nos catapultemos a otro Mundo, muy distinto, a través del cual exploraremos y encontraremos nuevas soluciones. Se trata del Mundo de la Innovación.

El Mundo de la Innovación es el mundo de los resultados inciertos, de la exploración, del ensayo, de la especulación, de la curiosidad, de la experimentación... y por tanto también del "error", fundamental para desarrollar y aprender.

Los procesos son muy distintos en cada ámbito: en el Mundo Operacional, los procesos que nos sirven van destinados sobre todo a evitar las sorpresas, a "no fallar". En el Mundo de la Innovación, en cambio, los procesos van destinados principalmente a fomentar las sorpresas, a experimentar, y eso implica lo que en el Mundo Operacional se denomina "fallar".

El tipo de decisión es, por tanto, también muy distinto. En el Mundo Operacional, el tipo de decisión que nos sirve es muy ejecutivo. Miro, evalúo y, muy rápidamente, decido si me vale o no me vale; como no puedo fallar, la decisión debe eliminar el riesgo, y, por consecuencia, la elección ha de ser la más "segura". En el Mundo de la Innovación, sin embargo, si aplicamos el mismo tipo de decisión, rechazaríamos demasiado pronto la idea más diferente, porque, si es realmente distinta, no encaja al principio en nuestro marco de referencia; además, como es nueva, no es perfecta, tiene "flecos", y nuestra mente, tan entrenada en el Mundo Operacional, solo se fijará en esos "flecos" interpretándolos como elementos de riesgo, y finalmente la rechazará.

Como bien dijo Albert Einstein: "Si una idea nueva no parece absurda de buenas a primeras, no hay ninguna esperanza para ella".

En el Mundo Operacional es donde las empresas y organizaciones se encuentran más cómodas. Sobre este "mundo" se han escrito miles de libros en los últimos 100 años de literatura empresarial. Hace unas décadas, ser excelente en el Mundo Operacional significaba una ventaja competitiva considerable. Solo de vez en cuando, cuando se avecinaba un cambio importante en el mercado, o cuando la empresa líder decidía dar un salto considerable para dejar a la competencia fuera de juego, alguien conseguía adentrarse en el mundo de la innovación, encontrar alguna solución realmente distinta, hacerla viable, convencer a los demás para que se subieran al carro, llevarla al Mundo Operacional e implantarla con éxito de forma que añadiera valor. Así de simple y a la vez complejo es el ciclo completo de la innovación: *creatividad implantada con éxito, de forma que añade valor.*

De alguna manera, innovar significa "vivir" un tiempo en terreno farragoso, en una nube de posibilidades, jugar con la experimentación y procesos que fomenten la sorpresa, conseguir algo distinto, desarrollarlo, hacerlo cada vez más viable, y devolverlo al Mundo Operacional (si es un producto, sería un *prototipo*; si se trata de un servicio, sería un *concepto*), para ganar eficacia y eficiencia, y conseguir implantarlo con éxito. La innovación necesita del ciclo completo, del diálogo constante entre ambos mundos.

Pongamos un ejemplo bastante claro de este ciclo a través de los dos mundos: la aviación comercial. Imaginemos que viajamos en un avión de pasajeros y nos disponemos a aterrizar. Lo último que desearíamos en ese momento es que el piloto pretendiera innovar. Que pensara algo parecido a esto: "Vamos a ver, ¿qué tal si intentamos aterrizar solo con la mitad del tren de aterrizaje, y así ahorramos costes si nos sale bien?". Seríamos presa del pánico. En ese instante, lo que queremos es seguridad total. Que el piloto aplique las reglas, que siga las rutinas mil veces aprendidas, para depositarnos como siempre, con total seguridad, en el centro de la pista. Estamos plenamente en el Mundo Operacional, y no queremos saber nada de las estrategias mentales del Mundo de la Innovación. Como dijo Eugeni d'Ors: "Los experimentos, con gaseosa".

Sin embargo, hace poco más de 100 años la aviación no existía. Ha sido el resultado de un largo proceso de innovación. Si a las primeras personas que empezaron a investigar sobre los aparatos voladores, como Leonardo da Vinci hace 500 años, les insistiéramos (por la presión del mercado, por la necesidad, por lo que sea) con algo así como: "Venga concéntrate, necesito inventarme la aviación comercial porque sé que puedo sacar mucho dinero de ella; piensa en el resultado final…", difícilmente nos podrían contestar con lo que les estamos pidiendo, una respuesta parecida a esta: "Sí, sí, ya lo veo: se trata de un tubo aerodinámico, con ocho filas de asientos, dos motores en cada ala, tres pilotos en cabina manejándolo..."

Las cosas no funcionan así. Todo comenzó por una motivación intrínseca muy fuerte, un deseo irracional del hombre: volar. Veremos más adelante la potencia de la motivación intrínseca, y más específicamente la tremenda fuerza del deseo, que canaliza todas las energías para hacer realidad lo que nos imaginamos. A veces es un anhelo, a veces una necesidad imperiosa, a veces un sueño que da un sentido a la acción... El caso es que esta chispa inicial, que acaba convirtiéndose en "necesidad", nos catapulta al Mundo de la Innovación, donde las cosas funcionan de forma diferente.

Alguien muy práctico, que viva en el Mundo Operacional y aplique la lógica de este, le diría: "Pero chico, tú estás loco, somos hombres, animales terrestres, no tenemos alas como los pájaros. Lo pájaros vuelan; nosotros, no". Y tendría razón. Pero aplicando exclusivamente esa lógica, todavía estaríamos agarrados a los árboles.

Hace unos años, en un seminario en Londres, alguien con mucha gracia comentó: "Con Six-Sigma todavía seríamos monos. Eso sí, monos perfectos: sabríamos cómo agarrarnos a cada rama, aplicaríamos a la perfección la fuerza de la cola para balancearnos, haríamos todo siempre de la misma forma, y así nunca cometeríamos ningún error". No pretendemos con esto desprestigiar una metodología tan fantástica, sino incidir en que, si bien es estupendo para el Mundo Operacional, este tipo de procesos y de mentalidad normalmente no solo no ayuda, sino que perjudica bastante a la hora de adentrarnos en el Mundo de la Innovación y facilitar las cosas. Y lo mismo sucede con las estrategias propias del Mundo de la Innovación: no funcionan en el Mundo Operacional.

Volvamos con nuestro amigo Leonardo da Vinci, atribulado con la reacción de sus congéneres (en realidad, le importaba bien poco lo que opinasen; de otro modo no habría llegado a ser el gran genio que fue). El proceso pasa por fases de curiosidad, de observación (cómo hacen los pájaros para volar, qué tienen que lo permite...), de experimentación: si los pájaros tienen alas, construyámonos unas alas. Las probamos, nos tiramos por un barranco, y nos rompemos las dos piernas. ¿Mala idea? Seguramente no: mala ejecución. El sueño es tan motivador, y el deseo de cumplirlo tan intenso, que tendremos que seguir probando cosas.

Se van realizando conexiones con otras disciplinas. Así, se descubre que el aire, en el fondo es un fluido, solo que muy poco denso, y un ala fija con una forma específica, a cierta velocidad relativa, genera una depresión en la parte baja, y por tanto una sustentación hacia arriba, por lo que se eleva. Se crean planeadores sin motor, como los de Otto Lilienthal a finales del s. XIX, que realizó más de 2.000 vuelos planeando... hasta que se mató en uno de ellos. Y así, llegamos hasta el famoso primer vuelo de los hermanos Wright en 1903, a bordo de su *Flyer I*. En realidad, solo fueron un saltito de unos pocos metros y apenas 12 segundos de vuelo, pero era la primera vez que un aparato volador autopropulsado más pesado que el aire y con una persona a bordo conseguía volar, e introducía asimismo otras innovaciones en el control del vuelo que serían clave para los posteriores desarrollos.

A partir de ahí, el "invento" debía pasar al Mundo Operacional, para ganar eficiencia y eficacia con el paso de los años, presentando cada vez menos fallos, hasta llegar a la aviación comercial de los años 60, ya muy parecida a la actual. Al final del ciclo tenemos algo nuevo, implantado con éxito, y a lo que se le puede pedir todas las necesidades del Mundo Operacional: que no falle, que sea seguro, que se atenga a una serie de reglas y rutinas que permitan utilizarlo con seguridad, etc. Si se lo hubiéramos exigido demasiado pronto, nunca habríamos alcanzado el resultado final.

Dentro de este gran ciclo se produjeron muchos otros ciclos, con "salidas" al Mundo de la Innovación, y "vueltas" al Operacional. Es un diálogo continuo y necesario, que muy pocas veces es entendido, y mucho menos gestionado, en la mayoría de nuestras instituciones, tanto públicas como privadas.

Hemos descrito un ciclo de innovación que ha necesitado 500 años para culminar. El camino no ha sido fácil, repleto de fracasos estrepitosos... que han sido necesarios para avanzar.

El caso de la aviación nos sigue nutriendo de ejemplos de aquello que solemos encontrar en cualquier ciclo de la innovación. Por ejemplo, cabe destacar el caso de Alphonse Pénaud, que consiguió fabricar y hacer volar con notorio éxito maquetas de 50 cm con hélice propulsora movida por una banda de goma. Treinta años antes del vuelo de los hermanos Wright, Pénaud había elaborado diseños de aviones suficientemente grandes como para transportar a personas. No encontró financiación para su proyecto, y, frustrado, acabó suicidándose.

Sin embargo, los caminos de la innovación son inesperados, y suelen ser el resultado de una concatenación de ideas nuestras y del resto, como veremos más adelante. El caso es que el padre de los hermanos Wright regaló a sus hijos un modelo de juguete del "planóforo" de Pénaud (así es como se llamaba su invento), que fue justamente lo que despertó en los jóvenes Wright el anhelo de construir máquinas voladoras para el hombre. De modo que la aportación de Pénaud, sin haber tenido "éxito" por sí sola, seguramente fue necesaria para llegar a la solución final, dado que inspiró a otros.

Otra característica típica de la innovación es que su desarrollo no es lineal. Después de una fase inicial de optimismo, normalmente siempre pasamos por una fase de desesperación, en la que parece que los esfuerzos son mayores de los previstos, y tenemos la sensación de que nunca llegaremos a nada... Es lo que se conoce como "la noche oscura de la innovación". Es algo que sabemos que va a ocurrir en casi cualquier iniciativa de innovación, y para lo que debemos estar preparados. Cuando esta temida "noche" se cierne sobre nosotros, lo que hay que hacer básicamente es seguir adelante sin miedo, disfrutar del "enigma de la sombra", como diría el escritor japonés Junichiro Tanizaki. Porque, aunque parezca un salto de fe, no lo es. Todo el trabajo hecho anteriormente, nos permitirá realizar las conexiones necesarias para encontrar el camino. Y es que, cuando se innova, no se puede ver con anterioridad el camino por el que transitaremos, porque no existe: tenemos que crearlo. Winston Churchill dijo una vez: "Cuando estés pasando por el infierno, sigue caminando".

También es muy común que el statu quo establecido rechace la novedad, porque no encaja en su Mundo Operacional. Así, siguiendo el mismo ejemplo, diez años antes del vuelo de los hermanos Wright, el presidente de la Royal Society (cuando esta tenía la capacidad de establecer los paradigmas de la época), el famoso Lord Kelvin, afirmaba convencido: "Las máquinas voladoras más pesadas que el aire son imposibles". De hecho, Paul Lauterbur, premio Nobel de Medicina en 2003, afirmó que "se podría escribir la historia de la ciencia de los últimos 50 años reuniendo todos los *papers* rechazados por *Science* y *Nature*". Así que debemos grabarnos a fuego la frase de Einstein citada más arriba: "Si una idea nueva no parece absurda de buenas a primeras, no hay ninguna esperanza para ella"..., porque sería la prueba de que, en realidad, no es tan nueva.

Los ciclos de innovación ya no precisan de 500 años de desarrollo. De hecho, se han ido acelerando paulatinamente, y los cambios ocurren cada vez con mayor frecuencia, y a mayor velocidad. Sin embargo, las fases son las mismas. El paso por el Mundo de la Innovación y la vuelta al Mundo Operacional son siempre necesarios, con sus procesos y sus estrategias mentales diferenciados. Lo hagamos en cien años, en tres meses o en un día.

Es como si quisiéramos subir a una ventana a la altura del cuarto piso: como no llegamos de un salto, podemos usar una escalera. Podemos pasar por ella despacio, parándonos en cada travesaño, titubeantes, volviendo hacia atrás o hacia adelante; o bien, si conocemos los peldaños, subir corriendo. Más rápido o despacio, de todas formas tendremos que pasar por casi todos los escalones, no podemos saltar de golpe al cuarto piso. Pretender la innovación inmediata, exigiendo un resultado final que cumpla los parámetros de nuestro Mundo Operacional, sin tener que pasar por la escalera, es una forma de querer saltar directamente al cuarto piso... y lo más normal es que demos un saltito de medio metro para caer en el mismo lugar.

La enseñanza principal que se extrae del estudio de los mundos Operacional y de la Innovación y su necesario "diálogo" es que no solo debe asumirse que existen y son imprescindibles para innovar (recordemos: algo nuevo implantado con éxito de forma que aporte valor), sino que no se puede estar al mismo tiempo en ambos mundos. Un mismo grupo de personas entrenado puede estar en los dos, pero no a la vez: hay un tiempo de riesgo, un tiempo de aprendizaje, un tiempo en que "el fracaso" no existe porque solo se trata de experimentar; y hay un tiempo donde no hay que abrir nuevas líneas, sino donde se trata de aplicar, implantar, mejorar... y aprender de todo el proceso. Éste es el ciclo completo.

No es nada fácil, pero algunas veces ocurre. Siempre han existido genios, y siempre han existido momentos irrepetibles donde todo este ciclo ha sucedido. Para los que no somos genios, contar con un proceso que nos guíe es esencial. Por esa razón, nuestro trabajo es conseguir hacer de algo que ocurre por accidente un proceso replicable, para finalmente sistematizarlo. De ello tratan los procesos de innovación, sobre los que hablaremos con mucho más detalle en el capítulo 5.

Ahora que sabemos qué es y en qué consiste innovar, podríamos preguntarnos si es fácil, si se puede hacer, y por qué deberíamos hacerlo.

Todo el mundo está de acuerdo en que la innovación es muy importante

A tenor de las palabras de la mayoría de los líderes de opinión, así como de las cabezas de las principales instituciones, cada vez hay mayor unanimidad en considerar imprescindible la innovación:

"La innovación es el principal motor del crecimiento económico, del desarrollo y de trabajos mejores." Francis Gurry Director General World Intellectual Property Organization-WIPO

"La innovación es el punto clave en la prosperidad económica." Michael Porter, Harvard University.

"Solo vamos a poder ganar la 'guerra' con ideas, no con recortes en los gastos." Klaus Kleinfeld, Presidente y CEO, Siemens AG.

"El 72% de los directivos de las principales compañías consideran que la innovación está entre sus tres prioridades principales." Boston Consulting Group Innovation Survey 2010.

"El 80% de los altos directivos considera que la innovación es importante o muy importante." Synectics Innovation Survey.

Sin embargo, no parece tarea fácil

Cuando indagamos un poco más, preguntado a la misma gente si consideran que sus organizaciones son buenas innovando, la inmensa mayoría opina que no:

"Solo el 4% de los altos directivos considera que su empresa sobresale en innovación." Synectics Innovation Survey.

"Aproximadamente solo la mitad de los encuestados en todos los sectores están satisfechos con el retorno de sus inversiones en innovación." Boston Consulting Group Innovation Survey 2010.

"La ratio de éxito de cualquier iniciativa de innovación en todos los sectores se encuentra por debajo del 5%." Dolbin Group.

Parece relacionarse más con "cómo" se hace: las prácticas que se ponen en marcha, la energía de los líderes, la involucración de la gente, la motivación generada, etc. Aquellas organizaciones que sí consiguen "hacer bien" la innovación, obtienen unos resultados sorprendentes. Las empresas más innovadoras en todo el mundo, en todos los sectores, tienen un "Premium" de retorno para sus accionistas respecto a las que no son innovadoras, sobre todo a medio plazo:

De media, en todo el mundo y en todos los sectores, las empresas más innovadoras tienen un *incremento en la facturación anual de un 10,8%*, un *incremento en los beneficios de un 51%*, y un *incremento en la cuota de mercado de un 59%* (Synectics Innovation Survey).

Además, las empresas consideradas más innovadoras no solo consiguen mejores resultados y perspectivas de crecimiento rentable para el futuro, sino que también son las más deseadas por las personas que buscan empleo, por lo que tienen mayor capacidad de atraer el talento. Solo hay que ver la lista de las empresas más innovadoras establecida anualmente por la BCG:

1. Apple
2. Google
3. Microsoft
4. IBM
5. Toyota
6. Amazon.com

(BCG Innovation Report 2010).

Debido al enorme cambio que estamos experimentando, las principales organizaciones piensan seguir incrementando sus gastos en innovación en los próximos años. No obstante, y aunque el porcentaje de altos ejecutivos satisfechos con sus inversiones en innovación no deja de crecer, hemos visto que, cuando se invierte en procesos de innovación, en la mayoría de los casos los resultados no son todavía los deseados. ¿Por qué?

Muchas veces se considera la innovación como un proceso más, transversal a la organización. Se ponen en marcha con los mismos esquemas y las mismas directrices que los procesos "clásicos" del Mundo Operacional. Se piensa que al utilizar unos procesos de gestión de la innovación necesarios se está pulsando el botón de encendido de una maquinaria y *voilà!*, la innovación surge automáticamente.

Lo mismo ocurre a nivel individual: nos compramos un libro sobre innovación, y ya sabemos innovar (¡sentimos desilusionarle!). Como veremos en el capítulo 3, y sobre todo en el 7, todo empieza por uno mismo. Sin el coraje necesario, sin la adecuada actitud, de nada sirven los procesos. Muy especialmente cuando lo que pretendemos es arriesgarnos a pensar de una forma distinta, encontrar nuevas soluciones e implantarlas.

La experiencia nos ofrece muchas lecciones de las que podemos aprender. Por ejemplo, si observamos las organizaciones que han sido capaces de innovar de forma sostenible, podemos identificar algunos "ingredientes" comunes a todas ellas. Veamos los principales, listados por importancia según el orden de impacto en la mejora de resultados:

1. Transformación de las reuniones: más creativas y más productivas.
2. Proceso compartido y efectivo de resolución creativa de problemas.
3. Situar la innovación en el corazón de la visión corporativa / misión / plan.
4. Promover las recompensas y el reconocimiento de la creatividad y la innovación, no solo de los resultados.
5. Asignación de recursos.
6. CEO / equipo directivo: campeones de la innovación.
7. Aprender a dominar la relación de confianza con los externos: proveedores, clientes, expertos, etc.
8. Equipo multidisciplinar sobresaliente.

(Synectics Innovation Survey, 2005, entre 700 directivos de 150 empresas multinacionales)

Analicemos cada una de ellas:

1. *Transformación de las reuniones: más creativas y más productivas.*

   La mayor parte de nuestro tiempo de trabajo lo dedicamos a reuniones. Además, en su gran mayoría, estas no son productivas. Y en los pocos casos en los que lo son, muy raramente son creativas. Es decir, hemos conseguido pensar conjuntamente sobre nuevas soluciones, que pueden ser implantadas. El hecho de cambiar radicalmente la dinámica de las reuniones, para que estas sirvan de verdad para "crear" en común, en lugar de vender y defender posiciones definidas a priori, representa un cambio sustancial de la capacidad innovadora del grupo u organización.

2. *Proceso compartido y efectivo de resolución creativa de problemas.*

   Contar con un proceso de resolución de problemas en equipo nos permite aplicar el mismo de forma sistemática para encontrar nuevas soluciones a nuestros retos. Si además este es compartido por la mayoría del grupo, división y organización, podremos ponerlo en práctica en las reuniones de trabajo que hemos optimizado, o bien en sesiones ad hoc en que podamos involucrar a todas las personas capaces de responder al reto. Como veremos más adelante, innovar en grupo es mucho más productivo que hacerlo solo. Y cuanto más diverso es este grupo, mejores resultados obtendremos, debido a la diversidad de conexiones en el pensamiento. Este proceso compartido de resolución de problemas nos permitirá crear equipos multidisciplinares de manera rápida y efectiva.

3. *Situar la innovación en el corazón de la visión corporativa/misión/plan.*

   Si pretendemos que los integrantes de una organización innoven, esto es, que se arriesguen a salir de sus zonas de confort y se lancen a hacer nuevas propuestas que puedan cuestionar el statu quo imperante, es necesario que perciban que esta es una prioridad de la alta dirección. Para ello, el primer paso es dejar claro que estamos pidiendo estas actitudes en la visión y misión de la empresa, junto con los planes. No bastará solo con esto para dar ejemplo de que estamos dispuestos a arriesgar, pero es una premisa de partida.

4. *Promover las recompensas y el reconocimiento de la creatividad y la innovación, no solo de los resultados.*
   El tipo de premios y reconocimiento instaurado en una organización no solo da pistas sobre lo que persigue la dirección, sino que va generando unos comportamientos afines, en lo que se ha dado en llamar "cultura". Demasiadas veces se otorgan premios y reconocimientos propios del Mundo Operacional con la intención de influir en el fomento de la innovación; principalmente, en función de resultados conseguidos. Si solo premiamos resultados, nadie se arriesgará a emprender algo de cuyos resultados no esté seguro, por lo que tenderá a ser cada vez más conservador en sus propuestas; en definitiva, de esta forma lo único que conseguiremos es que nadie se atreva a innovar. Además, el tipo de premios, tal y como veremos más tarde, debe de ser distinto, ya que el clásico "palo-zanahoria" no funciona.

Hace unos años, en un proyecto con una entidad bancaria de primera línea en Estados Unidos, observamos que uno de los problemas a que nos enfrentábamos era la tremenda aversión al riesgo imperante. Teníamos que hacer algo en verdad impactante para romper con el miedo a intentar cosas nuevas, puesto que el entorno, los clientes y la competencia habían cambiado tanto, que las respuestas que daba la organización ya no eran tan válidas. Como en la cultura americana está tan arraigado el concepto del "premio al empleado del mes", decidimos implantar una modalidad que era "The Failure of the Month", es decir, el premio al "fallo del mes", con la foto del premiado, su reconocimiento, la explicación del porqué... En realidad, no se premiaba el mayor fracaso, sino a alguien que había intentado algo, que no había tenido éxito en los objetivos iniciales, pero que había obtenido valiosos aprendizajes para la organización. En el fondo, se trataba de mirar con ojos muy distintos "el fallo": en lugar de buscar el error, y señalar al que se había equivocado, se escudriñaba a fin de encontrar los mejores aprendizajes, obtenidos en virtud de la valentía de alguien.

En la cuestión de los premios y recompensas para fomentar la innovación, nuestra experiencia nos ha demostrado que, puesto que la innovación produce resultados que son difícilmente previsibles a priori, es necesario premiar las actitudes y comportamientos que sabemos que obtendrán sus beneficios a la larga. Premiar solo los resultados conduce únicamente a que la gente sea cada vez menos innovadora.

5. *Asignación de recursos.*
Los proyectos de innovación deben de ser "alimentados" con los recursos adecuados, y no solo económicos: como veremos en el capítulo 4, es muy importante acertar con las personas que se integran en cualquier proyecto de innovación. Es vital que las diferentes partes involucradas en la "cadena de valor" del ámbito en el que innovemos estén representadas en un equipo de innovación. Además, a lo largo del desarrollo de los proyectos de innovación, nos damos cuenta de que los que parecía que iban a ser las "estrellas" se van apagando a medida que nos acercamos a su implantación, mientras que otros que parecían secundarios empiezan a brillar y dan frutos inesperados.

Es importante, y a la vez difícil, cerrar el primero de los proyectos para dedicar los recursos disponibles al segundo. Es difícil porque, una vez emprendido un proyecto, con un brillante jefe de proyecto al frente que está plenamente motivado con él, trabajando con un equipo de personas que han sido seleccionadas por ser lo mejor de la casa (como suele ocurrir en los mejores proyectos de innovación), en muchas organizaciones no existe la valentía de cerrar esa línea de innovación que no nos va a llevar a nada positivo. Como veremos más adelante, innovar es sinónimo de fallar, y cuanto antes fallemos antes podremos recobrarnos y más barato nos saldrá... siempre y cuando tengamos la valentía de cerrar la línea antes de que sea demasiado tarde.

Rebecca Henderson, del MIT Sloan School of Management, tituló una de sus lecciones "Kill Project no. 26". Porque, para poder tener recursos en proyectos clave, hay que detraerlos de otros que no lo son tanto. Lo importante son los criterios de asignación de los recursos: debemos priorizar aquellos que realmente nos hacen avanzar en nuestros objetivos estratégicos, y no los que nos resuelven la papeleta a corto plazo. Esta asignación debe ser muy flexible, y hay que revisarla muy a menudo. Por eso la asignación y reasignación suficientemente ágil de los recursos es tan determinante para poder ser innovador de manera consistente.

6. *CEO/equipo directivo: campeones de la innovación.*
   Decíamos en el punto 3 que nadie se va a arriesgar a salir de su zona de confort y proponer nuevas posibles soluciones solo porque se lo digamos. El que este sea un objetivo presente en la misión y visión de la organización ayuda a tomar conciencia de la importancia que se le da a innovar. Sin embargo, nada como el ejemplo de los líderes.

En 2003, Jack Welch, el célebre CEO de General Electric, narraba en un seminario una experiencia muy ilustrativa respecto a esta cuestión. En un momento determinado, el gigante industrial americano había perdido competitividad, a causa sobre todo de una merma en su capacidad de adaptación e innovación. Se había instaurado una mentalidad de "sigue las órdenes pero no intentes nada que vaya contra los procedimientos", que impedía que surgiese cualquier tipo de nueva iniciativa. Resolvió que, mejor que emitir cualquier orden o plan, quería dar ejemplo vivo del tipo de actitud que estaba buscando. Decidió emprender personalmente nuevos proyectos muy arriesgados, a sabiendas de que al menos la mitad de ellos iban a fracasar, como en efecto sucedió. El mensaje que iba calando era: "Si el jefe "se la pega" y no pasa nada, quizá pueda yo también". Y así la gente fue saliendo poco a poco de sus madrigueras, haciendo propuestas, a cual más arriesgada, para emular a su líder. Las personas, como los niños, no hacemos tanto lo que nos dicen como lo que vemos; un directivo que pretenda que su gente innove y no se arriesgue él mismo a innovar no conseguirá gran cosa.

7. *Aprender a dominar la relación de confianza con los externos: proveedores, clientes, expertos, etc.*
   Hemos apuntado ya que la diversidad es un elemento potenciador de las capacidades creativas. Si la base de la creatividad es hacer nuevas conexiones, cuanto mayor sea la diversidad, mayores conexiones *diferentes* podremos realizar.

   Las organizaciones no son más que un elemento dentro de un ecosistema, formado por clientes a los que sirve, prescriptores que aconsejan, proveedores para sus productos o servicios, colaboradores externos en algunas áreas, expertos en diferentes materias que puedan aportar conocimientos clave, etc.

   Las organizaciones que consigan involucrar a todos estos elementos del ecosistema obtendrán no solo una riqueza mayor de conexiones que incrementarán exponencialmente la creatividad de las soluciones, sino que lograrán asimismo que todos estos componentes se consideren también parte de la solución. En consecuencia, estas organizaciones tendrán muchas más probabilidades de éxito, al tratar de introducir algo nuevo sin tener el lastre de las barreras de aceptación tradicionales.

8. *Equipo multidisciplinar sobresaliente.*
   Si involucrar desde el principio a los elementos externos del ecosistema es importante, más aún lo es ejecutar los esfuerzos de innovación *conjuntamente* entre todas las áreas de la organización que puedan partici-

par en la "cadena de valor interna" que nos conduce a la posible solución en la que se trabaja.

Conseguir formar rápidamente equipos multidisciplinares para encontrar una solución innovadora es clave para el éxito de la innovación. De esta manera se podrá poner a disposición del proyecto de innovación todo el conocimiento de la organización desde diferentes áreas: atención al cliente, marketing, producción, ventas, etc. Este conocimiento extremadamente rico, puesto en común, propiciará que la solución encontrada sea mucho más completa y acertada.

Además, aumentará drásticamente las probabilidades de éxito: la primera causa de fracaso de una iniciativa de innovación son las barreras internas de la propia organización, interpuestas por elementos de la cadena de valor interna que no han sido involucrados en la iniciativa. Es el famoso síndrome del *not invented here*, "no inventado aquí". Cualquier innovación implica cambios internos en la organización. Cuando se presenta algo nuevo a alguien (un producto, un proceso, una nueva forma de hacer las cosas, etc.) y esa novedad implica cambios en su trabajo, la primera reacción es la de identificar los problemas que le va a suponer, y las posibilidades que tiene la nueva iniciativa de fallar. La respuesta normal será ponerse en contra. Y tendrá razón al hacerlo, pero obviará las posibilidades de que pueda funcionar básicamente porque no es "su" iniciativa. Además, el hecho de que alguien haya pensado cómo podría hacer mejor su trabajo, sin conocer los porqués, puede levantar muchas suspicacias. Hablaremos más adelante sobre ello, pero vale la pena recordar lo que dijo el mago de la gestión del cambio Peter Senge: "La gente no odia el cambio, odia ser cambiada".

Por esto es tan importante ejecutar las iniciativas de innovación desde el comienzo con un grupo multidisciplinar, en el que se impliquen todas las áreas que puedan tener algo que ver con el objeto de la innovación.

Como todas las recetas, los ingredientes por sí solos no garantizan el éxito: es la correcta combinación de los mismos, dentro de un proceso que gestione su uso, lo que incrementa drásticamente las posibilidades de que lo obtengamos.

Estos no son los únicos ingredientes de la "receta de la innovación". Hay muchos otros que iremos desgranando a lo largo de este libro. Sin embargo, los expuestos hasta ahora constituyen la base mínima común de todas las organizaciones más innovadoras.

¿Por qué es tan importante Innovar?

Sobre la innovación muchos podrían hacerse la siguiente reflexión: "Está bien, pero esto es para las organizaciones innovadoras, para las personas innovadoras. Yo no lo soy, y ¿por qué tendría que serlo?".

Comencemos con la Ley de Supervivencia enunciada por Charles Darwin: "En la larga historia de la evolución, aquellos que aprendieron a colaborar e improvisar de manera más efectiva han prevalecido".

Esto ha sido una constante en la historia de la evolución de los organismos. Nosotros somos organismos, y, en cierto modo, una organización (una empresa, una institución, una ONG, una asociación, etc.) también puede ser considerada como tal. La afirmación de que "aquellos que aprendieron a colaborar e improvisar de manera más efectiva han prevalecido" significa que los demás, simplemente, han desaparecido. Y lo mismo les ocurre a los demás organismos a los que nos referimos. Siempre ha sido necesario adaptarse al entorno, y la mejor manera de hacerlo ha sido la colaboración y la improvisación. Sabemos que el logro evolutivo de nuestra especie se debe precisamente a ello; por esa razón podemos decir que la innovación colaborativa está en nuestros genes, es una característica inherente a nuestra naturaleza.

Ahora bien, como hemos visto con el ejemplo de la invención de la aviación, antes bastaba con que unos pocos innovaran de cuando en cuando para ir avanzando, porque los entornos han ido evolucionando muy lentamente. Sin embargo, hoy en día las cosas están cambiando a pasos agigantados. El mundo cambia mucho y más rápidamente que nunca. Quizá no seamos conscientes de los cambios exponenciales que estamos experimentando, y la razón estriba en que es muy difícil para la mente humana visualizar una evolución exponencial hasta que el cambio alcanza proporciones descomunales, y para entonces puede ser demasiado tarde…

Algunas historias explican lo difícil que es percibir la dimensión de las evoluciones exponenciales. Una de ellas es la leyenda de un emperador chino que espetó a un afamado profesor de ajedrez que no quería darle clases: "Dime cuánto quieres por darme clases de ajedrez, que te lo pagaré". El profesor le contestó: "Tomemos las casillas del tablero de ajedrez. En el primer cuadrado pondremos un grano de arroz; en el siguiente, el doble, dos; en el siguiente cuatro, y así hasta completar el tablero de ajedrez". Al emperador el trato le pareció razonable, incluso irrisorio, por lo que accedió al trato... para caer más tarde en la cuenta de que no había en todo su imperio suficiente arroz para pagar al profesor.

Hay una historia parecida más adaptada a nuestros tiempos. Imaginemos una hoja de papel, tamaño DIN A4. Es una hoja mágica, porque tenemos que pensar que podemos plegarla sobre sí misma casi infinitas veces. Primero, la plegamos por la mitad. Luego, plegamos el resultante de nuevo por la mitad. Y así sucesivamente. Al cabo de 32 pliegues, ¿cuánto debería medir el "taco" de papel formado? Si pudiésemos hacerlo 32 veces, el tamaño sería… ¡el equivalente a la distancia de la Tierra a la Luna!

Es cierto que no podemos visualizar, ni por tanto prever, evoluciones exponenciales. Y esto es peligroso, porque esos cambios exponenciales están produciéndose en muchos ámbitos.

A modo de ejemplo, recomendamos ver los siguientes videos con las conclusiones de una investigación llevada a cabo por Karl Fisch, Scott McLeod y Jeff Brenman:

http://www.youtube.com/watch?v=ECDZbrzkTxk
http://www.youtube.com/watch?v=3SuNx0UrnEo&feature=related

Transcribamos algunos ejemplos:

- China será dentro de poco el primer país de habla inglesa en el mundo.
- El 25% de la población de la India con el mayor índice de inteligencia es ya mayor que toda la población de Estados Unidos.
- Los diez trabajos más demandados en 2010... no existían en 2004. Esto quiere decir que estamos preparando a nuestros estudiantes para trabajos que todavía no existen, usando tecnologías que todavía no han sido inventadas.
- Una de cada cinco parejas que se casan se han conocido en Internet. Tres de cada cinco son gais.
- El país con mayor índice de penetración de Internet de banda ancha es Bermudas. Estados Unidos es el 19º; Japón, el 22º...
- En 2010 se hicieron 31.000 millones de búsquedas en Google cada mes... En 2006 eran 2.700 millones. ¿A quiénes se hacían estas preguntas antes de Google?, ¿o es que se trata de nuevas preguntas, con más respuestas, que antes no se producían?
- El primer SMS comercial se envió en 1992. Hoy el número de SMS enviados cada día excede el número total de la población en el mundo.
- La radio tardó 38 años en llegar a una audiencia de 50 millones. La TV, 13 años en llegar a la misma audiencia. Internet, 4 años. El iPod, 3 años. Facebook, 2 años.
- Se estima que la información contenida en el *New York Times* en un año, es mayor de lo que una persona habría podido obtener en toda su vida en el S. XVIII.
- Se calcula que este año se va a generar más información que en los 5.000 años precedentes.
- La cantidad de información técnica está duplicándose cada 2 años. Esto quiere decir que para un estudiante de una ingeniería de 4 años, la mitad de lo que aprenda en su primer año de carrera estará obsoleto en su tercer año.

- Se estima que en 2013 se conseguirá construir un supercomputador que excederá las capacidades computacionales humanas. En 2049, un ordenador de tan solo 1.000 dólares excederá las capacidades computacionales de toda la especie humana en su conjunto.

Sobre la revolución de las redes sociales:

- Facebook tiene más tráfico que Google.
- Si Facebook fuese un país, sería el tercer mayor país del mundo.
- La generación Y y Z consideran el correo electrónico como algo del pasado.
- Algunas universidades han dejado ya de distribuir cuentas de correo electrónico.
- Si imprimiésemos Wikipedia en un libro, al estilo de las antiguas enciclopedias, tendría 2,25 millones de páginas, y nos costaría leerla unos 123 años.
- El 90% de los consumidores actuales confían en las recomendaciones de otros... mientras que solo el 14% confían en los anuncios.

Los cambios son abismales, y todavía no somos conscientes de lo que significan. Las soluciones que tenemos para afrontar la realidad de ahora no nos sirven mañana... y pasado mañana tendremos que cambiarlas de nuevo.

Volviendo a la imagen de los dos mundos, el Operacional y el de la Innovación, podríamos representarlos como una bicicleta. La rueda trasera es el Mundo Operacional. Es la que nos hace avanzar, el "motor" de la maquinaria, que hoy en día nos da los resultados esperados. Sin embargo, si debemos emprender un nuevo camino, necesitamos una rueda delantera, que es la de la innovación, la de la exploración. Con ella podremos virar hacia nuevos caminos... siempre y cuando la acompañe la rueda trasera, pues de lo contrario no avanzaríamos y nos caeríamos.

Siguiendo con esta metáfora, hasta hace bien poco los mercados y los entornos en general eran bien previsibles. Podrían representarse como una autopista, una carretera recta. Podíamos ver el horizonte. Casi era prescindible la rueda delantera; podíamos movernos en una "mono-rueda", como esos inventos del siglo XIX. Avanzábamos en línea recta. Si reparábamos en que nuestra trayectoria iba a hacer que nos desviáramos de la trayectoria con riesgo de salirnos de la vía, era momento de parar, de volver a situar la "mono-rueda" en la dirección correcta; una replanificación estratégica a tres o cinco años, y ya podíamos seguir pedaleando, dándole a la máquina.

Sin embargo, hoy en día los mercados están girando. Son como una carretera de montaña, que gira, pero no sabemos hacia dónde. En los últimos meses, en dos eventos sectoriales, uno en el sector de seguros y otro en el de viajes, escuchamos: "Sabemos que, dentro de tres o como mucho cinco años, el mercado va a ser totalmente diferente del actual. El problema es que no sabemos cómo va a ser, solo que no será reconocible por los parámetros actuales". Pues bien, la única forma de poder seguir en la carretera es tener una rueda delantera grande, engrasada, capaz de trazar las curvas del camino, adaptándose a los cambios, y con un marco que la conecte de forma solidaria con la rueda trasera, para poder seguir empujando y avanzando en las distintas nuevas direcciones.

Volvemos a la Ley de Supervivencia de Darwin. En este entorno tan mudable, sometido a cambios exponenciales cuyos resultados somos incapaces de adivinar, la única forma ya no solo de estar al día, sino de sobrevivir, es adoptar una actitud innovadora, tener una gran capacidad de respuesta y adaptación a este escenario cambiante a través de la innovación.

La innovación nos ha permitido avanzar en momentos puntuales de nuestra historia, con cambios acelerados en el último siglo. En la actualidad, la innovación ya no es un lujo reservado a unos pocos, sino un imperativo absoluto. La buena noticia, es que de alguna manera estamos preparados genéticamente para ella, y se puede aprender. Tenemos capacidades innatas que debemos aprender a reutilizar y potenciar, y también cosas que debemos desaprender. Esperamos que las siguientes páginas te ayuden a conseguirlo.

Resumen del capítulo

- La innovación es creatividad aplicada con éxito de forma que aporta valor. Por tanto, descubrir algo nuevo no es por sí solo innovación hasta que se convierte en viable y aporta valor respecto a lo que teníamos antes.

- Existen dos mundos distintos: el Mundo Operacional y el Mundo de la Innovación. Los dos son necesarios, en tiempos diferenciados, y requieren de estrategias, procesos y tipos de decisión muy distintos. El ciclo de la innovación incluye a ambos.

- En el ciclo de la innovación pasamos por distintas etapas, entre las cuales está "la noche oscura de la innovación", donde nos sumergimos en una bruma insondable que nos impide ver con claridad los resultados. Es necesario estar preparado para afrontar esa fase.

- Las innovaciones realmente disruptivas parecen en un principio absurdas, y suelen ser rechazadas por el statu quo.

- Existe un consenso generalizado sobre la esencialidad de la innovación. Muy pocos se atreven a implementarla sistemáticamente, porque conseguir resultados no parece tarea fácil.

- Podemos aprender a innovar, replicar lo que a veces ocurre por accidente, y hacerlo nosotros mismos, porque es necesario. Para ello podemos aplicar los "ingredientes" de las organizaciones más innovadoras.

- Si antes ha sido importante innovar, ahora se ha convertido en algo absolutamente esencial: los cambios están ocurriendo a una velocidad que crece exponencialmente; los paradigmas anteriores no nos sirven, y los que podamos crear nos van a servir cada vez durante menos tiempo. La única forma sostenible de adaptarnos y de avanzar es conseguir ser innovador sistemáticamente: INNOVAR ES UN IMPERATIVO.

3

¿Qué mueve a las personas a innovar? Liderando la innovación

Si tus acciones inspiran a otros a soñar más, a aprender más, a hacer más y a ser más, entonces eres un líder.
John Quincy Adams

Si plantas una semilla en la época adecuada, al poco tiempo comenzarás a ver como brota. Más adelante, tras observar su crecimiento, verás sus flores, y posteriormente sus frutos. Observada año tras año, puede parecer que la planta es la misma, y, sin embargo, cada año es nueva. La naturaleza es innovadora en sí misma, pues en cada paso evolutivo lo nuevo trata de emerger con fuerza, adaptando las especies a los cambios dinámicos del entorno y, en ocasiones, provocando disrupciones que transforman el ambiente. Hay fundamentalmente dos energías que alimentan la planta. Unas vienen de su interior, de su esencia, de su "mapa interno". Otras del exterior, como el sol, el aire, el agua, la tierra. Las dos son necesarias para disponer del fruto.

El ser humano no es distinto, aunque a veces nos sintamos separados de la realidad natural. Tal vez por esa razón muchos piensan que la innovación es cosa de unos cuantos, de los denominados "creativos". Cabe recordar que todos y cada uno de nosotros tenemos una "semilla" en nuestro interior, que nos informa de aquello que anhelamos ser y crear. Todos, en la etapa infantil, sentimos curiosidad por algo, nos orientamos hacia un tipo de actividades, nos gusta hacer algo en particular. Ello se debe a que, desde niños, buscamos expresarnos plenamente a través de lo que creamos, ya sea una conversación, un juego, una actividad, un arte. Esa energía esencial está con nosotros y nos acompaña siempre.

Alguien puede insistir: "Pero si yo no soy creativo, yo no puedo innovar". Es posible que lo sienta de esta manera, y es normal para muchísimas personas pensar de esta forma. Es probable también que el motivo de este pensamiento o creencia no se encuentre en el interior de la persona, sino en las energías que le llegan desde su entorno. Pero de la misma forma en que las plantas siguen año tras año "innovando", a pesar incluso de las condiciones adversas del entorno, la persona debe mantener presente su condición esencial creativa. Si es así, con la energía que proviene de su entorno, podrá encontrar el espacio para crear e innovar.

El entorno debe ser, en todo caso, una fuente de alimentación para que una persona exprese su talento, y no tan solo para que haga aquello que queremos que haga. Si esa persona se desconecta de su esencia, entonces estará simplemente "trabajando". Si queremos que innove en su trabajo, es necesario crear las condiciones para que una persona "juegue mientras trabaja". Si el entorno no le proporciona a la persona esas condiciones, esta buscará otro entorno que se las dé. Incluso, en ocasiones, esa persona "trabajará" en un sitio y "jugará" en otro.

En realidad no es posible no innovar. Cada conversación es nueva, cada acción es nueva, todo lo que hacemos a diario lo es. Bien es verdad que los manuales de instrucciones, los procesos, las normas, etc. están establecidos a priori, no son nuevos. Sin embargo, la forma en que los ejecutamos difiere de una vez a otra. Necesitamos que sea así por nuestra propia naturaleza, incluso aunque sea añadiendo pequeños matices en nuestra actuación. Es más, en nuestra esencia, odiamos lo rutinario, aunque lo olvidemos al buscar en la rutina la seguridad. Los seres humanos somos creativos por naturaleza y buscamos, en todo contexto, expresar nuestra creatividad. Otra cosa es que "encontremos" el contexto para hacerlo, o que la expresión de nuestra creatividad acabe en innovación.

Pero ¿qué ocurre en la realidad? La mayoría de ideas se quedan en el cajón, si se tiene suerte, o en la papelera. El mundo de la imaginación es abundante y todos hemos pensado en algún momento en una idea brillante que querríamos poner en práctica. A pesar de ello, seguimos imaginando e ideando conceptos, productos, servicios, procesos y todo tipo de cambios en nuestra vida profesional y personal. ¿Qué nos mueve a hacerlo? Fundamentalmente dos cosas: tener un problema que nos afecta o querer encontrar el camino para conseguir algo que deseamos con vehemencia.

Innova quien tiene un problema o necesidad

En febrero de 2005, Chad Hurley, Steve Chen y Jaweb Karim fundaron YouTube. No partían de un plan estratégico, ni siquiera de una idea de negocio. YouTube nació de la frustración que sintieron sus fundadores al no poder pasarse entre ellos un video de una fiesta, que era demasiado grande para enviarlo por correo electrónico. Así surgió la visión del servicio de Internet que actualmente mueve más del 40% del tráfico de video en la red. Una necesidad real desencadenó el nacimiento de una empresa por la que Google pagó, poco más de un año más tarde tras su fundación, más de 1.300 millones de euros. Se puede definir el fenómeno YouTube con las siguientes palabras: necesidad, pasión, liderazgo, innovación. Un ejemplo del espacio en el que se desenvuelve la economía mundial.

Algo similar le ocurrió a George Crum, un chef de Saratoga Springs, Nueva York, quien en 1853 se enfrentó a un cliente exigente. Cada vez que le servía un plato de patatas, el cliente se las devolvía diciendo que eran demasiado blandas. Así una y otra vez, hasta que un día, movido por la necesidad de solucionar esta situación, a Crum se le ocurrió cortar las patatas muy finas y freírlas en abundante aceite caliente, y echarles bastante sal. Ese fue el nacimiento de las patatas chips, producto que se extendió rápidamente por Estados Unidos y luego por todo el mundo.

Sin duda, tú mismo estarás recordando alguna situación en la que afrontabas un problema, y cómo encontraste la forma creativa e innovadora de solucionarlo, ¿no es cierto?

Como comentaba Eric Von Hippel, del MIT, en *Democratizing Innovation*, casi siempre las innovaciones surgen de quien tiene la necesidad. Posteriormente, alguien consigue industrializar las soluciones, hacerlas más atractivas para los demás y hacer un negocio de ello.

Si echamos un vistazo a los cuatro componentes que hemos mencionado (necesidad, pasión, liderazgo, innovación), veremos que todos tienen que ver con la motivación de la persona. Todo comienza con el problema o necesidad, pero para llegar a la innovación deben darse los otros dos: pasión y liderazgo. Este ciclo depende entera y fundamentalmente del espacio en que la persona desempeña su acción, ya sea en el ámbito profesional, social o personal. Para que exista la pasión por resolver el problema, una persona necesita sentir que aquello a lo que se enfrenta le importa.

En este sentido, Harrison Owen (creador de la tecnología de espacio abierto, Open Space Technology), plantea el concepto de *nexus of caring*, que podríamos traducir como "nexo de propósito". Cuando existe este nexo, es decir, cuando a las personas les importa el tema que está encima de la mesa o en el centro del círculo que las reúne, aportan su pasión y responsabilidad. La ausencia de tal nexo sería como el eco de una voz que dijo: "Las personas se mueven cuando desean moverse, y si no lo desean te harán ver que se mueven, pero en realidad estarán quietas en el mismo sitio".

Innova quien quiere encontrar el camino para conseguir algo que desea profundamente

En 1961, cuando el presidente Kennedy lanzó el gran reto a los americanos: "Antes de que se acabe la década, habremos puesto un hombre en la Luna y haremos que vuelva sano y salvo", lo que hizo fue abrir el espacio para la innovación. Aquella visión se convirtió en la pasión de muchísimas personas que, asumiendo su responsabilidad, hicieron que el sueño que Jules Verne tuvo en 1865 se hiciese realidad.

No hace falta ir a la Luna para innovar. Existen numerosos ejemplos de innovación que han surgido de una visión inspiradora y potente. Es el caso de La Fageda, una cooperativa de iniciativa social, fundada en 1982 por Cristóbal Colón y Carme Jordà. A lo largo de muchos años de dedicación al mundo de la psiquiatría y de trabajo en varios sanatorios, se habían topado una y otra vez con la incapacidad del sistema sanitario para la recuperación de los enfermos mentales. Con la visión de devolver la dignidad a los afectados por esa clase de dolencias, soñaron en crear un centro productivo donde estas personas pudiesen "recuperar en la medida de lo posible, el sentimiento de identidad". Con ese sueño en mente nació La Fageda, empresa que en la actualidad es reconocida por su labor social y que emplea a más de 270 personas, 160 de las cuales presentan discapacidad intelectual o enfermedad mental.

El ser humano tiene un potencial ilimitado, que puede manifestar siempre que recuerda su naturaleza creativa y cuando siente que aquello que le importa es más importante que él mismo. La energía que lo mueve en estas circunstancias es la del amor por la visión, por el sueño. El sentido que le proporciona la visión o el sueño es tan poderoso que le permite realmente encontrar el camino, innovando en la medida necesaria para hacerlo realidad.

En esto se basa el concepto de "tensión creativa". Tenemos la capacidad y el poder de crear nuestras vidas tal y como deseamos que sean. Aunque resulte difícil de aceptar, es así. En el momento en que comenzamos a sostener una visión o sueño que nos inspira, si además tenemos claridad sobre nuestra realidad actual, se produce una tensión en nuestro interior, una "tensión creativa", que nos impele a actuar. En cierto modo, es como la fuerza de la gravedad, ya que la tensión creativa busca la fuerza de la acción y el logro. Si mantenemos la visión y somos conscientes de nuestra realidad actual, y honestos al aceptarla, estaremos creando la tensión creativa que podremos usar para idear aquello que deseamos.

¿De dónde surge la motivación para innovar?

Hay quien respondería que la gente no quiere problemas, y que al enfrentarse a ellos buscan solucionarlos, apagar el fuego. Esto es así cuando el comportamiento es reactivo. Desde esta perspectiva, al presentarse un problema, la persona experimenta una reacción interior determinada por su "mapa interno", y, para eliminar la ansiedad que le produce, busca una solución en el plazo más corto posible. Sin embargo, una reacción de este tipo, no puede garantizar que aquello que causó el problema haya desaparecido. Sin duda, el problema no estará frente a nosotros, pero la causa que lo originó sí, y tarde o temprano producirá nuevos síntomas, generará nuevos problemas. De ahí la necesidad de responder frente a problemas y retos. Responder implica, en primer lugar, asumir la responsabilidad de la decisión. También implica abrirse a todas las posibilidades, en lugar de limitar las opciones al blanco y el negro, A o B.

Es importante, asimismo, conocer cuáles son las motivaciones que nos inspiran a responder, ya sean intrínsecas o extrínsecas. La motivación intrínseca es aquella que induce a una persona a acometer algo simplemente porque le satisface. La motivación extrínseca proviene del exterior, en forma de lo que se recibe a cambio de llevar a cabo ese algo. En los últimos cien años largos, debido a la influencia de Frederick Taylor, la segunda ha ido desplazando radicalmente a la primera. Se han diseñado toda suerte de sistemas y fórmulas buscando en la compensación o en la promoción el aliciente para que las personas se "muevan".

La primera de las categorías es enormemente más potente para las organizaciones, y sin embargo está muy olvidada. A modo de ejemplo, cabe mencionar que Wikipedia, la enciclopedia abierta y libre en Internet, va evolucionando cada año con la contribución del equivalente a unos cien millones de horas/persona; horas que son cedidas altruista y voluntariamente por miles de colaboradores impulsados por una motivación exclusivamente intrínseca, basada en el sentido que les da personalmente el proyecto de Wikipedia. Se trata de una motivación derivada de lo que Dan Ariely denomina, en su libro *Predictably Irrational*, "relación social", mucho más potente que la alternativa común de la "relación de mercado" (te doy dinero y tú me das tu tiempo a cambio).

Daniel Pink, autor de *La sorprendente verdad sobre lo que nos motiva,* llevó a cabo una investigación muy interesante, sobre todo por los resultados paradójicos que obtuvo (puede verse un video clarificador en YouTube: http://www.youtube.com/watch?v=J9z1OI_HE6Zg): los sistemas de incentivos económicos aportan el resultado opuesto al esperado en funciones complejas, como son los puestos de gestión y dirección de empresas. A partir de la investigación llegó a la conclusión de que los factores que determinan que las personas se sientan motivadas son: maestría (el proyecto o contexto debe permitirles un aprendizaje continuo), autonomía (la posibilidad de tomar iniciativa) y propósito (algo más allá del simple *bottom line* que permita a la persona ver el sentido de su contribución). Pink llama a este nuevo enfoque "motivación 3.0".

Lo que ha venido ocurriendo no es un cambio en las necesidades de las personas, ni siquiera en sus motivaciones. Se trata de una evolución del nivel de conciencia, que, como Richard Barrett (fundador de Barrett Values Centre) define en su trabajo, se plantea en siete estadios: supervivencia, relaciones, autoestima, transformación, cohesión interna, marcar la diferencia y servicio. Existen necesidades en todos estos estadios, y la persona se moverá para satisfacerlas. Los entornos o contextos en los que encuentre un espacio adecuado para hacerlo podrán contar con su pasión y responsabilidad. Estos siete niveles "representan las principales fuerzas motivadoras en todos los asuntos humanos. El nivel de crecimiento y desarrollo de un individuo, depende de su habilidad para satisfacer sus necesidades".

¿De dónde vienen las buenas ideas? Las buenas ideas vienen de París

Antes de ver cómo podemos convertir ideas creativas en innovación, implantándolas con éxito y creando valor, debemos considerar su origen. Las ideas que llevan a la innovación no se producen por accidente. De hecho la innovación es un proceso metodológico que, de forma consciente o inconsciente, ejecutamos.

En su libro *Where good ideas come from?*, Steve Johnson plantea algunos conceptos que interesa incorporar como perspectiva en el acercamiento a la innovación. (Puede verse un resumen del libro en el video publicado en YouTube: http://www.youtube.com/watch?v=R3LcLQXk9cg)

Desde una perspectiva medioambiental, Johnson nos recuerda que normalmente las buenas ideas no nos llegan en un momento de inspiración. Por lo general, todo comienza con una corazonada o entendimiento que necesitan de tiempo, en ocasiones años, para llegar a ser realmente útiles. Un ejemplo que menciona es el de la creación de Internet. Tim Berners-Lee, considerado el padre de la "red", inicialmente estaba tratando de diseñar un sistema para facilitar el almacenamiento de su propia información y poder compartir con más facilidad los resultados de sus investigaciones. No encontró la respuesta y desestimó el proyecto. Al cabo de diez años, cuando estaba analizando otro problema, desde otra perspectiva, hizo una conexión con aquel y de ahí surgió Internet. El gran avance se produjo realmente cuando dos corazonadas se unieron, se complementaron. Una de las formas en que brotan las grandes ideas es la colisión de al menos dos corazonadas. Como si de dos piezas de un puzle se tratara, cuando se conectan dan lugar a algo mayor. Este tiempo de incubación puede ser más o menos extenso, y en ocasiones producirse de forma espontánea, pero la mayoría de grandes ideas surgen de ese modo. La corazonada de una persona se une a la de otra, y de esa colisión surge el gran avance o *breakthrough*.

Cuando enfocamos la necesidad de innovar en las organizaciones, se destaca la importancia de crear espacios para la colisión de corazonadas. Espacios en que la gente pueda intercambiar ideas, conversar sobre sus problemáticas y retos, para alimentar la generación de buenas ideas que conlleven un gran avance. Al empeñarnos en mantener silos organizativos, lo que se produce es una desconexión entre las personas, y entre sus corazonadas. En este contexto, algo está tratando de aflorar en las empresas, pues muchas de ellas se están afanando en introducir métodos y prácticas relacionados con el concepto de entornos colaborativos o empresa 2.0, que en definitiva se apoya en el paradigma de la colaboración. La principal resistencia en la implementación decidida de la filosofía 2.0 viene de algunos directivos que probablemente digan algo así como "esto del 2.0 está muy bien para el marketing, pero no en la organización interna". Este freno no hace sino frustrar aún más a las personas en muchas organizaciones, ya que no ven posibilidad de motivación alguna. Recordemos las palabras de Daniel Pink: "La motivación depende de la autonomía, el propósito y la maestría".

Cuando se crean espacios para que las personas se conecten y compartan de forma natural, se producen procesos de diálogo, gestión, decisión e intercambio. Se trata de inteligencia colectiva en acción. ¿Qué impulsa a estas personas? Aquello que les importa de verdad. Si eso es lo que está en el "centro", se crearán círculos de diálogo, en los que las personas aportarán su pasión, su creatividad y sus iniciativas. Exactamente lo que las empresas necesitan. A modo de ejemplo, observemos la evolución de Gore Tex, empresa fabricante de tejidos de alta tecnología. Desde su fundación en 1958, esta firma reporta beneficios año tras año y es destacada en diversos foros como una de las empresas más innovadoras del mundo. Según relata Management Xchange, Gore Tex fue creada con la intención de constituir "un entramado de conexiones entre todos sus integrantes".

¿Qué ocurre en las organizaciones?

En los dos ejemplos que hemos visto, YouTube y "patatas chips", la innovación vino de las personas que tenían el "problema" y que sintieron la necesidad de buscar una solución. Además, estaban en un contexto en el que pudieron emprender la acción para convertir la idea en realidad. En el caso de La Fageda, fue el sueño lo que impulsó la innovación, a pesar de un contexto duro y difícil. En la mayoría de organizaciones este espacio está cerrado. Las personas que afrentan los problemas difícilmente pueden hacer que sus ideas se conviertan en innovación. ¿Puede haber innovación real, es decir, que aporte valor, si quienes se enfrentan al problema no pueden iniciarla?

Actualmente, en muchas organizaciones la innovación es, de alguna manera, por mandato, una estrategia que emana de las capas organizativas superiores. Probablemente, porque está de moda innovar, porque ya no se sabe qué hacer con los problemas ni cómo lidiar con el entorno y el cambio exponencial. Al mismo tiempo existen empresas que hacen de la innovación una verdadera ventaja competitiva.

Del informe *IBM CEO 2010* (elaborado con la participación de más de 1500 CEO en todo el mundo), se desprende que "la mayoría de los CEO dudan seriamente de su capacidad para afrontar una complejidad que aumenta rápidamente". Estamos frente a una tremenda paradoja organizativa. Los sistemas organizativos elevan la decisión sobre la innovación a los niveles más altos en la jerarquía, pues las personas no tienen autonomía. Por otra parte, el nivel de complejidad hace que las direcciones tengan cada vez más dificultad en gestionar adaptativa y readaptativamente sus organizaciones.

Al mismo tiempo, esta situación provoca en las personas una desconexión profunda entre sus motivaciones intrínsecas y la tarea encomendada. En su libro *El Futuro del Management*, Gary Hamel comparte los resultados de un estudio elaborado por la consultora Tower Perrins en el que se da un dato escalofriante: el 85% de las personas que operan en el mundo corporativo "van a trabajar en cuerpo pero no en alma". Se trata de personas en "despido interior", como lo denomina Lofti El-Ghandouri. ¿Cómo puede innovar una organización si sus empleados están en despido interior? Estas personas no aportan ni su pasión, ni su creatividad ni su iniciativa, elementos que representan el 80% de la ventaja competitiva de una empresa en nuestros días, como veremos más adelante. Ello se produce probablemente por un factor determinante: el clima.

Las personas, muy habituadas a "no fallar" y entrenadas para ello, muy acostumbradas a la "memoria organizacional" que ridiculiza a quien ha fracasado en algún intento, no van a comportarse de forma distinta solo porque les digamos que ahora, más que nunca, es necesario innovar, evolucionar y adaptarse. Como dijo el mago de la gestión del cambio, John Kotter, tienen que verlo, tocarlo y sentirlo. La energía personal que un individuo está dispuesto a aportar en su ambiente, en su trabajo, depende de ello. El gráfico siguiente evidencia los diferentes estadios.

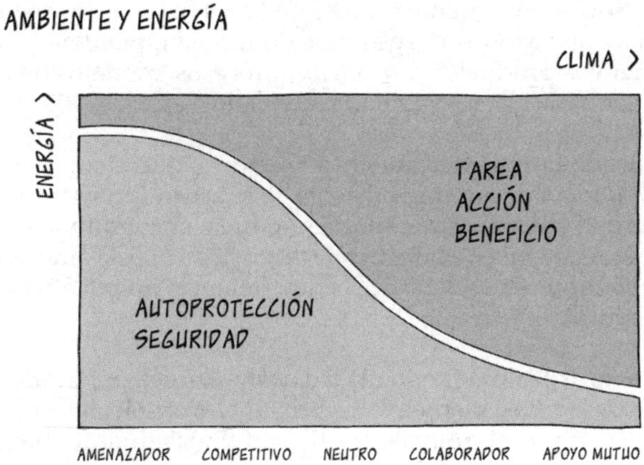

Fuente: Synectics-Altran

En un clima amenazador, donde exista una espada de Damocles pendiente de caer sobre una víctima, todas las energías de una persona estarán dedicadas a ver cómo se puede librar de la espada. Le quedará muy poca energía para dedicarse a la tarea, muy especialmente si esta implica pensar en soluciones distintas e implantarlas. Si el clima es competitivo (su equipo, área, departamento, etc.), estará también más centrado en hacer quedar mal a los demás, y encontrar maneras de sobresalir del resto, que en la tarea; sobre todo, como decíamos, si se trata de encontrar nuevas soluciones. Cuando el clima es neutro, es decir, no existen castigos, pero tampoco recompensas, la necesidad de seguridad cae exponencialmente, y quedan más energías disponibles para dedicarse a la tarea.

Cuando el clima es colaborativo, y más aún de apoyo mutuo, la energía mental dedicada a la autoprotección es mínima, pudiendo utilizar el 95% de sus energías en la tarea de encontrar y aplicar nuevas soluciones.

Solo podemos emprender medidas de fomento de la asunción de riesgos, utilizando el fracaso como elemento de aprendizaje, si hemos conseguido el clima adecuado para que las personas se sientan suficientemente seguras. En caso contrario, simplemente no merece la pena, pues para innovar hay que asumir riesgos. ¿De dónde si no pueden surgir los nuevos productos o servicios, procesos, modelos de negocio, canales de distribución, mercados, etc.?

Sucede también en muchas ocasiones que cuando a alguna persona de la organización se le ocurre proponer una idea innovadora, asumiendo riesgos, se encuentra con los *stoppers* de la innovación, personas cuya respuesta ante cualquier propuesta es "sí pero" y que frenan la innovación con su actitud.

En un artículo de Irving Wladawsky-Berger, publicado en *Business Week*, se plantean tres principales obstáculos para la innovación: indiferencia, hostilidad y aislamiento. Según Wladawsky-Berger, si bien es cierto que la mayoría de CEO, por no decir todos, hablan de innovación, casi ninguno de ellos lo expresa de forma auténtica. Comenta en su artículo: "En realidad no les interesa o no les importa, porque sencillamente la innovación no forma parte de su ADN". Plantea que la mayoría de directivos han llegado a sus posiciones actuales a partir de un éxito en el mundo operacional, siendo muy buenos mánager. Pero el entorno actual demanda innovación real, que solo puede llegar a partir de un mayor compromiso de los integrantes de la organización, de todos ellos. En el nuevo contexto, lo que se precisa es liderazgo más que management, para mover equilibradamente las dos ruedas de la "bicicleta".

Con un enfoque excesivo en la gestión de las operaciones, las iniciativas innovadoras se enfrentan a argumentos como: el negocio va bien, la dirección exige resultados a corto plazo, las innovaciones no traen resultados a la velocidad esperada, estamos atados por la presión del resultado, tenemos que recuperar inversiones anteriores, etc. Detrás de todos ellos, ¿qué hay? Probablemente la utilización de estrategias mentales y de decisión propias del Mundo Operacional, donde se evita el riesgo, y eso les ha sido de utilidad en un entorno donde no era necesaria la innovación. Pero ahora, cuando tienen que entrar en el Mundo de la Innovación, donde se debe fomentar el riesgo, estas estrategias no les sirven .

Cuando un directivo, o cualquier persona en general, basa su valía y seguridad personal en el logro, en el éxito y en el control, cualquier intento de alterar su perspectiva, será interpretada por como una amenaza, una intimidación. Ello produce una aversión al riesgo y provoca que las decisiones sobre innovación se pospongan. El resultado es un miedo al fracaso, que alimentará la parálisis de la innovación. Por otra parte, si la persona basa su valía y seguridad personal en cómo "se lleva" con los demás, entonces difícilmente osará retar el "statu quo" aunque tenga una idea creativa genial; en estos casos se produce el miedo al rechazo.

Más fuerte aún es el miedo a lo desconocido. La innovación se ve en muchos casos como ruptura con lo existente, con lo conocido, con aquello con lo que nos sentimos cómodos y seguros. Alguien podría preguntarse entonces: ¿Están preparados realmente los directivos para liderar la innovación? ¡SÍ!, siempre y cuando activemos lo que realmente importa. Se trata de una pregunta cerrada, y como tal, lleva implícito el riesgo de caer en juicios: están preparados, y por lo tanto son buenos; o no lo están, y por lo tanto son malos. Por esa razón, formular la pregunta con una orientación positiva puede ayudarnos: ¿Cómo prepararse para liderar la innovación?

Bien, podemos comenzar a analizar la pregunta. Lo primero es ponernos de acuerdo sobre lo que significa innovar. ¿Qué es innovar? Hemos visto anteriormente que innovación es creatividad aplicada con éxito de forma que aporta valor. Al aplicarla, lo que hacemos es "alterar las cosas introduciendo novedades". Aquí observamos cuatro aspectos: apreciar lo que tenemos, mantener aquello que pensamos que nos va a ayudar en nuestro propósito, dejar atrás aquello que pensamos que no nos va a ayudar e introducir lo nuevo.

Tal vez existe una percepción generalizada de que innovar es romper radicalmente con lo existente. Desde una perspectiva más amplia, surgen nuevas preguntas: ¿Sabemos apreciar lo que tenemos antes de innovar? En el proceso de innovación, ¿cómo podemos ver con claridad lo que hay que mantener?, ¿y lo que hay que dejar atrás? ¿Están preparados los directivos para dejar atrás aquello que no nos va a ayudar? Innovar es permitir que lo nuevo surja y tomar de lo viejo lo que apreciamos y aún es útil. Innovar es también dejar atrás lo que no nos sirve. Esto supone sin duda un reto para la mayoría de directivos. La solución no puede pasar por "frenar" la innovación, sino que ha de convertir los miedos en peticiones, asegurando que aquello que es preciso y necesario mantener sea incorporado en el proceso de innovación.

¿Cómo sostener la innovación?

Son muchas las voces que, en los últimos años, han puesto sobre la mesa la necesidad de crear e innovar. Se trata de voces del sistema que constituye la humanidad y que amplifican el eco de la transformación creativa de la sociedad y las empresas.

Hay tres tipos de empresas:

- Las que copian a otras, aprovechando, vía precio más bajo, lo que otra ha innovado.
- Las que innovan una vez y luego copian a otras, mediante aquello que llamamos diversificación.
- Las que innovan siempre, cada vez.

Una empresa es un organismo vivo; nace con la idea o innovación, crece y se expande, madura y, sin una innovación permanente, muere. Este es el proceso, aunque lo retardemos con medidas nada sistémicas.

El liderazgo actual, muy útil en el siglo XX, se enfrenta a retos y situaciones límite. La mayoría de líderes organizacionales funcionan en modo *downloading*, accediendo a "su base de datos" de patrones de acción y pensamiento habituales, siendo las experiencias pasadas una referencia tal vez demasiado presente en unos momentos en que la realidad exige la creatividad e innovación de todos a fin de afrontar una complejidad extremadamente dinámica.

Para poder liderar en esta nueva realidad, de innovación permanente, es necesario sustituir el *downloading* por la cocreación. Las cosas están cambiando cada segundo, y el mapa impreso, por muy preciso que fuera en el momento de su impresión, ya no refleja la realidad. Lo que toca ahora es liderar desde el territorio real, no desde el mapa. Otto Scharmer define en su libro *Theory U* este nuevo liderazgo como la "capacidad de sentir, dar forma y crear el futuro colectivamente. Para desarrollar e incrementar esta capacidad de liderazgo, es importante cultivar cuatro metaprocesos del campo social. Son: pensar, articular, estructurar y evolucionar los mecanismos de presencia sistémica, lo cual significa sentir y actuar desde el todo". No en vano, Scharmer subtitula su libro "Liderando desde el futuro a medida que va emergiendo".

¿Estamos preparados para este liderazgo? Para observar la vida hay básicamente dos actitudes: "la vida como un problema por resolver" o "la vida como un misterio por descubrir". Cuando lideramos, ¿cómo vemos la vida?

La primera postura se centra en "reaccionar frente al problema", y de alguna manera lo que nos mueve es eliminar lo que nos molesta o perturba, así como quitarnos de encima (o de dentro) las emociones no placenteras que lleva asociada la situación. Lo que nos impulsa es alejarnos del "conflicto interno" y volver a la normalidad o a controlar la situación con urgencia. Nuestro comportamiento se dirige así, y principalmente, hacia los síntomas, lo cual puede dejar intacta la causa. En consecuencia, es posible que más adelante la misma causa genere otros síntomas o incluso los mismos, como ya hemos comentado más arriba.

La segunda forma de ver la realidad es con la curiosidad y el sentido de la aventura de un niño (algo parecido a lo que Otto Scharmer describe en su obra como "presencia"). Es la postura que se enfoca en "crear nuestra realidad". Ver en cada momento la maravillosa oportunidad de descubrir algo nuevo, aprender y responder. En esta postura, lo que prevalece es "aquello que queremos crear". Mantenemos una visión que nos inspira en la acción, y que nos alienta, ante cualquier reto que afrontemos, a seguir creando e innovando. Nos mueve la pasión, nuestro amor por eso que queremos crear, la visión del futuro que deseamos. Se busca liberar el máximo potencial. Constituye una enorme oportunidad para la inmensa mayoría de empresas, pues las visiones que proponen no inspiran ni movilizan, dado que se han quedado en "palabras" y no son de verdad "visiones".

¿Qué impacto tiene el líder cuando usa cada una de esas lentes? Sin ir muy lejos, simplemente, y a modo de ejemplo, en el momento de establecer un *briefing* para "algo". ¿Qué pasa si estoy mirando la situación como un "problema por resolver"? ¿Qué pasa si la veo como "misterio por descubrir"? ¿Qué posibilidades se abren cuando estamos dando una orientación negativa a nuestro análisis, a nuestra mirada? ¿Qué posibilidades se abren cuando la orientación es positiva? Obviamente abordar cualquier situación desde una orientación positiva, abrirá más y mayores posibilidades cuando afrontamos la innovación.

Por su parte, Gary Hamel plantea en *El futuro del Management* la jerarquía de las seis capacidades humanas y su influencia en el éxito competitivo. Se relacionan a continuación, junto con su importancia relativa en el éxito:

- Pasión, 35%
- Creatividad, 25%
- Iniciativa, 20%
- Intelecto, 15%
- Diligencia, 5%
- Obediencia, 0%

Así pues, el 80% del éxito de una empresa depende de tres capacidades que hoy por hoy están "vetadas" en la mayoría de organizaciones. ¿En cuántas de ellas los empleados aportan pasión, creatividad e iniciativa? La mayoría de organizaciones no crean espacio para ello, y siguen apostando por el ejercicio de la diligencia y de la obediencia. Sin la pasión, la iniciativa y la creatividad de sus empleados, difícilmente pueden acceder a la innovación que cree valor. Si queremos impeler a las personas hacia la innovación, y si queremos que la innovación sea algo estructural en nuestras organizaciones, tal vez necesitemos abordar la innovación desde nuevos paradigmas.

Vivimos en un momento apasionante de la historia de la humanidad. Los eventos se suceden a una velocidad increíble. El grado de evolución tecnológica nos permite trabajar desde donde queramos, estar conectados a la red y acceder a toda la información que precisemos. Todo ello permite avances vertiginosos de la sociedad en muchos aspectos. No obstante, también conlleva un riesgo importante: que una vez conectados nos perdamos en ese mundo y olvidemos que somos personas. Cabe, tal vez, recordar en este punto las tres preguntas elementales y que lleva toda la vida contestar: ¿Quiénes somos? ¿Para qué estamos aquí? ¿Hacia dónde vamos?

La exploración de dichas preguntas alimenta la pasión y el entusiasmo por ser, y por formar parte de las organizaciones. Sin un trabajo en esta dirección, nos convertimos en un "recurso humano" engranado, más o menos, en el sistema. Un sistema que hoy en día está estructurado en la mayoría de organizaciones en torno a una figura: la del triángulo o pirámide; en su cúspide, las personas con "poder" o los mal llamados "líderes"; hacia abajo, los "ejecutores" o seguidores. Sin un contexto que dé sentido a lo que hacemos, y en un entorno estructurado en torno al "triángulo", las personas (los "recursos humanos") trabajan más o menos duro, pero no aportan su creatividad ni su iniciativa. Así creamos dos clases o castas, los líderes y los seguidores. Una clasificación que separa, que implica al menos dos puntos de atención o motivaciones. ¿Cómo puede una organización alcanzar su máximo desempeño cuando el paradigma que la rige separa en lugar de unir?

En algún momento del devenir de la humanidad, cambió la estructura fundamental mediante la cual los seres humanos nos relacionamos para abordar nuestros asuntos. Adoptamos esas formas organizativas "triangularizadas" y dejamos atrás la forma básica, el círculo. El círculo es un espacio donde no hay principio, ni fin. Donde la conversación se aborda desde el respeto, la escucha profunda y, sobre todo, desde la responsabilidad sobre las palabras que pronunciamos. No vale todo. Es un espacio en el que todas las voces son escuchadas, incluso la voz del silencio. Es un espacio donde las corazonadas de unos y otros pueden colisionar, haciendo que surja la idea creativa que podremos convertir en innovación.

¿Qué hace falta para constituir un círculo? Simplemente un punto que atraiga la atención de al menos dos personas, el "nexo de propósito". Si en el centro del espacio que quiere organizarse colocamos un tema que importe al menos a dos personas, provocaremos que esas dos personas miren a ese punto desde perspectivas distintas y al mismo tiempo comiencen a compartir un interés. En ese instante, "aquello que me importa", se convierte en "aquello que nos importa". A partir de ahí todo es posible, desde el diálogo y sobre la base de una característica de los seres humanos: nuestra capacidad de soñar y hacer nuestros sueños realidad. Si además ese punto central, en torno al cual se dibuja el círculo de manera espontánea, es lo suficientemente potente, a esas dos personas se sumará el resto del colectivo, de forma voluntaria, porque "el centro nos importa".

En el contexto actual las fórmulas tradicionales de organización son incapaces de responder y adaptarse al cambio. Se habla mucho de gestión del cambio, de impulsar el cambio, de cambiar... Pero ¿y si en realidad solo hubiera un cambio al que adaptarse de forma permanente?

En este proceso, hemos desarrollado y perfeccionado todas las habilidades posibles, revisado y reingeniado todos los procesos empresariales. En definitiva, todo aquello presente en la dimensión externa del cambio. ¿Qué ha pasado al mismo tiempo con la dimensión interna del cambio?

Al observar la matriz del cambio y sus cuatro cuadrantes (según Ken Wilber), vemos cuatro espacios para el cambio y la innovación: individual / interno, individual / externo, colectivo / interno, colectivo / externo.

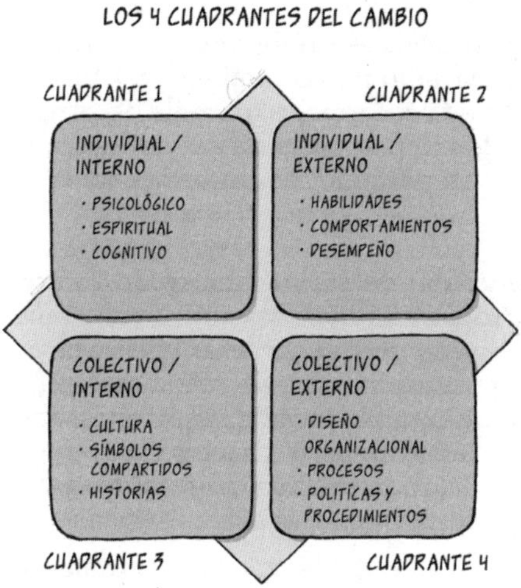

Fuente: The Leadership Circle. Adaptado del trabajo de Ken Wilber

¿En cuáles de estos espacios para el cambio se han concentrado la mayoría de esfuerzos en el pasado? Fundamentalmente en la dimensión externa, tanto individual como colectiva. Se han desarrollado todo tipo de procesos, metodologías, formas de organización, etc. para crecer y cambiar desde la perspectiva externa. En cambio, poco se ha hecho, aunque cada vez se hace más, en la interna.

En este entorno de cambio exponencial, las empresas necesitan adaptarse y readaptarse permanentemente para sobrevivir. Se necesita transformación creativa para afrontar con agilidad los nuevos retos y oportunidades y proponer respuestas adaptativas y readaptativas al cambio exponencial. Se hace más preciso que nunca abordar la dimensión interna del cambio.

En ese sentido son tres las grandes limitaciones estratégicas en las empresas:

La efectividad del liderazgo, individual y colectivo. El liderazgo es efectivo cuando, desde la dimensión interna del cambio, se desarrolla fuertemente un conjunto de competencias creativas y se toma conciencia de los comportamientos reactivos, que se trabajan o corrigen.

La velocidad de respuesta al cambio exponencial. Desarrollar la red de entusiasmo por el cambio, a partir de la identificación de los líderes informales, permite desarrollar una masa crítica de líderes creativos para maximizar la velocidad de adaptación, preparando a la empresa para la respuesta adaptativa.

La potencia de la visión de futuro que se desea crear como empresa. Desarrollar una visión potente involucrando a las personas en su diseño permite generar el entusiasmo que moviliza la transformación creativa. Así, inspiramos a las personas para que ofrezcan lo mejor de sí mismas, aportando pasión, creatividad e iniciativa, factores que representan el 80% de la ventaja competitiva de una empresa en entornos de cambio exponencial.

"Liderando desde el futuro que va emergiendo"

Las soluciones organizativas adoptadas hasta ahora se han basado en un reducido número de líderes con multitud de seguidores. Esta orientación no es válida para el entorno actual. Es preciso disponer del máximo potencial creativo para afrontar con agilidad la adaptación al cambio. Liderar "desde el futuro a medida que va emergiendo" requiere de toda la inteligencia colectiva en las organizaciones. Para ello los líderes deben actuar desde la autenticidad con valentía. Valentía para mirar a su interior y decidir transformarse, para salir de esa falsa zona de confort, superar los miedos y atreverse a explorar un nuevo territorio, desconocido, donde las personas son el centro de las organizaciones. Valentía para ser auténtico.

No es que no seamos conscientes de la necesidad de cambiar la situación actual. De hecho, desde las empresas se lleva mucho tiempo "intentando" desarrollar el liderazgo en las organizaciones. Sin embargo, seguimos prácticamente igual que hace diez años en muchos sentidos, al menos en la mayoría de ellas. Sabemos que hay que cambiar muchas cosas en la cultura de liderazgo que ha predominado en las últimas décadas, pero no únicamente por saberlo vamos a transformar nuestro liderazgo; hacen falta, además, la determinación y el compromiso. Es imperativo que dispongamos de una nueva visión de cómo liderar las organizaciones en el entorno actual, altamente dinámico y complejo.

No es necesario insistir en que existe un movimiento significativo en las empresas en su desarrollo, con la atención puesta en cómo la visión, la filosofía, las prácticas y las herramientas 2.0 son necesarias para un desarrollo organizacional sostenible, basado en la innovación. Hay diferentes enfoques de esta materia, y algunos hablan de redes, otros de comunidades y otros de tribus. Todo ello sobre la premisa de que, si existe un *nexus of caring* ("nexo de propósito"), quienes forman parte del sistema se sentirán inspirados y aportarán su responsabilidad al conjunto.

Para que ello sea posible es necesario hacer evolucionar la cultura de liderazgo en las organizaciones. El liderazgo no es tan solo una posición. Es, fundamentalmente, una actitud que debe estar presente en una mayoría de los miembros de la empresa, si lo que se busca es agilidad y adaptabilidad. Se trata de considerar el liderazgo, como hemos visto en palabras de Otto Scharmer, como "la capacidad de sentir, dar forma y crear el futuro colectivamente".

Hacer evolucionar el liderazgo en las organizaciones implica desarrollar la cultura de liderazgo, alcanzando a todos los niveles de la organización. En el video de David Logan, autor de *Tribal Leadership*, publicado en TED (http://www.ted.com/talks/david_logan_on_tribal_leadership.html), se presenta una idea que es fundamental: "Para gestionar un grupo de personas en un nivel de conciencia, hace falta un liderazgo con un nivel de conciencia de una escala superior". Esta idea refuerza la necesidad de que, para desarrollar el liderazgo en la empresa, abriendo el espacio a la inteligencia colectiva y la colaboración, los directivos necesitan a su vez alcanzar un nuevo nivel de liderazgo.

Por esa razón, para una empresa que se está moviendo hacia la visión de ser una empresa 2.0, enfocándose hacia una organización en red, es preciso un liderazgo 3.0. Probablemente aún no sepamos bien qué quiere decir ser un líder 3.0, pero ahora se trata de configurar este perfil con el objetivo de poder llevar con éxito las organizaciones al siguiente nivel, el 2.0. Una configuración que se irá adaptando y readaptando sobre la base de la inteligencia colectiva, con participación diversa.

Las empresas pretenden, básicamente, convencer a un grupo de personas, clientes, de que cubran sus necesidades con las bondades de sus productos o servicios. Pero los clientes han dejado de ser personas con escasa información que nos reciben con los brazos abiertos para escuchar nuestra oferta. Son también personas conectadas, diversas y situadas en cualquier rincón del planeta. Los clientes actúan y toman decisiones en función de las tendencias actuales de la sociedad: Internet, individualidad, interactividad, inmediatez, intimidad, imaginación.

Hay dos maneras de desarrollar una empresa: innovar o copiar. La mayoría de las empresas eligen la segunda. Y la mayoría de las que innovan, lo hacen solo la primera vez. Después se dedican a la diversificación, copiando lo que otras han innovado. Innovar no es un ejercicio de una sola vez. Hay que innovar cada vez. Esta es una necesidad de las empresas en los entornos cambiantes actuales.

El esfuerzo de los competidores que copian hace que sus productos y servicios tengan la misma calidad, si no superior. En consecuencia, solo el precio permite convencer al cliente. Se ha fomentado un entorno altamente competitivo y escasamente innovador en muchos sectores. Y en este escenario competitivo, ¿por quién se decide el cliente? Sencillamente por la empresa que le entrega lo que promete, con una experiencia de compra o de uso excelente. Es la forma actual de reforzar el *branding* de las marcas, por encima del gasto publicitario. La innovación en la relación con el cliente se está enfocando cada vez más en la experiencia global de compra.

Es paradójico, pero para dar al cliente una experiencia memorable, el cliente debe ser la segunda prioridad de las empresas. Solamente un conjunto de empleados facultados, motivados y comprometidos, pueden hacer sentir al cliente una experiencia única. De ahí que los empleados deban ser la primera prioridad de las empresas. Maximizar la experiencia del cliente, pasa por que las personas que están en contacto directo con él, tanto a través del servicio como del producto, respondan innovando y aportando soluciones inmediatamente. Por eso los empleados conectados con los clientes deben tener poder de decisión y ser centrales en la gestión de la empresa, y en ellos debe apoyarse la gestión del negocio a corto plazo.

De una forma simple, una empresa se enfrenta a dos tipos de eventos de negocio: eventos a corto plazo y eventos a nocorto plazo. Los primeros pueden ser gestionados íntegramente por equipos formados en torno a las personas en contacto directo con el cliente. Cuando surge un evento a corto plazo, o necesidad, las personas más cercanas al cliente, desde la autonomía y la capacidad de conectarse entre ellos de forma natural y orgánica, podrán innovar para resolver los problemas y aprovechar las oportunidades. ¿No fue esto lo que permitió el nacimiento de YouTube?

Este es el punto de partida de la organización en red. De hecho, las empresas son redes sociales, donde los empleados están conectados con una misión común (con la que todos deberían comprometerse) que consiste en perseguir el óptimo global de la organización, generando valor para los empleados, clientes y accionistas. Una red social en la que se necesitan nuevos roles. Una red social que evoluciona orgánicamente.

Muchas empresas nacen en la actualidad como YouTube, desde una innovación transformadora; pero al cabo de un tiempo, cuando se comienza a sentir la complejidad, aparece el control, la mejora de la eficiencia, la optimización de los recursos, etc. Y llegados a ese punto comienzan los organigramas (y sus múltiples versiones), que únicamente consiguen meter a grupos de personas en "cajas", cortar las conexiones o relaciones naturales, crear líneas de jerarquía artificiales y, lo que es más grave, matar la creatividad de las personas que forman parte de la red social que es la propia empresa.

Y para gestionar estos organigramas se designan directivos y jefes, se crean departamentos y funciones y se organizan divisiones y sedes centrales *(headquarters);* todo ello implicando a un porcentaje elevado de personas en las organizaciones, directivos que finalmente, por la presión de los resultados, acaban en muchas ocasiones microgestionando el corto plazo. Se aleja así la empresa de dar al cliente una experiencia excelente, tan necesaria para competir con éxito, con el riesgo añadido de olvidar el no-corto plazo.

No pensemos con esto que los directivos son prescindibles. Al contrario. Tan solo ocurre que el rol que les corresponde en las organizaciones en red es diferente del que tienen en la actualidad. Este nuevo rol, además, les aportará mayor satisfacción, plenitud y alegría. Al convertirse en líderes 3.0, se enfocan en la gestión de los eventos de negocio a no-corto plazo. Eventos como la próxima innovación disruptiva, el desarrollo de las personas, la facilitación de los equipos o el desarrollo de la red social, entre otros. Los líderes 3.0 están permanentemente leyendo los comportamientos de los miembros de la red social empresarial, atentos a los cambios y nuevos retos para inyectar en el sistema las iniciativas necesarias para innovar y reforzar la red y su desarrollo sostenible.

Se trata de dar un nuevo enfoque al liderazgo, compartiéndolo y distribuyéndolo a través de la organización, con atención a los eventos de negocio. De hecho, podemos decir que todos los miembros de una red social son líderes en un momento u otro, cuando se enfrentan a dichos eventos y lideran su gestión. Las soluciones organizativas adoptadas hasta ahora se han basado en un reducido número de líderes (en algunas empresas se habla de "El Líder"), que tienen seguidores. Esta orientación no es válida para el entorno actual en el que es preciso disponer del máximo potencial creativo para afrontar con agilidad la adaptación al cambio, ordenado de forma natural en organizaciones basadas en redes sociales.

La misión del líder, en cualquier nivel, no es tener seguidores, sino desarrollar el liderazgo en todas las personas de su red social empresarial. La misión del líder es tener líderes. La misión del líder es servir a la sociedad contribuyendo en la transformación creativa de las empresas. Liderar es abrir el espacio e invitar a la inteligencia colectiva, a fin de acceder a la innovación necesaria para responder al cambio exponencial del entorno.

Organizaciones que inspiran a las personas

Entramos así en un espacio mucho mayor, donde podemos correr libres para hacer realidad el sueño de crear organizaciones que inspiren a sus integrantes impulsándolos a dar lo mejor de sí mismos. Un espacio donde estos se desarrollen profesional y personalmente, liberando su talento para innovar y generar mejoras extraordinarias del valor que la empresa aporta a sus clientes y a la sociedad.

Pero ¿cómo inspirar a las personas para que ofrezcan lo mejor de sí mismos?

En un mundo que evoluciona hacia un modelo de sociedad creativa, es importante expandir el concepto de liderazgo, estirarlo para llevarlo más allá de la dicotomía líder-seguidor, en la que el líder decide hacia dónde va la organización y los seguidores "siguen" al líder hacia ese lugar. Posiblemente, de esa necesidad de expansión conceptual surge la definición de liderazgo que Michael Hermann establece en *Inviting Leadership*: "Liderazgo es la práctica hábil de la invitación, con el propósito de hacer las cosas más importantes, de la manera más fácil posible".

Parece obvio, aunque probablemente se ponga poco en práctica, que una empresa alcanza un rendimiento mayor cuando las personas que integran la organización están comprometidas. De hecho en los dos últimos años se ha hablado mucho de cómo "generar compromiso". Pocos discutirán la afirmación de que a mayor grado de compromiso de los empleados, mayor valor generado por la empresa. Anhelar un mayor compromiso buscando reducir ese 85% de personas desmotivadas nos hacer recordar que actualmente no contamos con su compromiso Cabe preguntarse cómo hemos contribuido a que así sea.

Tal vez un enfoque diferente nos permita ampliar nuestra perspectiva. Si, en lugar de plantearnos cómo generar compromiso y reducir el 85%, observamos a esas empresas donde el 15% de empleados van a trabajar llevando consigo, además del cuerpo, el alma, entonces podemos preguntarnos: "¿Qué hacen diferente?, ¿cómo amplificar esta desviación positiva?". Para optar a contar con el compromiso de las personas, fuente donde bebe el alto rendimiento, una de las cosas que hacen los directivos de esas empresas con desviación positiva es "invitar" a las personas a dar lo mejor de sí mismas. Esos directivos crean espacios donde los empleados ven el sentido de su trabajo y, en consecuencia, deciden aportar pasión y responsabilidad.

¿Cómo invitar a los integrantes de una organización? Hay un punto de partida: articular una visión potente e inspiradora. Si hay un "fuego" en el centro, lo más probable es que los colaboradores decidan sentarse a su alrededor, y que una vez sentados compartan algo en beneficio del grupo.

Echemos un vistazo a algunas de las visiones corporativas en el sector financiero en España:

"BBVA, trabajamos por un futuro mejor para las personas."

"El Banco Santander quiere consolidarse como un gran Grupo financiero internacional, que da una rentabilidad creciente a sus accionistas y satisface todas las necesidades financieras de sus clientes."

"En Triodos Bank queremos contribuir a una sociedad que fomente la calidad de vida y se centre en la dignidad humana."

Leer estas visiones nos invita a reflexionar sobre las que se proponen a los colaboradores en las organizaciones. Las personas buscan sentido, y no cualquier visión se lo dará. Y si no, pregúntate: "¿En cuál de estas entidades mencionadas me gustaría trabajar? ¿En cuál de ellas considero que mi talento podría ser mejor utilizado?".

Liderazgo 3.0

El pensamiento más racional nos puede hacer creer que es utópico, pero nuestro corazón e intuición nos dicen, en voz muy alta, que la distancia entre el pasado y el futuro es el momento presente. Ahora bien, ¿quién está en el aquí y ahora, en la situación actual? Es como si la mayoría, la inmensa mayoría, deseara escapar de la realidad del momento, tal vez por aquello de que en el presente encontramos los retos y los problemas. Escapamos, así, de la ansiedad que nos provoca el no entender, el no saber por qué no obtenemos lo que queremos. Sin embargo, en el momento actual encontramos la oportunidad de encarar los temas que nos inquietan de una forma diferente.

Ser consciente de este momento, sentir que es posible, que es necesario, y decidirse a dar el salto, es lo que convierte a un directivo en líder. La decisión es nuestra. Podemos seguir amarrados en un puerto aparentemente seguro, o decidir ser líderes auténticos. Podemos disfrutar de lo material o buscar la integridad en nuestros valores humanos más profundos. El liderazgo debe adaptarse al nuevo paradigma de nuestra sociedad. Ya no es suficiente un liderazgo fuerte en la cúspide; debe ser compartido y distribuido en toda la organización. Este es el Liderazgo 3.0, el auténtico, un liderazgo en red.

Podemos centrarnos en perseguir un objetivo que fijamos con criterios más o menos acertados; o bien podemos fijarnos como meta liberar el máximo potencial de la organización y de las personas que la integran, actitud que define el liderazgo 3.0.

El espacio organizacional basado en el liderazgo 3.0 dirige ese liderazgo auténtico y presente en cada persona hacia el objetivo de liberar el potencial máximo de la organización en cada situación y momento, desde el futuro que emerge, movilizando la inteligencia colectiva, con una respuesta adaptativa para mantener o mejorar la posición competitiva de la organización. Para plantear un espacio basado en el liderazgo 3.0, hay ***nueve puntos clave:***

1. *Liderazgo creativo.*
   Un liderazgo basado en la pasión por co-crear el futuro deseado, a partir de relaciones conscientes e intencionales en las que la autenticidad, el coraje y la integridad son características fundamentales. Se trata de un liderazgo visionario e inspirador, y orientado al alto rendimiento, basado en la innovación.

2. *Abrir el espacio a la inteligencia colectiva.*
   Para facilitar que las empresas se adapten y readapten a un entorno en transformación constante, es fundamental hacer surgir el liderazgo colectivo de todo equipo humano. En *IBM Global CHRO Study 2010* leemos: "Mantener una postura innovadora exige sacar provecho de la inteligencia colectiva".

3. *Orientación positiva.*
   Partimos de una exploración apreciativa y un enfoque en la visión, en lo que valoramos y nos llena de energía. Apreciamos lo que "existe" e imaginamos "lo que podría ser". Esta orientación abre posibilidades e inspira a las personas impulsándolas a innovar.

4. *Liderazgo compartido, en red.*
   La empresa es en realidad una red social, un conjunto de personas conectadas en torno a un nexo que las une y las impele a cumplir y desarrollar una visión. Aunque no vemos las conexiones entre los integrantes de la organización, estos existen. No aparecen en los organigramas, y sin embargo tienen un impacto definitivo en el desempeño y en la innovación. En esta red existen personas influyentes (líderes informales) que son claves para el funcionamiento de la organización.

5. *Masa crítica de líderes creativos.*
   Una iniciativa de cambio se consolida y tiene éxito en la empresa cuando existe una masa crítica de líderes de la red social de la misma que sean "apóstoles" del cambio. Así, la empresa puede evolucionar de forma constante y sostenida, al abordar la dimensión interna del cambio colectivo. Constituyen, de alguna manera, una red de entusiasmo por alcanzar la visión.

6. *Liberación del talento.*
   Se habla mucho de atraer y retener el talento. Lo primero nos dice que no lo tenemos; lo segundo, que es escaso y que tenemos miedo a perderlo. Alternativamente podemos considerar a cada miembro de la organización una persona con talento que, convertido en fortaleza, contribuya al cambio necesario en cada momento. El talento es algo inherente a todo ser humano, y lo único que hace falta, tal vez, es liberarlo.

7. *Innovación disruptiva y transformacional.*
   En el mismo instante en que fijamos un objetivo estamos autoimponiendo un límite a nuestra organización. Por el contrario, si lo que perseguimos es liberar el potencial existente, el límite lo impone el sistema, la realidad, no nosotros.

8. *Competencia intercultural.*
   Géneros, edades, orígenes, formaciones, razas, etc. son algunas de las dimensiones de la diversidad presente en las empresas. En la actualidad, la "gestión de la diversidad" está basada en la polarización ("ellos" y "nosotros"). Para fomentar el alto rendimiento en las organizaciones es preciso desarrollar la competencia intercultural, como elemento primordial de un sistema relacional consciente e intencional. Esto fomenta nuevas conexiones más disruptivas, puesto que la diversidad es la fuente inicial de niveles de creatividad superiores.

9. *De directivo 1.0 a líder 3.0.*
   Siendo las organizaciones un conjunto de relaciones, ¿cómo podemos alcanzar el máximo rendimiento? Obviamente cuando los miembros de la organización son

conscientes de sus relaciones y las alimentan con intención. El directivo asume, a tal fin, un nuevo rol. El líder 3.0 gestiona conexiones y relaciones, contribuyendo a transformar la empresa de un conjunto de funciones separadas y aisladas en silos o cajas a una red social integrada que opera como un todo. Ello permite el auténtico espíritu de equipo que nace de la pasión, el entusiasmo y el compartir.

Desencadenando la red de entusiasmo

¿Cómo se produce una epidemia? Sencillamente, cuando una "masa crítica" de personas están "infectadas" por la enfermedad. Malcolm Gladwell, en su libro *The Tipping Point*, se sirve de este concepto para plantear de forma potente cómo desencadenar un cambio; partir de sus observaciones de los fenómenos epidemiológicos, determina que, cuando se alcanza el *tipping point*, el fenómeno es imparable y su desarrollo será con toda probabilidad exponencial.

La famosa curva de difusión de la innovación (Everett Rogers, 1962) informa de los diversos comportamientos frente a la decisión de incorporar una innovación. Según Rogers, la adopción de una innovación es un comportamiento que sigue una distribución normal. Así tenemos que los innovadores y los primeros seguidores representan conjuntamente el 16% de una población. La mayoría precoz se sitúa en torno al 34%, la misma proporción que corresponde a la mayoría tardía. Finalmente, aparecen los rezagados con un peso relativo del 16%. Son comportamientos que conviene tener en cuenta cuando queremos desarrollar una red de entusiasmo por la innovación en la organización.

Cuando analizamos una organización con herramientas de *social mapping*, podemos ver como el factor "influencia" (inspiración) en la actualidad no viene de arriba abajo, sino que se comporta en red. La empresa es una red social que se puede mapear y en la que determinadas personas, sin poder oficial, actúan como "influyentes". Las nuevas tecnologías nos permiten analizar con mucho detalle las organizaciones y trazar el mapa de su red de conexiones a partir de los procesos de negocio. Mediante una herramienta de última generación, Organizational Network Analysis, se elabora el mapa de la red de liderazgo de la organización. De este modo identificamos a las personas "influyentes" que, junto con quienes constituyen la organización formal, son los agentes de cambio, al menos en potencia.

En realidad, el activo de una organización (de una red) es su Capital "Social" o humano, que mide la capacidad de los grupos de contactar otras personas, dentro y fuera de la organización, para obtener información, consejo y ayuda para resolver problemas. El análisis de la red de liderazgo informal es una metodología que revela el funcionamiento interno de una organización, ya que nos muestra los patrones invisibles de flujo de información y las colaboraciones de grupos de importancia estratégica. Supone realizar un mapa de la red social en la empresa y medir las relaciones ocultas entre las personas, con objeto de actuar sobre la red para mejorar la efectividad del equipo. Este análisis se basa en la metodología de "análisis de redes organizacionales" (Organization Network Analysis, ONA). A partir de un análisis del *log* de correo electrónico o mediante un cuestionario en línea, se elabora el diagrama de red de la organización. Como resultado podemos identificar las personas influyentes, que combinan su elevada cercanía al resto de la red con una alta intermediación de la comunicación. El tamaño del grupo de personas influyentes se determina mediante un modelo de difusión de información en la red, complementado con histogramas de las medidas relevantes. Este enfoque permite minimizar el tiempo de despliegue estratégico de cualquier iniciativa, al centrar los esfuerzos en las personas clave desde el primer momento, apostando también por su liderazgo.

Una de las principales aplicaciones es la relacionada con la gestión del cambio, ya que, al identificar a las personas influyentes dentro de la organización, estamos apuntando a la clave en el éxito de un cambio transformador en la misma. Las personas influyentes, líderes informales en la red, pueden ser facilitadoras del cambio o, al contrario, pueden obstaculizarlo.

Al identificar proactivamente a las personas influyentes o líderes informales, abriendo el espacio para su propio liderazgo, convirtiéndolos en agentes del cambio, e inspirándoles con una visión poderosa, estaremos creando una "masa crítica" que facilitará el proceso innovador. Serán personas "entusiasmadas por el cambio", que constituirán la red de entusiasmo de la organización y la alimentarán. Ello movilizará al resto de la organización de forma acelerada, en combinación con otras acciones o palancas de cambio, hacia la innovación.

Tenemos a las personas entusiasmadas por el cambio. Ahora la pregunta que sigue es: ¿por dónde empezar?

Resumen del capítulo

- La innovación está al alcance de todas las personas. El potencial del ser humano es ilimitado, especialmente cuando recuerda su naturaleza creativa.
- Innova quien tiene un problema o necesidad y quien quiere encontrar el camino para conseguir algo que desea profundamente.
- La "tensión creativa", generada entre la visión potente y la lectura honesta de la realidad, nos moviliza hacia la innovación.
- La motivación para innovar es esencialmente intrínseca, y se fomenta en espacios de trabajo donde autonomía, maestría y propósito son elementos fundamentales.
- La "relación social" refuerza la motivación personal, a diferencia de la "relación de mercado".
- Las mejores ideas provienen de la colisión de al menos dos corazonadas.
- Abrir el espacio a la inteligencia colectiva es, en el entorno de cambio exponencial actual, el único camino válido hacia una innovación real que cree valor.

- El clima organizacional es determinante de la capacidad de innovación de una organización.
- El liderazgo en las organizaciones está evolucionando hacia un "liderazgo 3.0": liderazgo creativo, abrir el espacio a la inteligencia colectiva, orientación positiva, compartido y en red, masa crítica de líderes creativos, liberación del talento, innovación disruptiva, competencia intercultural, de directivos 1.0 a líderes 3.0.
- Las organizaciones que inspiran a sus empleados disponen de visiones poderosas y propósito, que van más allá de las fronteras de la organización, y que dan sentido al trabajo de las personas.
- Es posible desencadenar una "red de entusiasmo" por la innovación, a partir del mapa de la red de la organización, que permite identificar a las personas influyentes o líderes informales.

4

¿Por dónde empezar? El clima y la creatividad

Hay aspectos esenciales para nosotros que permanecen escondidos por su simplicidad y familiaridad.
Ludwig Wittgenstein

Tal y como hemos visto en capítulos anteriores, innovar no solo es posible, sino que es imprescindible. Lo ha sido siempre, y lo es incluso más en nuestros tiempos; solo tenemos que observar como los cambios sociales, políticos y empresariales ocurren cada vez con más frecuencia y se desarrollan con mayor rapidez.

Definitivamente, en un mundo cambiante, quedarse parado es ir hacia atrás. Necesitamos adquirir estas capacidades de adaptación al entorno innovación de manera sistemática, ya sea en cuanto individuos, como colectivo o como empresa.

Pero ¿cómo se hace? ¿Es posible aprenderlo? A lo largo de este capítulo veremos que podemos aprender, o más bien "reaprender", nuestras capacidades creativas, y utilizar herramientas y procesos para lograrlo de manera sistemática. Mostraremos asimismo los últimos aprendizajes para generar un entorno, un ecosistema, que ayude al conjunto a ser más creativo, y a aplicar esa creatividad de manera consistente a fin de innovar.

La buena noticia es que tú puedes ser creativo e innovador. De hecho, lo es. Inherente al ser humano, la capacidad creativa está en todos y cada uno de nosotros. Ha sido nuestra manera de aprender, experimentar y explorar el mundo en nuestra niñez... para descubrir pronto, debido principalmente a la educación, que asumir riesgos (principalmente mentales) puede tener consecuencias negativas que no compensan los beneficios. El miedo sustituye entonces a la curiosidad, y de ese modo aprendemos a "estarnos quietecitos, por lo que pueda pasar". Siempre hay personas que, haciendo caso omiso de las advertencias del entorno, deciden seguir arriesgándose: son personas más creativas de lo normal, que necesitan un nivel menor de "reprogramación" para volar más alto y más lejos.

Existen procesos que, partiendo de una observación empírica, consiguen replicar lo que a veces sucede por accidente, con el objetivo de repetirlo cada vez que lo necesitemos. Y este ha sido el empeño de Synectics desde su creación, en 1960. Esta extraña denominación es a la vez el nombre de una empresa y el de una metodología. Comenzó como un *spinn off* del Arthur D. Little Invention Design Group, a finales de los años 50. Este grupo de la primera empresa de consultoría del mundo debía inventar nuevas soluciones para sus clientes, muy en relación con el gobierno estadounidense. Había veces que conseguían inventar algo nuevo, aplicarlo con éxito y ver que aportaba valor frente a lo anterior; pero en otras ocasiones se quedaban estancados en alguna fase, sin conseguir nada, por mucho que se encerrasen días para tratar de encontrar el "momento Eureka". Llegados a ese punto, se preguntaron: "¿No habrá algo en el proceso que seguimos que facilite o perjudique el resultado final?". Y empezaron a analizar sus propios procesos, grabando miles de reuniones para tratar de identificar pautas.

Descubrieron que, efectivamente, había muchas cosas en el proceso de creatividad e innovación que podían replicarse cuando se necesitasen, en lugar de esperar a que llegasen los momentos de inspiración. Se separaron y crearon **Synectics** en 1960 con el objeto de ayudar a las empresas e instituciones a poner en marcha estos procesos de innovación. Desde entonces, Synectics ha ayudado a las principales empresas e instituciones del mundo, tanto a innovar como a adquirir las capacidades de innovación.

Synectics ha continuado con la investigación y aplicación práctica durante todos estos años, desarrollando y perfeccionando las metodologías iniciales. También ha protagonizado algunas de las mejores publicaciones relacionadas con el mundo de la creatividad e innovación. Desde el influyente artículo en la edición del *Harvard Business Review* de 1956 "An Operational Approach to Creativity", pasando por *Art Synectics* o *Design Synectics, Stimulating Creativity in Design*, considerados como imprescindibles en la enseñanza del arte, o los libros-manuales como *The Practice of Creativity* o *The Innovator's Handbook*, hasta el último libro publicado por la Harvard Business School Press, *Creativity Inc., Building an Innovative Organization*, Synectics ha estado siempre al frente del pensamiento innovador. En 2000 se incorporó al Grupo Altran, y sus metodologías están en la base del conocimiento de los procesos y aprendizajes descritos en el presente libro. En 2010 la rama americana de Synectics pasó a denominarse **Synecticsworld** (http://www.synecticsworld.com). Las actividades de Synectics en el resto del mundo siguen estando integradas en Altran.

Diremos, para empezar, que la Innovación surge de la combinación de varios factores o circunstancias: un ambiente o clima adecuado, unas técnicas concretas de creatividad y unos procesos para poder trasladar la creatividad a la acción. Se podría representar de la siguiente forma:

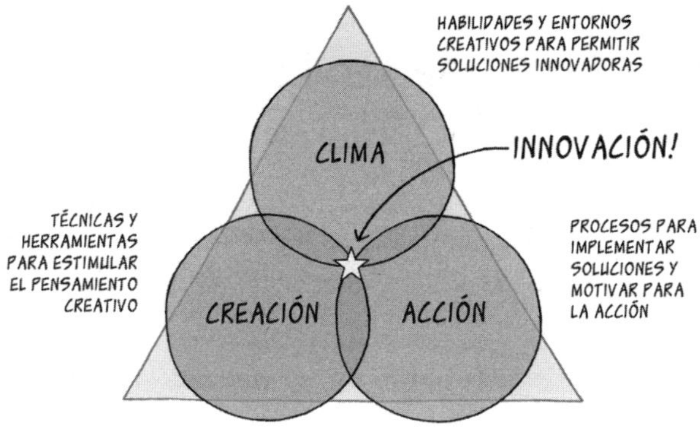

Fuente: Synectics-Altran

El clima es extremadamente importante por diversas razones. Ahora sabemos que la motivación intrínseca y el ambiente son esenciales a la hora de destapar nuestro potencial en cualquier tarea. Sentirnos bien con nosotros mismos, apreciados por el grupo y seguros en el entorno son condiciones indispensables para empezar a ascender por la escalera de la creatividad hasta alcanzar la torre de la innovación. Cuando le pedimos a una persona que piense en nuevas soluciones, que asuma el riesgo mental de pensar y proponer cosas diferentes de las actuales, si el clima no es adecuado, simplemente no lo hará.

Una vez creado un clima que aliente la creatividad, hay que empezar a ser creativos. Y eso, para los que no somos genios ¿cómo se hace? Veremos que existen herramientas prácticas que nos permiten replicar el pensamiento de los genios. Todos somos genios en potencia, pero algunos tenemos que frotar la lámpara mágica con más brío para convertirnos en uno y no tener que estar a expensas de las caprichosas musas.

Tras conseguir un clima adecuado, y vislumbrar algunas ideas disruptivas que permiten abrazar nuevas soluciones, se hace necesaria la participación de una serie de procesos que llevan las ideas a la práctica; o lo que es lo mismo, nos hacen innovadores además de creativos. A continuación desarrollaremos cada uno de estos aspectos.

Clima y equipos para la creatividad

En el capítulo anterior, hemos visto aspectos del clima general y de la motivación humana que debemos tener en cuenta a la hora de saltar a la arena de la innovación, ya sea como practicantes, o bien como gestores de equipos que pretendemos sean más innovadores. En este capítulo nos centraremos un poco más en todo lo que tiene que ver con la creación y mantenimiento del clima adecuado en el seno de un grupo de trabajo.

¿Y por qué un equipo? La innovación y el equipo están fuertemente interrelacionados: ser innovador en soledad puede resultar altamente complicado. Las capacidades de un equipo bien entrenado, diverso y colaborador son imbatibles. A decir verdad, ser creativo e innovador nunca resulta fácil, pero cuando sucede, vemos reforzada automáticamente la sensación de pertenencia y la cohesión del grupo. Podemos decir que la innovación requiere el trabajo colaborativo en equipo y al mismo tiempo lo refuerza.

En función de los objetivos que se quieren alcanzar, existen muchos grupos de trabajo y reuniones diferentes. Aquí entenderemos por "equipo" un grupo de gente que se junta para encontrar nuevas soluciones, por "reuniones" aquellas que se dan en este tipo de equipo (son muy distintas estas reuniones de las que, por ejemplo, tienen como objetivo informar de algo, recabar información, tomar una decisión, etc.).

En cada grupo se dan infinidad de circunstancias que pueden afectar a su éxito. Y definimos el éxito de cualquier equipo de acuerdo con la consecución de dos objetivos:

1. Se han cumplido los objetivos de la reunión (se ha encontrado una nueva solución, o se ha generado el número de nuevas ideas que se deseaba, etc.)
2. El nivel de motivación y energía del grupo es muy alto; existe un compromiso para llevar a cabo la acción, y los componentes del grupo desearán participar de nuevo en una acción similar.

De esta manera, podremos realizar ciclos de innovación cada vez más productivos.

En Synectics-Altran se ha venido estudiando lo que ocurre en reuniones de resolución de problemas en equipo desde hace más de cincuenta años, llegando a conclusiones que la experiencia ha ido corroborando. ¿Cuáles son esos aprendizajes? El principal es que para conseguir un clima adecuado para la creatividad e innovación en reuniones de equipo, conviene tener en cuenta algunos aspectos que analizaremos a continuación.

Elementos de Interacción.

Para simplificar la realidad, podemos decir que, en cualquier reunión de resolución de problemas, las diferentes interacciones entre los miembros del equipo se pueden clasificar en cuatro elementos básicos, cuya gestión provoca un enorme impacto en el "éxito" final, tal y como lo hemos definido anteriormente:

1. *Oferta.*
   Se trata de una apreciación, idea o propuesta que una persona hace al grupo. Puede tener relación con el contenido (una idea para resolver el problema, por ejemplo) o con el proceso (cómo deberíamos focalizar nuestro pensamiento, cómo seleccionar las ideas, sugerencias sobre el proceso a seguir durante la reunión, siguientes pasos, etc.). Las ofertas de los participantes son muy importantes, porque son justamente el objetivo de una reunión de resolución de problemas.

   Ante estas ofertas, podemos decir de manera simplificada que existen dos reacciones típicas:

2. *Aceptación.*
   Cuando los demás manifiestan su aceptación de la oferta propuesta. Esta manifestación puede ser verbal o no verbal (el impacto de la comunicación verbal y no verbal es algo que veremos un poco más adelante). En general, las aceptaciones ayudan a construir un clima adecuado, porque animan a los demás a proseguir con sus aportaciones de ideas, y hacen que quienes realizan las ofertas se sientan bien. No obstante, hay que tener cuidado: una aceptación entusiasta formulada demasiado pronto puede dar la impresión de que esa es la única solución posible, y cerrar con ello la puerta a la exploración de nuevas alternativas.

3. *Rechazo.*
   Cuando se manifiesta el rechazo de la oferta. También puede ser verbal o no verbal. Los rechazos son tremendamente destructivos, aunque la intención sea positiva. Esto sucede porque un rechazo de una idea significa que

hay ideas mejores que otras, que el tipo de idea rechazada no es aceptable, y eliminará las posibilidades de explorar más en esa línea. Psicológicamente, una persona cuya idea es rechazada interpretará en muchas ocasiones el rechazo a nivel personal. Esto acostumbra a coartar la aportación de esa persona, a cortarle las alas para volar. Es más, un solo rechazo puede hacernos entrar en el destructivo ciclo de rechazo-venganza, que explicaremos con más detalle más adelante.

Existe un ejercicio muy sencillo y potente que solemos plantear en los entrenamientos de grupos de trabajo. Su aplicación nos permite sentir muy bien el efecto de los rechazos. Por eso, aconsejamos probarlo:

Se divide a la audiencia en parejas, compuestas cada una por una persona de rol "A" y otra de rol "B". Las personas "A", durante aproximadamente un minuto o minuto y medio, van a hablar a las personas "B" de algo que realmente les apasione. Puede ser un hobby, un deporte, un tipo de actividad, etc. Mientras tanto, "B" hace todo lo posible para mostrar rechazo ante lo que oye, de forma verbal (contradiciendo lo que dice, mostrando su rechazo), o no verbal (frunciendo el ceño, mirando a otro lado, mirando el reloj, etc.). Cuando se agota el tiempo, se les pide que cambien los roles: ahora "B" habla de algo que le apasione y "A" hace todo lo posible para mostrar, esta vez, aceptación, durante el mismo tiempo.

Acabado el ejercicio, se pide a los participantes que cuenten qué han sentido, en cada una de las rondas. Indefectiblemente, las reacciones de los participantes son siempre las mismas.

En la primera ronda "A habla, B rechaza": El rechazo de "B", aun sabiendo que es simulado, tiene sus efectos. Los "A" rechazados, enseguida acaban perdiendo sus argumentos, se quedan sin palabras, y ya no saben cómo seguir. El tiempo parece eterno. Surge un cierto sentimiento, bien de ira contenida, con ganas de "luchar"; bien de desesperación, con ganas de "pasar".

En la segunda ronda "B habla, A acepta": Las aceptaciones de "A" animan a "B" a seguir hablando, y estos ánimos hacen que "A" encuentre cada vez más argumentos, que son confirmados y enriquecidos por "B". El tiempo pasa muy deprisa y de hecho lamentan que se les corte al terminar. Se crea un clima de colaboración.

Los aprendizajes adquiridos con este ejercicio tan simple son tremendos: si en un entorno controlado, sabiendo que las actitudes son simuladas, y hablando sobre un tema que nos apasiona (y, por lo tanto, sobre el que podríamos estar horas hablando), un rechazo de nuestro interlocutor hace que perdamos el hilo, que se nos olviden los argumentos y que nos quedemos sin palabras para defender nuestro punto de vista, ¿qué podría ocurrir en un entorno real, cuando se trata de una idea nueva que se nos acaba de ocurrir?

En realidad, las ideas nuevas son como bebés recién nacidos que hay que cuidar, ya que son tremendamente vulnerables. Es muy fácil "destruir" una idea recién nacida. Solo basta el rechazo de alguien importante para que parezca una mala idea y no se pueda defender. Haciendo otro símil, podríamos decir que las ideas, en sus estadios iniciales, son pompas de jabón: a la mínima insinuación se rompen y desaparecen para siempre...

4. *Preguntas.*
   El cuarto elemento básico de interacción en reuniones en grupo son las preguntas. Existen varias razones legítimas para hacer preguntas, la principal de las cuales es la aclaración. También existen razones por las que las preguntas inhiben el pensamiento creativo y la resolución de problemas.

Si reunimos a un grupo de personas en una habitación para trabajar sobre la resolución de problemas creativos, y el propietario del problema describe la situación a que se enfrenta, casi sin ninguna excepción el resto de participantes empezarán a plantear preguntas con objeto de conseguir más información para comprender completamente la cuestión. Este deseo de obtener más información es positivo: el grupo quiere ser capaz de ayudar a esa persona, y por ello aspira a comprender por entero su problema. No obstante, ¿son positivas las preguntas en situación de resolución de problemas?

Antes de nada habría que definir qué es una pregunta. Suele definirse como la demanda de más información sobre algo. Sin embargo, los estudios indican que solo el 16% de todas las preguntas que se formulan en una reunión buscan realmente más información.

En el 42% de los casos, se trata de una idea escondida. Esta situación se da, sobre todo, cuando la idea es muy disruptiva, y tratamos primero de tantear el terreno. Según las reacciones, especialmente las no verbales, proseguimos o no. El problema de este planteamiento es que en la mayoría de los casos perdemos la idea. Al nacer como pregunta se pierde el corazón de la propuesta. En una sesión de innovación dirigida al personal de una fábrica de cerveza, se nos planteó el siguiente caso: había que solucionar un problema con el residuo que se formaba encima de una caldera, que caía dentro de la cerveza y estropeaba el sabor. Se formuló la siguiente pregunta: "¿A qué temperatura funciona el contenedor?". El propietario del problema contestó indicando los grados y la sesión continuó. Durante la pausa, el propietario del problema oyó por casualidad a la persona que planteó la pregunta hablar con un compañero suyo. Comentaba que era una pena lo de la temperatura, porque con una subida de *x* grados existía un producto químico capaz de convertir el residuo en una sustancia sólida que podría despegarse de la superficie. El propietario del problema se entusiasmó diciendo que la temperatura del contenedor no era tan importante y que se podría cambiar a fin de utilizar con éxito el producto químico. La idea había estado allí todo el tiempo, y no había recibido una atención inmediata porque el participante había planteado una pregunta en lugar de aportar una idea. ¿Se ha preguntado alguna vez cuántas ideas existen dentro de usted y de su empresa que siguen ocultas porque se expresan entre signos de interrogación?

En otro 42% de los casos la pregunta es en realidad una crítica velada. Se trata de un rechazo que se disfraza de pregunta para mostrar una cierta cortesía. La delicadeza no funciona en estas situaciones; la otra persona percibe perfectamente el rechazo, lo que desencadena los efectos adversos explicados anteriormente, y muchas posibilidades de entrar en un ciclo de rechazo-venganza.

En realidad necesitamos mucha menos información de la que pensamos inicialmente para poder empezar a ser creativos frente a cualquier problema. Es más, a partir de una información mínima, tener más datos puede perjudicarnos a la hora de ser creativos.

La metáfora "del hombre en el pozo" explica muy bien esta circunstancia. Representamos a una persona que quiere resolver un problema como alguien metido dentro de un agujero. Trata de encontrar una salida, pero no hace más que golpearse contra los muros, sin poder escapar de la situación. Está rodeado de tanta información que no es capaz de ver ninguna nueva dirección hacia donde moverse. Entonces pide ayuda a otras personas que se encuentran arriba, fuera del pozo ese grupo exterior no está cargado con toda esta información, y pueden ofrecer nuevas perspectivas porque tienen una visión sin barreras. Estamos en una situación de resolución de problemas en equipo.

Normalmente, la primera reacción de la gente de fuera es querer disponer de toda la información posible antes de ponerse a ayudar para poder hacerlo mejor. Pero, como ya nos advirtió Einstein, "no se puede resolver un problema en el mismo estadio de pensamiento en el que fue creado". Nuestro amigo del pozo, al contestar a las preguntas que le hacen, está dando su versión de la situación, desde su punto de vista..., el mismo punto de vista desde el que él no ha encontrado ninguna salida.

Llega un momento en el que el grupo exterior cuenta casi con la misma información que el propietario del problema, y lo más probable es que acaben todos metidos dentro del pozo. El grupo exterior habrá perdido, pues, gran parte de sus habilidades para poder ayudar.

Para ayudarle de verdad, es mejor que el grupo de fuera se mantenga ingenuo, que mantenga su perspectiva propia de no estar metido en el hoyo, sin verse afectado por todas las restricciones y el exceso de información; de esa manera, podrá ofrecer una escalera al que está metido en el pozo, en forma de pista nueva, para facilitarle la salida.

En realidad, para poder ofrecer ideas no se necesita tanta información como se piensa. Al contrario, cuando lo que necesitamos es obtener nuevas perspectivas, lo importante es poder mantenerse ingenuo y permitirse pensar en cualquier cosa imaginable. Los niños suelen tener las ideas más interesantes porque no saben; ellos adivinan.

Haciendo algunas suposiciones pueden generarse algunas perspectivas insólitas. Si de verdad se quiere innovar, no se puede conocer la respuesta antes de llegar, así que ¿quién sabe qué es correcto y qué "no"?

Estamos muy acostumbrados a las preguntas, especialmente en el mundo de la empresa. Se supone que quien hace las preguntas controla la conversación; además, hacer preguntas es lo más natural que surge cuando alguien nos pide ayuda para solucionar un problema. Sin embargo, en una reunión de innovación, las preguntas suelen ser destructivas. Primero porque en el 85% de los casos no son preguntas, sino ideas disruptivas escondidas, o rechazos enmascarados. Incluso en el caso de que realmente sea una pregunta formulada para obtener información, si abusamos preguntando, terminamos por perder nuestra habilidad para generar nuevas ideas.

¿Con qué comunicamos? El impacto de la comunicación

Al hablar tanto de aceptación como de rechazo, nos hemos referido a que una de las formas de comunicar que entraban en juego era la no verbal. Es interesante, en la interacción de grupos de trabajo con el objetivo de inventar nuevas soluciones, recordar los estudios que Albert Mehrabian realizó en los años 70: cuando se comunican sentimientos y actitudes los canales de comunicación con mayor impacto son los no verbales y los tonos. Palabras, tonos y signos no verbales son los tres canales de comunicación que tienen efectos directos e indirectos sobre el ambiente y el resultado de las reuniones.

Las palabras son el mensaje hablado; los tonos, la entonación, el volumen y la enunciación de las palabras; y los signos no verbales son los gestos del cuerpo, las expresiones faciales, las miradas y las posturas que pudieran acompañar a las dos anteriores. En concreto, los estudios de Mehrabian indican que las palabras son el 7% del mensaje, los tonos el 38%, y los signos no verbales el 55%. Es decir, lo importante no es lo que decimos, sino cómo lo decimos.

Es difícil de creer esto a las primeras de cambio, si no lo hemos estudiado directamente durante la observación de las interacciones que se dan en las reuniones. Una manera de visualizarlo, es pensar en los cómicos o personas que cuentan chistes: si les damos el mismo texto a dos personas, resulta que una nos comunica un montón de cosas y nos hace partirnos de risa, mientras que la otra nos deja fríos... No es tanto lo que nos cuentan, sino *cómo* nos lo cuentan.

Es importante que estemos pendientes de los mensajes que enviamos y recibimos bajo la forma de tonos y signos no verbales. Esto adquiere especial relevancia en las reuniones para resolver problemas, sobre todo en el caso de la emisión de rechazos: aunque utilicemos fórmulas "educadas" en las palabras, si realmente rechazamos una idea es muy fácil que la otra persona lo perciba. Pero ¿realmente es tan importante evitar rechazos?

El ciclo rechazo-venganza

George Prince, cofundador de Synectics, comenzó una sesión de innovación en los años 60 en la que solo había una mujer. Como estaba sentada a su lado, le pidió que tomara las notas de la reunión. Durante toda la reunión, esta mujer estuvo atacando a George, oponiéndose a todas sus ideas y destruyendo toda posibilidad de que estas prosperaran. Al acabar la sesión, George le preguntó: "¿Pero qué demonios te ha pasado conmigo?". La mujer le contestó: "¿Es que, como soy mujer, has pensado que debo ser la secretaria?".

George pensó que una persona profesionalmente madura no hubiera reaccionado de esta manera. Durante los diez años siguientes, estuvo analizando el comportamiento de todo tipo de personas en situaciones similares, y llegó a la conclusión de que no existen personas "profesionalmente maduras".

A raíz de ello definió el ciclo de rechazo-venganza, que ha aparecido en diversos libros de innovación: "Ante un rechazo percibido, siempre, absolutamente siempre, hay una venganza por parte de la persona rechazada". Y la mayor parte de las veces, se hace de forma inconsciente. Si alguien nos critica una idea, y sentimos un rechazo personal, encontraremos una manera de vengarnos. Puede que la idea que proponga esa persona nos parezca muy mala, y encontremos todos los argumentos posibles para destruirla. O puede que, como se espera de nosotros que tengamos muchas ideas, nos quedemos callados y no hagamos ninguna contribución... La vendetta puede adoptar formas muy distintas. La afrenta queda grabada en nuestro hipotálamo y no podemos librarnos de ella. Es puro instinto: atacan nuestro territorio, ergo nos defendemos.

Si A rechaza a B, B se vengará, y por lo tanto es muy posible que A a su vez se sienta rechazado, lo que generará a su vez una venganza por parte de A... Así es como acaban muchas reuniones; se olvida el objetivo, los egos toman el gobierno y no paran de luchar entre unos y otros. Estas guerras son destructivas, drenan la energía del grupo, e impiden alcanzar los objetivos.

Pero, como para casi todo en esta vida, hay soluciones. Podemos hacer varias cosas para transformar este círculo vicioso en un círculo virtuoso, que genere el clima necesario para que un grupo de personas pueda destapar su creatividad:

a. Asumir intención positiva.
Si lo conseguimos, lo que nos digan no nos llegará a afectar, y nos veremos libres de caer en el ciclo de rechazo-venganza. Es lo que nos pasa con un amigo: no nos tomamos mal lo que nos dice. Además, los estudios revelan que la intención de una persona al comunicar algo difiere del efecto que tiene en la otra persona al menos en un 50% de las ocasiones. A veces la diferencia no es muy grande, son solo matices, pero otras veces el efecto es incluso contrario a la intención. Veremos más adelante por qué interpretamos a nuestra propia manera el mundo que nos rodea, mucho más de lo que creemos. Las cosas no son como son, sino como las entendemos nosotros; y, en consecuencia, lo que nos dice alguien no es como nos lo dice, sino como lo interpretamos nosotros.

Por ello asumir la intención positiva en un supuesto "ataque" a nuestros planteamientos no solo es muy sano, sino que en la mitad de las ocasiones tendremos razón.

b. Paráfrasis.
Se trata de repetir con nuestras propias palabras lo que entendemos que nos está diciendo la otra persona. Es la única forma en la que ambos podemos estar seguros de que hemos conectado, de que estamos hablando de lo mismo. Tendemos a utilizarlo, como mucho, solo en los casos en que pensamos que no estamos seguros de haber comprendido lo que nos dicen. Pero es importante hacerlo también cuando creemos que hemos comprendido, porque en la mayoría de las ocasiones se nos escapan matices importantes, cuando no el corazón mismo de la idea. El uso de la paráfrasis, sobre todo en momentos críticos de selección de las ideas o conceptos que vamos a desarrollar, puede ser crítico, y sin duda ayuda a solventar malentendidos a tiempo.

c. *Crédito, reconocimiento y construcción.*
   El hecho de hablar con otras personas provoca que sus ideas den origen a nuestras propias ideas, que por consiguiente son una construcción sobre las suyas. El crédito es un simple reconocimiento a la aportación de las ideas de los demás sobre el propio pensamiento diciendo, por ejemplo, algo así como: "Tu idea me hizo pensar…", o "El comentario que aportaste, Sandra, sugirió...".

Tal y como está definido aquí, "crédito" no es lo mismo que decir "buena idea". Se puede acreditar una idea incluso si no se está de acuerdo con ella, siempre que esta dé origen a un pensamiento nuevo para ti. Dejando claro que la otra persona ha contribuido a nuestro pensamiento, le permitimos tomar parte en la propiedad de la idea de manera que esta se convierte en "nuestra" idea, de ambos, en lugar de "tuya" o "mía". Además, ellos se sienten valorados y apoyados, sentimiento que les ayuda a contribuir aún más y que va a sostener el ambiente positivo en el equipo.

Ya lo dijo Mahatma Gandhi: "El amor es la fuerza más humilde pero más poderosa de que dispone el mundo". Sentirse querido, aceptado y valioso dentro del grupo genera un flujo de creatividad increíblemente potente.

En resumen, es importante acreditar porque este sentimiento de propiedad aumenta el compromiso con la decisión o el curso de acción en cuestión.

No acreditar puede tener otras consecuencias

Si no acreditamos el papel que los demás desempeñan en nuestro pensamiento, sin darnos cuenta podemos crear la sensación de que en cierto modo nos hemos apropiado de las ideas de otras personas o se las hemos "robado". Aunque es posible que la reacción no sea consciente, sus efectos pueden hacer que la otra persona dude a la hora de ofrecernos sus ideas y sugerencias en el futuro. Pese a ello, la mejor manera de evitar los ciclos de rechazo-venganza, tan destructivos y a la vez tan comunes en las reuniones, es evitar rechazar las ideas de los demás.

Y esto es más fácil si asumimos que, cuando queremos nuevas ideas, no hace falta que sean buenas. De hecho, en las fases iniciales creativas no existen ideas buenas o malas, sino simplemente ideas. Y lo que queremos son muchas. Por eso, debemos agradecer cada vez que aparece una nueva, estemos o no de acuerdo con ella.

Roles y Responsabilidades en un grupo de innovación

Ya hemos visto que es mucho más efectivo innovar en equipo que tratar de hacerlo solo. ¿Cómo debería ser la composición del equipo? ¿Qué roles deben existir? ¿Cuáles son las responsabilidades de cada uno de ellos?

Una de las claves para poder innovar en equipo es tener representados en el mismo tres tipos de roles, claramente diferenciados. Los denominamos "Cliente", "Facilitador" y "Participantes". Los roles de Facilitador y Participantes son más comunes y fáciles de entender, con ciertos matices importantes que deberemos tener en cuenta y que veremos más adelante.

CLIENTE

Hay algo verdaderamente diferenciador en un proceso de innovación exitoso, y es contar con un rol de Cliente activo durante todo el proceso. Nos referimos a Cliente no en el sentido comercial, sino al dueño del problema, el individuo que está en el pozo... En cualquier proceso de innovación es imprescindible que el Cliente esté involucrado, con un rol principal, desde el principio.

Al intentar innovar para alguien, que no ha estado involucrado en el proceso, casi siempre se sufre el síntoma del "No Inventado Aquí" (en inglés, "NIH Syndrome", de "Not Invented Here", síndrome investigado desde diferentes ángulos: http://scholar.google.es/scholar?q=%22not+invented+here%22&hl=es&as_sdt=0&as_vis=1

&oi=scholart). Básicamente consiste en que si a alguien se le presenta algo nuevo, dirigido a él o en lo que él está involucrado, y constituye un cambio para él, normalmente lo rechazará. Recordemos la famosa frase de Peter Senge: "La gente no odia el cambio. Odia ser cambiada".

La razón de este rechazo es que un cambio siempre es difícil de aceptar. Si además proviene de fuera, sin haber tenido en cuenta y valorado adecuadamente nuestro conocimiento, experiencia, etc., solo vamos a fijarnos en las razones por las cuales pueda fallar el "invento". Seguramente tengamos razón, porque cualquier cosa nueva puede fallar, pero estaríamos obviando las otras muchas razones por las cuales podría funcionar.

Normalmente se alude al síndrome del "No Inventado Aquí" como algo muy negativo y destructor de las posibilidades de la innovación. Seguramente sea así, pero por muy maduros y abiertos que seamos, por mucha cultura innovadora que tengamos, es una reacción muy humana.

Este es un tema al que hay que prestar mucha atención en el momento de utilizar ciertas metodologías. Especialmente las que provienen del mundo del diseño en cualquiera de sus modalidades. Un ejemplo muy claro es el Design Thinking, surgido en la universidad de Standford y extendido por el mundo gracias a la empresa IDEO. Se trata de una estupenda metodología para aplicar la creatividad a la innovación práctica, y que ha obtenido excelentes resultados en el diseño industrial y la ingeniería (simplificándolo mucho, para "inventarse cosas"). Sin embargo, cuando se ha tratado de aplicar a problemas de negocio o sociales, se ha obviado la tremenda importancia del componente social y psicológico, ya que se está inventando "por y para" personas; la clave estriba en que el cliente no solo esté involucrado, sino que tenga un papel predominante en la generación del contenido.

Por muy bien pensada que esté la solución a un problema determinado, si esta no cuenta con la involucración del Cliente, el dueño del problema, lo más probable es que aquello no se implante. Nos quedaremos en el primer nivel, la creatividad, pero no llegaremos a alcanzar la ansiada innovación.

Siendo fieles a lo antedicho, planteémonos la elección entre dos posibles soluciones novedosas:

- A es la que cumple todas las especificaciones, es la perfecta desde el punto de vista "técnico".
- B cumple lo principal, pero no es tan perfecta. Sin embargo, es en la que cree el dueño del problema, quien va a tener que implantarla.

La de mayores probabilidades de éxito será siempre la B. Si forzamos al Cliente a implantar A, al primer problema que surja en el proceso, (siempre lo hay porque estamos innovando, y esto implica encontrarse con unos cuantos imprevistos) se rendirá diciéndonos: "¿Ves?, te lo dije, no podía funcionar".

En términos de probabilidad de éxito, en cualquier proceso de innovación, es absolutamente imprescindible la involucración del dueño del problema, al que llamamos Cliente. Desde el principio debe estar ahí, tomando las decisiones parciales necesarias para ir avanzando, y descubriendo paso a paso que es "su" solución, su escalera para ayudarle a salir del pozo.

Antes de comenzar cualquier iniciativa de innovación deberíamos invertir un poco de tiempo en identificar quién es el "Cliente y cuál es el reto al que queremos responder.

El Cliente en términos de roles y responsabilidades de un proceso de innovación, no es, como hemos dicho, el cliente en sentido comercial, ni el usuario final. No es el destinatario de la innovación (a quien también habría que involucrar, pero de otra forma como veremos más tarde). En una organización, el Cliente es la persona responsable de tomar las decisiones de lanzamiento de lo que estemos inventando. Por ejemplo, si se trata de un nuevo producto o servicio, podría tratarse del director de Marketing. Si es un nuevo proceso de ventas, será la dirección de Ventas. Si es un nuevo planteamiento estratégico, seguramente sea el CEO. Si se trata de resolver un problema técnico, el Cliente será el responsable de esa área técnica.

El Cliente es el dueño del "contenido" de un proceso de innovación. Como la solución tiene que ser válida para él, es él quien tendrá que tomar las decisiones y dirigir el proceso (ya sea una reunión, una sesión o un proyecto), en cuanto al contenido de lo que se va generando.

FACILITADOR

El Facilitador es el director de orquesta del proceso. En una reunión, es el que dirige y modera la misma, da la palabra, protege el clima, las ideas y las personas; en un proyecto, el que diseña y dirige el proceso, las diferentes fases, etc.

Es importante diferenciar los roles de Cliente y Facilitador. Si dejamos que la misma persona sea la responsable a un tiempo del contenido y del proceso, es decir, sea a la vez el Cliente y el Facilitador (lo que por desgracia ocurre muy a menudo), esta misma persona, aun sin quererlo, dirigirá el proceso hacia la solución que él mismo había pensado para el problema. Estará, consciente o inconscientemente, metiendo a todos los demás en el hoyo. Y se perderá la capacidad creativa del equipo.

Por eso es deseable que el Facilitador no esté involucrado en la problemática, o que al menos sepa mantenerse al margen.

PARTICIPANTES

El tercer rol necesario en cualquier proceso de innovación es el de los Participantes. Ellos son, en realidad, la fuerza creativa de un equipo innovador. Son el manantial de ideas, nuevas perspectivas, etc. Es muy importante que este equipo sea diverso, tanto en conocimientos como en maneras de pensar. A mayor diversidad, mayores son las probabilidades de explorar nuevas vías. Para poder interpretar y adaptar estas nuevas perspectivas al reto concreto en el que estemos trabajando, ya tenemos al

Cliente, que irá eligiendo de entre estas nuevas perspectivas las que de verdad le suponen una nueva vía, las que le pueden descubrir un camino nuevo para conseguir traspasar el muro y salir del pozo.

Entre los componentes del equipo es muy recomendable que se halle representada la cadena de valor interna. Por ejemplo, si queremos inventarnos un servicio radicalmente nuevo para un segmento de clientes con los que estamos ya trabajando, además del responsable de esa área, será necesario incorporar en estos equipos a representantes de la red de Ventas, que cuentan con el conocimiento del cliente y además tendrán que venderlo. También debería estar involucrado el departamento de Operaciones, el de Atención al Cliente, el de Tecnología (porque seguramente habrá que hacer un nuevo desarrollo para soportar el servicio), etc.

También es importante implicar a personas frescas, tanto de dentro de la organización como de fuera, personas que no tengan nada que ver con el reto. De ese modo podrán proveer de perspectivas realmente novedosas.

Hace unos años, en el Reino Unido, trabajábamos en un proyecto para un gran banco internacional, cuyo objetivo era encontrar nuevas maneras de aumentar la fidelidad de sus clientes. En algunas de las sesiones, invitamos como Participantes a peluqueros y panaderos. Algo impensable hasta el momento: ¿qué valor podrían aportar un peluquero y un panadero a un gran banco? Ellos habían demostrado en su sector una trayectoria muy exitosa en el mantenimiento de una clientela fiel a lo largo de los años, y venían a compartir sus estrategias de fidelización. Utilizamos esas estrategias para "traducirlas" y transformarlas en nuevos servicios y maneras de comunicar para el banco.

Describamos con un poco más de detalle los distintos roles y sus responsabilidades en cualquier sesión de innovación:

Rol del Cliente.

La responsabilidad general del Cliente es conseguir del equipo el máximo posible de lo que necesita. Todas sus acciones tienen este objetivo. Las interacciones del cliente con el equipo han de reforzar el ambiente que el Facilitador estará creando. En adelante daremos más detalles sobre este tema.

Si tu rol es el de cliente estas son tus responsabilidades:

- Facilita al equipo suficiente información sobre el problema o la oportunidad para que puedan comenzar a trabajar. Hemos descubierto que en general es suficiente un breve período (de 5 a 10 minutos) para contestar a las siguientes preguntas: (a) ¿Qué información hay sobre el problema? (b) ¿Por qué es un problema? (c) ¿Cuál es tu rol o propiedad? (d) ¿En qué cosas has pensados o cuáles has intentado? (e) ¿Cómo quieres que te ayude el grupo durante el tiempo disponible?
- Contribuye al grupo como un Participante. Eso puede ser especialmente útil si el Cliente ofrece un pensamiento en perspectiva de mostrarse abierto hacia tales pensamientos o ideas por parte de los demás. Hemos encontrado que el deseo del grupo de especular se regula por el modelo fijado por el Cliente.
- Ponte en estado de alerta para encontrar oportunidades de mostrar la apreciación del buen pensamiento. Cuando un Participante hace una buena aportación, debes utilizar el lenguaje verbal y no verbal para decirle que le ha gustado. No se debe ser falso en este sentido.
- Resiste la tentación de hacer comentarios negativos ante cualquier tipo de aportaciones. El Cliente tiene el control absoluto sobre la dirección del equipo en cuanto al contenido. Al hacer elecciones,simplemente debes ignorar las ideas u ofertas que no estén dirigidas al objetivo que se quiere conseguir.
- Escucha de cerca. Muchas de las sugerencias que te harán no se ajustarán precisamente al problema. El Cliente debe ejercitar las habilidades de escuchar activamente. Escuchar para oír los fallos, escuchar para corregir los fallos y escuchar para construir ideas.

- Haz visible que está allí para encontrar ideas que funcionarán para usted. Por ejemplo, en la fase de generación de ideas, el Facilitador recibirá del equipo un *mix* de ideas, deseos y direcciones de trabajo. Si durante este período se ofrece alguna idea que parece viable, el Cliente la apuntará. Aunque no haya comentado las ofertas según hayan ido saliendo, puedes decir algo así como "¡Eh, hay una nueva idea que podría probar la semana que viene!". Puedes decidir no hacerlo, pero tienes que hacer ver al equipo que estás atento escuchando ideas que serán de su utilidad.
- Indica el tipo de dirección que interesa. Aquí de nuevo puedes reaccionar a cada idea, pero cuando alguien sugiera una dirección que te guste especialmente, debes comunicarlo al equipo,
- Sé decisivo. Cuando el Facilitador pregunta por alguna dirección, el Cliente debe comentar aquello que necesita.
- Cuando recibas lo que quieres, debes comunicarlo al Facilitador. Si el equipo está fuera de juego, el Cliente puede pedir una pausa y comentar sus sensaciones con el Moderador o Facilitador. Muchas veces se puede expresar lo que busca como un deseo. Por ejemplo: "Quisiera poder recibir más ideas de cómo conseguir la distribución".
- Al evaluar una idea, hazlo con la mente abierta y da a los miembros del equipo una evaluación equilibrada que les muestre el tipo de cosas que estás buscando y te preocupan. Si decides proceder a desarrollar ideas, ellos sabrán exactamente sobre qué tipo de necesidades trabajar. Más concretamente, puedes articular tres o cuatro ventajas o aspectos positivos de la idea, y luego dirigir la atención a sus preocupaciones o para rellenar los huecos en la idea. Estos son los aspectos que necesitan una resolución de problemas adicional.

Rol del Participante.

Los Participantes son "invitados de honor", valiosos recursos cuya energía es aprovechada para la creación de ideas, por eso necesitan ser animados para ser ellos mismos. Ellos deben prestar menos atención al proceso de la reunión. El Moderador o Facilitador se encargará de que todo fluya por su buen camino. Lo más importante es que los Participantes se sientan libres de emitir cualquier pensamiento perdido o errante para la estimulación del grupo, sin, claro está, ser deliberadamente destructivos.

Si asumes el papel de Participante, estas son algunas sugerencias específicas:

- Presta mucha atención a ti mismo y a dónde está tu mente. Piensas a una velocidad de 800-1.200 palabras por minuto; la gente habla a 125-150 palabras por minuto. Por lo tanto, tienes energía para escucharles atentamente. Puedes emplear toda esa energía restante en ir creando tus propias conexiones como respuesta a lo que escuchas. Incluso cuando parece que tus imágenes y pensamientos no son relevantes para el problema, apúntalos y trabaja con ellos para ver cómo, de alguna forma, pueden estar conectados o facilitar alguna sugerencia en una dirección diferente.
- Utiliza tu bloc para anotar todo lo que escuchas y todo lo que piensas siguiendo la técnica "dentro/fuera" (que se explica más adelante). Cada vez que tengas una idea o un inicio de pensamiento, anótalo. No dependas de la memoria.
- No censures algo que se diga, incluso cuando no tenga sentido. Deja que el grupo lo oiga. Ellos lo escucharán como un estímulo y es posible que sean capaces de hacer una conexión allí donde tú no lograste hacerla.
- Acostúmbrate a escuchar en tres pasos: 1) Escucha para comprender el sentido general; 2) escucha para sentir, intenta descubrir lo que le provoca eso que oyes; y, lo más importante, 3) escucha para tratar de evocar imágenes en tu mente; fíjate en estas últimas para establecer alguna posible conexión.
- Practica una mente abierta. Esto significa que,cuando estés escuchando una idea, estarás escuchando cómo podría funcionar, así como sus fallos. Si te ves incapaz de encontrar alguna implicación positiva en una idea, ofrece una alternativa que tenga en cuenta tus preocupaciones.

- Coopera con tu Moderador. Incluso cuando es posible que no entiendas qué es lo que él o ella está preguntando, coopera de la mejor forma que puedas. Adivina e intenta hacerlo. Muchas veces eso lleva a las ideas y pensamientos más especulativos. Si te ves incapaz de participar porque no comprendes, no dudes en pedir una aclaración.
- En definitiva, como Participante, tu responsabilidad es dar todo lo que puedas de ti en la reunión, y utilizar al máximo tu pensamiento abierto y especulativo.

Rol del Facilitador o Moderador.

A lo largo de los últimos 60 años Synectics ha ido desarrollando y perfeccionando este rol tan esencial para el éxito de todo proceso de innovación. Por ello se diseñó una figura encargada de velar por dos objetivos: 1) sacar el máximo de las personas reunidas; 2), destinar este poder a la ayuda al cliente en sus tareas.

La única forma de que el Moderador pudiera desarrollar el rol designado era dejando claro que él o ella no competían con ningún miembro del equipo. Esto significaba que el Moderador no aportaría directamente ideas, opiniones ni sugerencias. Su trabajo sería conseguir estas aportaciones del equipo en nombre del Cliente.

La responsabilidad general del Moderador es la de establecer y mantener un ambiente que ofrezca el mayor apoyo posible al Cliente y a los recursos para utilizar su potencial en beneficio de un pensamiento adecuado. Un pensamiento adecuado es aquel que es el más apropiado para la necesidad en la que se trabaje. Algunas veces la tarea requerirá un pensamiento amplio explorador y especulativo, mientras que en otras se requerirá un pensamiento rigurosamente lógico y rutinario.

MATRIZ DE ROLES Y RESPONSABILIDADES

ROL	ACTIVIDAD	RESPONSABILIDAD
CLIENTE	CONTRIBUYE / DIRIGE	CONTENIDO
RECURSO	CONTRIBUYE	HABILIDAD / CONTENIDO
FACILITADOR	DISEÑA / DIRIGE	PROCESO

Fuente: Synectics-Altran

Creatividad

Como decíamos en el capítulo 2, la creatividad es una cualidad esencialmente humana. Todos nacemos creativos, nuestra forma de aprender primigenia es creativa y no racional. La aversión al riesgo y la adaptación a un entorno que no favorece la creatividad puede hacer que esta capacidad innata se quede dormida, "en hibernación", esperando a ser despertada.

La capacidad para ser creativo puede ser entrenada. Cuando lo necesitemos, podemos forzar sistemáticamente los procesos mentales que, sin pensarlo, utilizan los genios.

La creatividad consiste básicamente en realizar nuevas conexiones. Todos nosotros tenemos la capacidad de establecerlas. Las conexiones uno a uno o de círculo cerrado, tales como observar lo que está haciendo la competencia, son las más comunes. Podemos conseguir buenas ideas a partir de visitas, *benchmarking*, reuniones asociativas con gente del mismo nivel jerárquico, etc.

Hacer conexiones desde fuentes irrelevantes es lo más difícil; sin embargo, es ahí donde están las mayores probabilidades de dar un gran paso adelante, un *breakthrough*. El objetivo de nuestra experiencia de pensamiento creativo es producir ideas originales. La originalidad proviene de hacer conexiones tanto de fuentes relevantes como irrelevantes. Estas conexiones viajan por una pantalla o sistema autocensor.

Nuestro almacén de ideas representa ideas que van desde rutinarias a especulativas, desde generales a específicas. El objetivo del proceso del pensamiento creativo es producir ideas que sean especulativas (sorprendentemente nuevas para ti como pensador). Después, estas ideas deben ser trabajadas y tratadas mediante una metodología de proceso de resolución creativa de problemas, que generará nuevas ideas que resulten asimismo suficientemente viables para ser implementadas.

Si quieres empezar a poner a punto tu creatividad elige dos elementos cualesquiera de la habitación donde te halles ahora mismo. Tómalos al azar. Ahora, trata de pensar qué pueden tener en común, forzando conexiones: puede ser el color, que sugiera un uso conjunto mediante un proceso secuencial que nos ayude a hacer algo; puede ser el tamaño; puede ser lo que nos evocan los objetos, pueden ser sus nombres... Una conexión podrá ser también que uno de los objetos nos evoca exactamente lo contrario que el otro. En realidad, se pueden encontrar conexiones de cualquier cosa sobre cualquier otra cosa. Lo principal, es "no pensar demasiado". Si intentamos que sea algo inteligente, bueno, apropiado, etc., le estamos poniendo demasiadas barreras a nuestro pensamiento y restándole frescura. Lo mejor, es tratar de decir lo primero que nos pasa por la mente.

Si hacemos este tipo de ejercicio en grupo, enseguida vemos la potencia de pensar junto con otras personas: solemos pensar en una serie de categorías bastante limitadas en un momento determinado (formas, colores, etc.). Pero como cada persona es un mundo, porque interpretamos la realidad de forma muy distinta, cuando forzamos conexiones vemos enseguida que los demás abren nuevas categorías, que nos dan la pista para encontrar otros ejemplos en esas nuevas categorías. Este es el principio del denominado *brainstorming* o "tormenta de ideas".

En realidad, cualquier idea tiene dos cosas buenas: lo que aporta la idea y las conexiones que esa idea permite hacer a los demás. Por eso decimos que no existen ideas buenas o malas, sino simplemente ideas.

En las fases iniciales de la innovación lo que queremos es tener el máximo número posible de ideas, para poder elegir entre un abanico mayor, y aumentar así las probabilidades de éxito. El fallo principal cuando estamos tratando de encontrar nuevas soluciones a un problema es que a cada aportación le pasamos los filtros del Mundo Operacional, destacando las razones por las cuales no puede funcionar. De ese modo, la nueva idea es descartada, y tenemos que pensar en otra… que además de ser nueva, tiene que evitar los fallos encontrados en la anterior. En consecuencia, cada vez se nos ocurren menos ideas, porque cada vez estamos aplicando más filtros.

Es mucho mejor dejarnos llevar, en el tiempo que hayamos asignado para ello (10 minutos, una hora, un día o un mes, depende del tipo de reto en el que estamos trabajando y del tiempo que estimemos necesario para solucionarlo), y utilizar todas las ideas que van surgiendo para realizar nuevas conexiones y generar nuevas ideas, sin aplicar ningún filtro ni descartar ninguna.

Nunca sabemos cuál es la pista que va a permitirnos "abrir el hueco en el muro" contra el que nos golpeamos. Además, ya conocemos las consecuencias negativas que puede tener el hecho de rechazar ideas, en términos de clima del grupo, y el riesgo de entrar en ciclos de rechazo-venganza.

Las ideas propias del Mundo Operacional son aquellas que tratan de evitar el riesgo, y por lo tanto son muy prudentes. Sin embargo, para ser realmente creativos, debemos dejarnos llevar por el pensamiento experimental propio del Mundo de la Innovación tal y como lo definimos en el capítulo 2. Veamos algunos aspectos distintivos entre las ideas prudentes y las experimentales:

Características de las ideas "prudentes":
- Orientadas hacia la relevancia (limitadas al problema, conformadas a la realidad, etc.).
- Modeladas según los pensamientos que nosotros creemos que los demás aprobarán.
- De alguna manera factibles, lógicas, analíticas y precisas.

- Sin sorpresas, seguras.
- Se adhieren a las reglas y principios conocidos.
- No absurdas, y, desde luego, no irreverentes.
- Frecuentemente, críticas o evaluativas.
- Pensamiento gobernado por la condicionalidad (lucha o vuelo, prejuicio o creencias).

Características de las ideas "experimentales":
- Más "experimentales" que bien pensadas.
- Sorprendentes, violando arriesgadamente convenciones o principios.
- Absurdas, juguetonas y sin sentido.
- Tienden a ser más bien metafóricas y basadas en imágenes en vez de factibles y analíticas.
- Llevan a intrigantes invenciones.

Podríamos definir el "grado de experimentalidad" de una idea, por nuestra capacidad de alejarnos de la realidad para poder llegar a ella, lo que está directamente relacionado con el grado de novedad de la idea resultante.

Se podrían representar distintos grados de la siguiente manera:

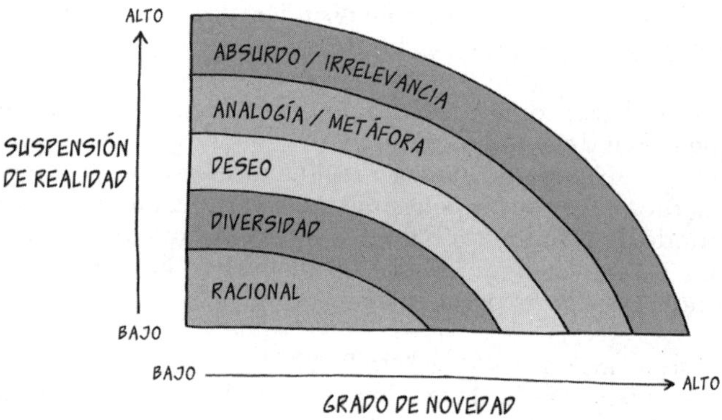

CUANTO MÁS ALTO, MÁS NOVEDOSA SERÁ LA IDEA, PERO TAMBIÉN SERÁ MAYOR LA NECESIDAD DE UN CLIMA DE CONFIANZA MUTUA.
(P. EJ. "¿CUÁL SERÍA LA IDEA POR LA QUE PODRÍAN DESPEDIRTE?")

Fuente: Synectics-Altran

El nivel básico es el racional. Cuando necesitamos una nueva idea, lo primero es: "Piensa más"... y podemos exprimirnos el cerebro y llegar a algo un poco distinto, pero no demasiado. Porque seguramente no nos hayamos alejado lo suficiente de la realidad. Si añadimos la diversidad, con más gente de distinto tipo aportando ideas sobre lo mismo, seguramente avanzaremos mucho más, tanto en el grado de alejamiento de la realidad como en el de novedad de la idea resultante.

El deseo es un potenciador brutal de las capacidades creativas. Desear algo consigue generar y concentrar muchas energías para hacer lo que antes parecía imposible. Decía Walt Disney: "Si puedes soñarlo, puedes hacerlo". En los procesos de creatividad, sobre todo en las fases iniciales, hablar en términos de deseo nos ayuda enormemente a ser más creativos: aparca momentáneamente la factibilidad del asunto, y podemos expresar con todo lujo de detalles y emociones lo que todavía no es real.

La analogía o la metáfora son técnicas tremendamente potentes. Ya dijo Ortega y Gasset: "La metáfora es el poder más fértil que posee el hombre". Los orígenes de las metodologías de Synectics están muy ligados al uso de la analogía y la metáfora para generar nuevas aproximaciones a los problemas. Pueden ser analogías de otros "mundos", o tratar de descifrar el contenido de metáforas.

En los años 70 trabajamos con una compañía petrolífera, llamada Sunoco, que tenía la necesidad de innovar en lo relacionado con el repostaje de gasolina. Entonces se trataba solo de eso: echar gasolina, y la gasolina era siempre la misma. Se pidió a los asistentes que cada uno adoptara la personalidad de un vehículo distinto: uno era un coche muy deportivo; otro, un utilitario; otro, un camión de 16 ruedas, etc. Se les pidió que pensaran y, sobre todo, que "sintieran" como si fueran ese vehículo. Después de unos ejercicios de contextualización, se pidió pensar, sentir, y expresar cuáles eran para cada uno las sensaciones al entrar en una estación de servicio: qué era, realmente, lo que querían. Uno de ellos decía, por ejemplo: "Lo que necesito es un chute de potencia, que me permita salir zumbando del sitio", porque era el deportivo. Otro decía: "Yo lo que quisiera es que me echaran unas gotitas y pudiese tirar mil kilómetros", porque era el utilitario. El camión decía: "Pues yo necesito que me enchufen par motor, que es lo que necesito para arrancar mis toneladas de manera ágil". Jugando con estas metáforas, y siguiendo el proceso que veremos más adelante, se llegó a la conclusión de que había gente dispuesta a pagar un precio extra por tener una gasolina con mayor octanaje... aun cuando la supuesta ganancia no fuera real, porque era una cuestión psicológica y no lógica. A partir de ahí, se empezaron a desarrollar distintos tipos de gasolina, con mayor o menor octanaje y compuestos.

En otro proyecto, con una multinacional eléctrica, tratábamos de encontrar una solución a un exceso de cableado en las subestaciones eléctricas. Después de compartir parte de la problemática (muy compleja y por tanto difícil de explicar en unos minutos: otro ejemplo más de la necesidad de contar en la sala con el Cliente, el que realmente sabe), tratamos de encontrar posibles soluciones "lógicas". Surgieron algunas interesantes e inteligentes, pero nada del otro mundo, y sobre todo nada en lo que los ingenieros de la compañía eléctrica no hubieran pensando antes. Más adelante empezamos a "jugar" con diferentes técnicas. En una de ellas, cada participante adoptó la personalidad de un personaje histórico, y fue en ese momento cuando se presentó ante nosotros una estrategia totalmente innovadora para poder resolverlo. La clave fue Gandhi y su estrategia de crear paz y armonía entre todas las partes. Esta analogía, aplicada a los sistemas de subestaciones, fue una chispa que encendió un camino distinto: hasta ese instante todas las estrategias estaban basadas en cómo poder aislar unos sistemas de otros (los del transporte de electricidad, los de fibra óptica de telecomunicaciones, los del funcionamiento de la propia subestación, los elementos cada vez más numerosos de control y transmisión, etc.). Pero la idea de que todos funcionasen en armonía y "juntos", es decir, utilizando la misma infraestructura, era muy novedosa. Después había que materializar esa estrategia y avanzar en ella, solucionando los problemas de viabilidad para poder hacerla realidad. Pero eso ya es otra historia...

Muchas veces lo más absurdo e irrelevante es lo que realmente nos puede traer la pista nueva, forzarnos a conectar algo viejo con algo nuevo, y crear algo realmente distinto. Puede ser algo tan simple que parece increíble que no se nos haya ocurrido antes. Como decíamos al principio, las fuentes irrelevantes son muchas veces las más fructíferas. Existen multitud de ejemplos en los que lo absurdo o lo aparentemente irrelevante ha aportado el indicio de la solución de un problema, o la idea de algo radicalmente nuevo.

Un buen ejemplo es el proceso de fabricación de cristal plano, inventado por Alastair Pilkington. La producción de cristal plano era un proceso bastante complicado y muy poco eficiente: el proceso de aplanarlos y posteriormente pulirlos no obtenía unos resultados ni mucho menos perfectos, y además el porcentaje de roturas durante el proceso era muy elevado. Alastair Pilkington quería inventar una solución innovadora. Estuvo estudiando todos los procesos posibles, sin encontrar nada que realmente le supusiera un salto importante. Un día, lavando los platos distraídamente mientras charlaba con unos amigos, se percató de algo. Algo que todos vemos, pero que muy pocos conectamos con una solución rompedora: el aceite flotaba en el agua. Y como no se mezclaban, el punto de contacto entre ambos era perfectamente plano. Entonces conectó con el problema (más adelante estudiaremos y practicaremos esta técnica para replicarla cuando la necesitemos, llamada "excursión mental"), y se dijo: "Si pudiese hacer flotar el cristal líquido en el agua, cuando se enfriase ya estaría directamente plano, y ni siquiera haría falta pulirlo". Se puso manos a la obra. Los primeros ensayos fueron un desastre: resulta que al poner cristal líquido encima del agua, aquello explota. Pero fue la idea original la que le llevó hacia una estrategia realmente distinta. Después de mucho trabajo, dio con una aleación de diferentes metales que servirían de "cama de agua"; podría ir enfriando esta aleación a medida que se iba enfriando el cristal líquido. El proceso era infinitamente más barato en costes y tiempo, y además producía unos resultados perfectos a la primera. Desde entonces, este proceso ha sido imitado (bajo patente) en todo el mundo para producir cristales planos. Parecía muy absurdo e irrelevante fijarse en la lucha particular entre el agua y el aceite mientras se lavan los platos, pero a veces esas conexiones tan distantes de la tarea son el origen de las soluciones más creativas... justamente por ser distantes.

La excursión mental

Una de las mejores maneras de conseguir nuevas ideas cuando lo necesitas es usando la técnica de "excursión mental". Se trata de una técnica que sistematiza el pensamiento de muchos genios, como Leonardo da Vinci, a la hora de idear nuevas soluciones.

La técnica de la excursión mental es a la vez:

- Un proceso utilizado por todos los grandes pensadores, usted incluido.
- Una extensión de nuestros procesos naturales de pensar.
- Una forma de relajar nuestros fuertes mecanismos censores internos.
- Un proceso para ayudar a buscar más allá de los parámetros normales de nuestro pensamiento.
- Una forma de conseguir ideas novedosas cuando se necesitan.

Es muy fácil y tremendamente potente. Pero para que funcione, es imprescindible seguir tres pasos secuenciales:

1. Apartar el problema temporalmente, fuera de la mente.
2. Generar material aparentemente irrelevante que no esté conectado al problema.
3. Intentar forzar una conexión con el problema y generar nuevos *springboards* o ideas novedosas.

1. *Aparcar el problema temporalmente, fuera de la mente.* Tenemos que dejar de pensar en el problema, "salir" de él, y focalizar la atención en otra cosa. Puede ser, por ejemplo, mirar por la ventana y fijarse en un objeto que nos llame la atención. O bien pensar en nuestro superhé-

roe favorito. Suele ayudar apartar físicamente el problema de la vista.

2. *Generar material aparentemente irrelevante.*
Según lo que hayamos elegido en el primer paso, tendremos que generar material a partir de ello, que no esté relacionado con el problema (lo hemos sacado de nuestra mente...). Siguiendo los mismos ejemplos, si hemos elegido un objeto del exterior a través de la ventana, el material podría ser una lista de las características de ese objeto que nos hayan llamado la atención: la forma, el color, lo que nos evoca, etc. Si hemos elegido un superhéroe, pueden ser los superpoderes que tenemos, etc.

3. *Forzar una conexión con el problema.*
Se trata de tomar el material que hemos generado y forzar una conexión con el problema original. Siguiendo con los ejemplos, puede ser de qué manera puedo utilizar la forma del objeto para aplicarlo al problema. O qué superpoder me puede ayudar a resolver el problema, generando una idea novedosa. Es realmente increíble la cantidad de nuevas ideas que nos surgen cuando forzamos estas conexiones aparentemente irrelevantes. ¡Pruébalo!

Lo que estamos haciendo en realidad es obligarnos a ver el problema desde perspectivas muy diferentes de las "normales".

A modo de ejemplo, imaginemos que estamos tratando de encontrar ideas sobre cómo entrenar al nuevo personal de forma eficiente. Ya se nos han acabado todas las ideas "lógicas". Apliquemos los tres puntos básicos de una excursión mental:

3 Pasos básicos de la Excursión Mental	Ejemplo
Temporalmente, saca el problema fuera de tu mente.	Aparta tu vista del trabajo y mira, por ejemplo, a través de la ventana.
Genera materia Irrelevante. Este material puede incluir centrarse en los objetos de la habitación, asociaciones de palabras, analogías, imágenes mentales, asociaciones o hechos sobre temas que no estén relacionados. El objetivo es generar una lista de detalles aparentemente irrelevantes que no tienen nada que ver con el problema a resolver. Apúntalas.	Puedes mirar por la ventana y apuntar algunas notas de lo que ves, por ej., adoquines, árboles con trocitos de hielo colgando de sus ramas, y un viejo VW Beetle.
Improvisa una Idea Novedosa Utilizando el material irrelevante, busca indicios y pistas que te ayuden a generar una idea novedosa para empezar a resolver el problema. (Si estás buscando un enfoque verdaderamente novedoso, suele ayudar empezar por algo absurdo. Las ideas absurdas pueden ser ilegales, amorales, fuera de tu rango de precio, muy arriesgadas, que rompan las leyes de la naturaleza, etc.)	Es posible que hayas elegido estudiar el Beetle y estés centrado en el manual del propietario en la guantera. Una idea novedosa de este material podría ser "Ojalá tuviéramos un manual del propietario / del operador que describa en un lenguaje para niños paso a paso cómo hacer este trabajo", o bien "Ojalá los nuevos empleados pudieran programarse según entran en la empresa, de forma que supieran automáticamente qué procedimiento seguir". Además, puedes pensar en la línea de ensamblaje automático de VW donde nada se deja a la suerte, y generar eso como una nueva idea.

Fuente: Synectics - Altran

Existen infinitas formas de hacer una excursión mental, siempre y cuando respetemos los tres pasos. Un error común es pedir hacer los pasos primero y tercero al mismo tiempo, algo así como: "Pensad en las características de un ventilador, y forzad una conexión de vuelta al problema". No funciona. Porque estaremos pensando en qué material del ventilador podemos utilizar directamente para nuestro problema, y no conseguiremos entonces salir del problema y forzar conexiones entre cosas aparentemente irrelevantes.

Algunas formas de generar material para la excursión:

- Describe tu actividad o lugar favorito para las vacaciones, o algún regalo interesante recibido.
- Haz un dibujo o un garabato en el tablero y pide a la gente que pongan nombre a sus dibujos.
- Busca en revistas o periódicos fotos o historias interesantes.
- Describe alguna película favorita o representa en detalle alguna escena clave.
- Conduce a la gente a través de una fantasía guiada. Por ejemplo: "El niño en la playa".
- Genera asociaciones de palabras y utilízalas para generar una idea absurda.
- Elige la palabra que describe la esencia del problema y

busca ejemplos de ello en diferentes mundos. *(Ver analogía directa / excursión-ejemplo.)*

Profundicemos en algunos ejemplos:

Excursión de fantasía guiada: "El niño en la playa".

1. Siente el problema o la oportunidad. Transfórmalo en una afirmación "cómo...". Aparta temporalmente el problema de tu mente.
2. Créate una película en la mente relacionada con la siguiente historia:
   - *Había un niño en la playa...* Crea una imagen de este niño. Imagina cómo es: pelo, ojos, ropa... ¿Qué más hay en la playa? ¿Cómo es el día? ¿Qué es lo que oyes, hueles, sientes como sabor?
   - Haz que este niño coja un grano de arena. ¿Cómo es el grano de arena? ¿Cómo se siente?
   - Sopla tu grano de arena y métete dentro. ¿Cómo es? ¿Qué es lo que ves dentro?
3. Toma algunas de las imágenes, pensamientos y conexiones que hiciste en el ejercicio de imaginación, e intenta ajustarlas al problema. Mira si puedes transformarlas en ideas que sean relevantes para la resolución del problema.

Excursión de asociación de palabras.

Siente el problema o la oportunidad. Transfórmalo en una afirmación "cómo...". Aparta temporalmente el problema de tu mente.

Utiliza las remotas asociaciones de palabras para hacer una lista de entre 8 y 10 imágenes de palabras. Empieza con cualquier asociación de palabras para un objeto en la habitación; por ejemplo, "lápiz". Luego haz una lista de imágenes que la palabra evoque en tu mente. Intenta hacer una lista no relacionada; por ejemplo, si "lápiz" te recuerda "escribir", cámbialo por algo que no tenga nada que ver, como "zumo de naranja". Elije algo y genera una idea absurda.

Excursión de mundos alternativos.

Se pide a los participantes que elijan un "mundo alternativo" que les guste especialmente de una lista como la que se muestra más abajo. Se toma el verbo principal de la tarea ("vender", "comunicar", "atraer", "trasladar", "reproducir", etc.). De esta manera ya hemos conseguido apartar la mente temporalmente del problema.

Se pide generar ejemplos de ese verbo, en sentido muy amplio, en ese "mundo". Por ejemplo, si hemos elegido el mundo de la astronomía, un ejemplo puede ser "cómo se atrae a los niños a interesarse por la astronomía", o bien "qué proceso hace que los astros se atraigan entre sí".

De la lista generada, se toman algunos ejemplos, y se fuerza una conexión para ver de qué manera podemos usar esa estrategia, aunque sea en modo metafórico, para conseguir, por ejemplo, atraer a más clientes a un centro de venta.

Excursiones Mentales

Técnica de Mundos Alternativos

Biología	Romance	Economía	Vacaciones	Comedia
Costumbres	Religión	Vivienda	Celebraciones	Arte
Deportes	Ocio	Física	Cenas-Fiesta	Películas
Moda	Cocina	Minerales	Cosméticos	Exploración
Guerra	Juegos	Carpintería	Folklore	Familia
Historia	Jardinería	Química	Viajes espaciales	Magia
Mitos	Imitaciones	Matemáticas	Textil	Ruido
Plantas	Artesanía	Electricidad	Decoración	Acústica
Filosofía	Arqueología	Astronomía	Leyes	Finanzas
Teatro	Medicina	Máquinas	Periodismo	Salud
Educación	Ciencia-Ficción	Rocas	Medios	Crimen
Animales	Informática	Metalurgia	Genética	Ganadería
Política	Maquetas	Océanos	Edificios	Ropa
Carreras	Agricultura	Geología	Transporte	Compras
Espionaje	Espacio/tiempo	Enfermería	Arquitectura	Motor
Olores	Puentes	Escultura	Meteorología	Música
Aeronáutica	Astrofísica	Internet	Diplomacia	Meditación

Fuente: Synectics - Altran

Directrices generales de la excursión.

El Moderador o Facilitador suele ser quien organiza las excursiones aunque también pueden hacerse a nivel individual, si somos disciplinados con los tres pasos. En el caso de que moderes un grupo y quieras ayudarles a generar muchas nuevas ideas, sigue estas indicaciones:

- Indica al grupo algún fundamento de por qué las excursiones pueden ser útiles. Informa a la gente de que es un proceso natural utilizado por los "grandes pensadores" del mundo y que puede aportar nuevos pensamientos al equipo.
- Haz la excursión relativamente breve (5-10 minutos) e incluye alguna actividad física, si el nivel de energía del grupo es bajo.
- Intenta distanciarte lo máximo posible del problema, de forma que el material generado que aparezca tenga muy poco que ver con el problema. Por ejemplo, si se está trabajando sobre un problema o materia relacionada con personas, como "formar a la nueva gente", céntrate en fuentes no animadas como objetos físicos o cosas concretas. Si se está trabajando sobre el desarrollo de una nueva solución técnica, mira hacia el mundo "vivo" u orgánico.
- Si es necesario, ofrece un modelo o ejemplo para ayudar a demostrar este tipo de pensamiento.

Las estrategias de excursión son muchas y muy variadas. Muchas otras técnicas de innovación, como, por ejemplo, las propias de la innovación sistemática basada en TRIZ, son en realidad excursiones mentales que nos fuerzan a realizar conexiones distintas para encontrar distintas alternativas.

¡No dudes en crear tus propios ejemplos!

La técnica de escucha dentro/fuera

Uno de los momentos en los que podemos observar nuestras capacidades creativas es cuando hablamos y escuchamos en un grupo de innovación.

En las reuniones, nuestro nivel de atención tiende a seguir un modelo, o "curva de escucha". Este nivel es alto al principio –o cuando el interlocutor interviene por primera vez –, pero a medida que la reunión va progresando, el nivel empieza a bajar. La concentración completa sobre lo que el interlocutor está diciendo desaparece en un tiempo sorprendentemente breve. Cuando escuchamos a los demás, tenemos un tiempo de atención limitado. Después de entre 10 y 15 segundos, solemos desconectar.

Estas desconexiones pueden ser ideas originadas por algo que ha dicho el orador, o una tarea que nos ha sobrevenido (como "se me ha olvidado comprar leche"), o una conexión con cualquier cosa que vemos: "La persona de mi derecha, cómo me recuerda a mi amigo Francisco del cole." Estas conexiones nos llevan a nuevas conexiones: "¿Qué será de Francisco? La última vez que lo vi fue en compañía de su esposa, que por cierto era amiga de un colega que...". Como nuestra mente es, en esencia, creativa, estamos constantemente realizando conexiones. La mayor parte de las veces no les prestamos atención, nos pasan desapercibidas, e incluso las tratamos de forma despectiva como "despistes". Simplemente, ¡nuestra mente se aburre! A veces el pensamiento estará directamente relacionado con el tema, y otras no tendrá nada que ver. Intentamos centrarnos en las dos conversaciones a la vez, y acabamos perdiendo lo que se ha dicho u olvidando nuestras propias ideas.

Nuestra mente contiene un amplio almacén de experiencias, asociaciones y datos. Procesa más de 900 palabras por minuto, y la gente habla a una velocidad de 125-200 palabras por minuto. Por tanto, nuestra mente tiene la capacidad de producir muchos pensamientos e ideas mientras alguien está hablando.

La técnica llamada "escucha dentro/fuera" te ayudará a gestionar la reunión en tu cabeza e incrementar tu capacidad de hacer el seguimiento de tus ideas. Además, te proporcionará material para realizar excursiones mentales. Primero, fíjate en las conexiones en tu mente. Segundo, desconecta temporalmente y toma nota de estos pensamientos en tu bloc. Tercero, conecta de nuevo para escuchar al interlocutor y espera el momento apropiado para ofrecer tus ideas.

Hablar para que nos escuchen: titulares

Los oradores suelen realizan un preámbulo antes de ir al grano e intentar vender sus ideas. Si tiene usted que decir algo, aprovéchese de la curva de escucha de esta gente y presente sus pensamientos, empezando con lo más importante, el titular, seguido de alguna elaboración. Dar primero un titular aumenta la probabilidad de que la atención del oyente sea más alta que en la parte baja de la curva.

Dividir el bloc de notas por la mitad ayuda a hacer el seguimiento de cualquier información clave que hayas oído, así como de las ideas que hayan aparecido en tu mente.

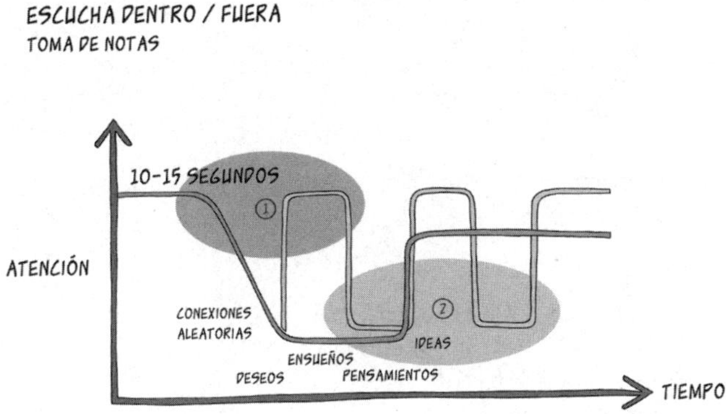

Fuente: Synectics-Altran

Resumen del capítulo

- La innovación y el trabajo en equipo son sinónimos, porque la innovación requiere y al mismo tiempo refuerza el trabajo colaborativo en equipo.

- Para que pueda existir innovación, hay que trabajar aspectos del clima, de las técnicas de creatividad, y de los procesos que permitan hacer la realidad todo el conjunto.

- En cuanto al clima, es importante tener en cuenta cómo nuestras interacciones afectan a los demás y a las posibilidades de éxito de cualquier iniciativa creativa y de innovación, definiendo el éxito como un resultado "ganador-ganador".

- Si rechazamos a alguien, es muy probable que nos veamos atrapados en un ciclo de rechazo-venganza.

- En procesos creativos las preguntas suelen ser destructivas, porque:

  - En más del 80% de los casos son rechazos escondidos que nos llevarán a ciclos de rechazo-venganza; o ideas enmascaradas, que nos pasarán desapercibidas, sobre todo las más disruptivas y, por lo tanto, con mayor potencial.

  - Demasiadas preguntas y respuestas a los propietarios del problema nos harán meternos en el pozo con ellos, y perderemos nuestra capacidad de ver las cosas con una perspectiva distinta.

- Es importante dar crédito y reconocimiento a la gente que contribuye a nuestro pensamiento.

- Es importante definir una serie de roles y responsabilidades, siendo necesaria la presencia de tres roles fundamentales: El Cliente como dueño del reto, que dirige el contenido; el Facilitador neutro, que dirige el proceso; y los Participantes, ingenuos y con suficiente diversidad, que aportarán junto con el Cliente las diferentes alternativas, ideas, etc.

- La creatividad es una capacidad humana innata, que puede ser entrenada.

- El corazón de la creatividad son las conexiones. Se deben buscar estrategias de alejamiento de la realidad para llegar a soluciones muy distintas. Algunas técnicas nos ayudan a generar nuevas ideas cuando las necesitamos, como la técnica de la excursión mental.

- Para aumentar el grado de creatividad, es importante añadir diversidad (de personas en el grupo, de enfoques, de tipo de inputs para inspirarnos, etc.), jugar con la potencia del deseo, pensar con metáforas y analogías, y buscar nuevas conexiones en lo que parece absurdo o irrelevante respecto al tema que tratemos: es allí donde podremos encontrar verdaderas nuevas soluciones que no se nos podrían haber ocurrido en el mismo plano de pensamiento en el que el problema fue creado.

- Hablar en titulares ayuda a captar la atención y permite la escucha activa.

- La técnica de escucha dentro/fuera nos permite a la vez escuchar y generar material creativo propio.

5

¿Cómo innovar? Los procesos de Innovación

Acercaos hasta el borde. / Podríamos caernos. / Acercaos hasta el borde. / ¡Está demasiado alto! / Acercaos hasta el borde. / Y ellos se acercaron. / Y Él los empujó. / Y ellos volaron.
Christopher Logue

Hemos visto que es necesario generar un clima adecuado para que seamos capaces de sentirnos libres de pensar en nuevas alternativas. El ser creativo que llevamos en nuestro interior no puede salir a la superficie en un entorno de miedo o inseguridad personal, porque justamente estos entornos son los que nos hacen guarecernos en lo prudente, los que nos impulsan a no salirnos de la norma. Hemos repasado muchos factores relacionados con el clima, así como las técnicas que podemos utilizar para generar y mantener un clima de colaboración creativa en cualquier grupo de personas. También hemos hablado del potencial creativo que todos tenemos, y de las técnicas y "sets mentales" que nos ayudan.

Ahora bien, para ser innovadores, no basta con ser creativos. Decíamos en el inicio del capítulo que necesitamos una serie de procesos que nos permitan concretar en la realidad esas ideas tan descabelladas. A continuación descubriremos un proceso básico de resolución de problemas, o "de invención", que nos ayudará a generar, elegir y desarrollar ideas ante cualquier reto. Finalmente, asistiremos a un proceso completo de innovación, que de principio a fin nos ayude a aumentar drásticamente las posibilidades de éxito a la hora de innovar.

Pensamiento evolutivo frente a pensamiento decisivo o ejecutivo

El primer paso para innovar es entender las diferencias en el tipo de pensamiento que debemos desarrollar en el Mundo de la Innovación y el necesario en el Mundo Operacional.

Como decíamos en el capítulo 2, el pensamiento decisivo o ejecutivo busca la mejor solución de la forma más rápida posible; descarta las alternativas que no parecen viables a priori, ya que no sirven cuando trabajamos en el Mundo Operacional. Sin embargo, cuando buscamos nuevas alternativas, no podemos aplicar este pensamiento. Necesitamos buscar nuevas vías, elegir las que parezcan más prometedoras aplazando el juicio. Después hay que desarrollarlas, encontrando algo al final del proceso que mantenga el grado de novedad inicial, y que sea asimismo viable. No podemos llegar al final del proceso de forma directa.

En resumen, la forma de evaluar y desarrollar sugerencias tiene mucha relación con el éxito que tenemos al resolver los problemas o, lo que es más importante, con las posibilidades de mantener las ideas innovadoras vivas o no.

Existen dos modos de pensar disponibles para responder a una idea:

Modo decisivo: en esencia, es un modo de pensar según el cual nosotros aceptamos o rechazamos sugerencias, alternativas y acciones posibles.

Modo evolutivo: en este modo nosotros no tomamos decisiones finales sobre las sugerencias, sino que exploramos y desarrollamos sus posibilidades.

Ambos son necesarios. Tarde o temprano es necesario decidir qué se va a hacer –incluso decidir no hacer nada–, así que el pensamiento decisivo es fundamental, y existen varias técnicas para hacer un buen trabajo con él. El pensamiento evolutivo también es importante, especialmente cuando se busca una forma diferente de hacer algo. Raras veces las sugerencias de cómo hacer algo de manera diferente o de una forma nueva llegan completamente desarrolladas; suelen necesitar ajustes y modificaciones, es decir, desarrollo.

El principal problema es que tendemos a basarnos en un solo modo. Debido a la presión de tener las cosas "listas para ayer", el modo decisivo tiende a ser nuestro modo dominante, y nosotros tendemos a pensar de ese modo incluso cuando no es apropiado, es decir, cuando estamos buscando una alternativa diferente y mejor.

Lo que se necesita es tomar decisiones conscientes sobre de qué modo queremos pensar, y luego tratar las sugerencias según corresponda. La técnica de evaluación constructiva ha sido desarrollada para mantenerse en el modo evolutivo cuando sea necesario.

La evaluación constructiva como técnica de pensamiento evolutivo

La técnica de evaluación constructiva, inventada y desarrollada desde hace décadas por Synectics, es el mejor instrumento para llevar a cabo el pensamiento evolutivo. Imaginemos que tenemos una escala donde se representa la perfección de una idea. En el extremo izquierdo, la idea no es nada válida; en el derecho, la idea es perfecta. Existe un "umbral de aceptabilidad", a partir del cual estamos dispuestos a aceptar una idea. Este umbral no está en el 100%, esto es, no es necesario que la idea sea perfecta, porque asumimos que estamos en un proceso de innovación y habrá que trabajar bastante para hacerla viable.

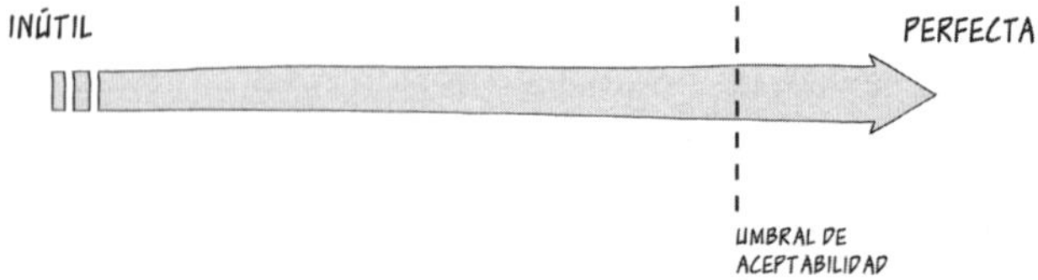

Fuente: Synectics-Altran

Las ideas que normalmente aceptamos son las que tienen algún punto positivo, pero sobre todo las que no tienen ningún punto negativo. Porque si los tiene, nuestra mente, muy entrenada en el Mundo Operacional, los detecta como "alarmas", haciendo que todo lo demás nos pase desapercibido. Digamos que las ideas que normalmente aceptamos son las que de entrada ya pasan el umbral de aceptabilidad. Esto es lo que normalmente nos hace rechazar las ideas más novedosas; estas nunca son perfectas de buenas a primeras, tienen mucho que pulir y desarrollar, y además, al ser novedosas, no encajan en nuestro marco de referencia.

Las ideas más prometedoras son las que son distintas. Tienen muchos puntos positivos, si fueran posibles; pero no lo son, porque están llenas de inconvenientes. Dichos inconvenientes las alejan del umbral de aceptabilidad. Pero son estas ideas las que habrá que desarrollar mediante la evaluación constructiva si queremos realmente llegar a algo distinto.

1. El primer paso de la evaluación constructiva parte de una idea que nos parece muy novedosa, incluso transgresora, que si fuera posible nos solucionaría todo lo que buscamos, pero que sin embargo, no es para nada factible. Es la idea que está representada en el gráfico muy lejos del umbral de factibilidad.

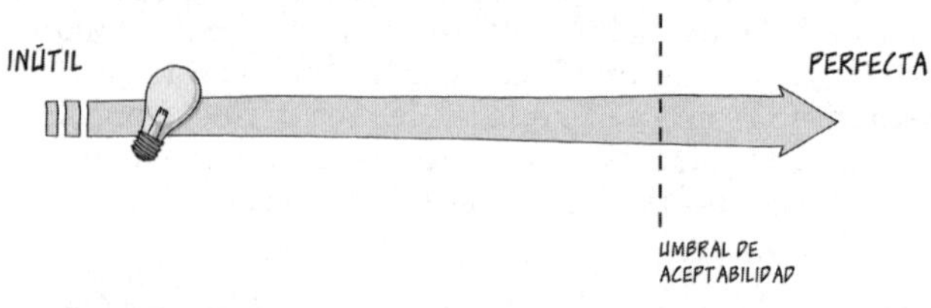

Fuente: Synectics-Altran

2. El segundo paso de la evaluación constructiva es identificar todos los puntos positivos que aporta la idea. Con esto estamos reconociendo los elementos que debemos mantener en la evolución, así como reforzando la idea, que, como vimos en el apartado del clima, es "como una pompa de jabón" en sus inicios, por lo que cualquier crítica fundada destruirá sus posibilidades.

   En las culturas latinas este proceso nos resulta muy trabajoso, pues estamos muy entrenados para detectar los puntos negativos; nada más escuchar una idea pensamos en "por qué no puede funcionar". Por lo tanto, tendremos que hacer un esfuerzo especial reprimiendo esta tendencia. La mejor manera de hacerlo es a través de un *brainstorming* de puntos positivos, técnica que permite al grupo retroalimentarse con elementos positivos, incluso con los menos evidentes.

   En cuanto identificamos los elementos positivos, vemos que esa idea que parecía tan absurda, si fuese posible, no sería tan absurda, y sentimos que si consiguimos llevar algo parecido a la realidad sería un éxito. La idea da un pequeño paso hacia el umbral de factibilidad, y, sobre todo, le damos una oportunidad de desarrollo.

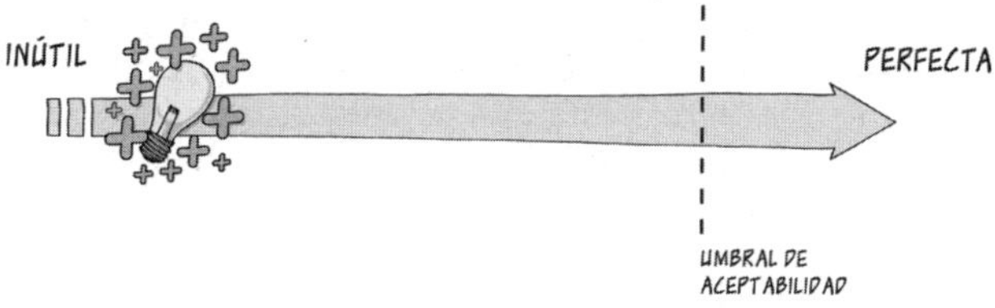

Fuente: Synectics-Altran

3. El siguiente paso es identificar los elementos negativos, lo que realmente hace que no podamos llevarla a cabo. Los llamamos inconvenientes. Hay tres consideraciones importantes que deben tenerse en cuenta en este paso:

   a. *Es mejor dejar que el Cliente, (propietario del problema) identifique estos inconvenientes.* Si hacemos una tormenta de ideas de inconvenientes, sacaremos a relucir nuestro espíritu crítico, con el que realmente nos sentimos cómodos, y hundiremos la idea en segundos. Además, los verdaderos inconvenientes por resolver son los que ve el Cliente, para que *sus* principales escollos estén al menos enfocados para poder ponerse manos a la obra. Él puede encontrar ideas para resolver inconvenientes que para otro serían insalvables. El Cliente es el único que cuenta con toda la información sobre la tarea, lo que ya se ha intentado, los proyectos en marcha en la misma área, etc.

b. Los inconvenientes se formulan en términos de tarea, empezando siempre por un "Cómo". Es muy distinto, por ejemplo, decir: "Es demasiado caro", que decir: "Cómo hacerlo más barato". El inconveniente es el mismo, pero en el primer caso estamos describiendo la barrera, lo que psicológicamente nos dificulta mucho el avance, y en el segundo caso estamos identificando el camino que debemos seguir, la tarea en la que debemos concentrarnos. Aunque parezca mentira, en los 50 años de experiencia de Synectics, no hemos encontrado ningún inconveniente, formulado en forma de tarea, para el que no hayamos podido encontrar caminos de solución.

c. Se priorizan los inconvenientes. Para poder empezar a solucionar los inconvenientes de manera sistemática y aumentar las probabilidades de éxito, es importante que el Cliente priorice estos inconvenientes, comenzando por el que considera más importante *para él* (que es quien tendrá que solventarlo). Pongamos que el Cliente ha elegido entre los inconvenientes principales, y por este orden:

- "Cómo hacerlo más barato"
- "Cómo convencer al jefe", puesto que la idea es tan disruptiva que la principal barrera será convencer al jefe de que realmente merece la pena.

En este caso, el Cliente ha valorado que es mejor encontrar la manera de que encaje en el presupuesto antes de presentárselo al jefe, ya que lo utilizará como uno de los argumentos para convencerlo. En otra situación, otra persona en el mismo rol podría haber elegido lo contrario: "Me siento con fuerzas de ir a presentárselo al jefe primero, y si lo convenzo, tendré más oportunidades de encontrar el presupuesto, porque quizás este se pueda ampliar". La elección de las prioridades es importante y muy personal; por eso, de nuevo, hay que destacar la importancia de tener al Cliente involucrado en el proceso.

4. En cuarto lugar, se toma el inconveniente más importante para el cliente, en forma de tarea, y se generan todas las ideas posibles dirigidas a solucionarlo. Seguimos sin rechazar ninguna, puesto que cualquier idea puede dar lugar a una conexión que genere otra, que resulte, a su vez, la "mejor". Las palabras que usamos en cada fase tienen gran importancia, porque nos introducen en el "modo de pensamiento" que necesitamos en cada momento. Las ideas en esta fase se verbalizan de esta forma: "Lo que haces es…". Así estaremos formulando verbos de acción concretos. Si nos quedamos sin ideas, se puede introducir alguna excursión mental tal y como hemos descrito anteriormente.

De entre todas las ideas de resolución del inconveniente planteadas, el cliente elije una o una combinación de ellas, añadiéndola a la idea original, o bien transformándola. En algunas ocasiones es necesario tomar la idea original como una estrategia, casi a nivel metafórico, para ver adónde nos puede llevar, e ir introduciendo las resoluciones a los inconvenientes.

Una vez resuelto el inconveniente para el Cliente (él debe comunicar que "ya lo ve", "ya sabe cómo hacerlo"), se pasa al siguiente inconveniente.

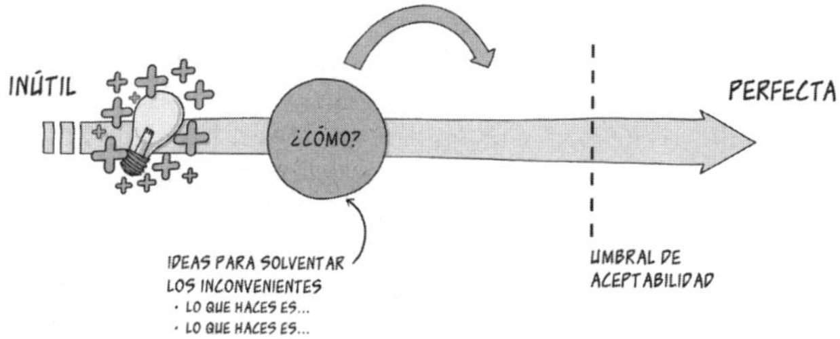

Fuente: Synectics-Altran

Finalmente, se realiza este mismo proceso con los inconvenientes restantes, hasta llegar al punto en el que la idea desarrollada pasa el umbral de aceptabilidad para el Cliente. A partir de este momento, él "ve la luz al final del túnel": sabe que tendrá que trabajar en varios aspectos, pero básicamente la idea ya es aceptable.

De este proceso se destila una importante enseñanza: nunca habríamos podido llegar a esta idea final de una forma directa. Difícilmente encontramos una idea fantástica, nueva y además suficientemente viable, solo haciendo una tormenta de ideas y relajándonos lo suficiente. Necesitamos este trabajo de desarrollo. Por eso no es tan importante la idea inicial, más que para iniciar un desarrollo dentro de una estrategia novedosa que nos conduzca a la idea final.

He aquí el proceso completo:

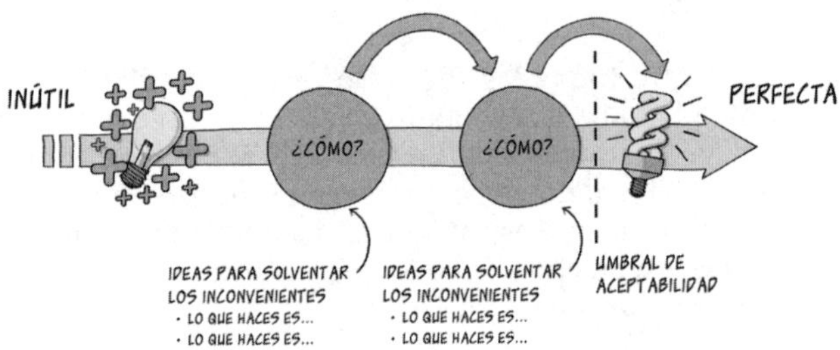

Fuente: Synectics-Altran

El proceso de invención.

Para poder inventarse nuevas soluciones que son a la vez disruptivas y aplicables, utilizando el poder de un equipo de trabajo diverso, aconsejamos poner en práctica el Proceso de Resolución de Problemas de Synectics ®. Este proceso está fundamentado en 50 años de investigación y aplicación; por esa razón, es una de las metodologías más avanzadas dentro del ámbito de la creatividad, y está reconocida en el ámbito académico y profesional como una de las mejores del mundo.

El Proceso de Resolución de Problemas de Synectics ® ha servido para crear multitud de nuevos productos, servicios, estrategias, campañas de comunicación, etc. de las principales empresas e instituciones del mundo, tales como Coca-Cola, 3M, Apple, IBM, la OTAN, British Airways o el HSBC, solo por mencionar algunos nombres de una lista casi interminable.

Conocido como "proceso del diamante" por la forma gráfica de representación del tipo de pensamiento utilizado, emplea fases de pensamiento divergente y convergente, junto con excursiones mentales y provocaciones para generar nuevas vías de exploración que puedan ser plasmadas en conceptos que, además de novedosos, sean implantables. Está cuidadosamente pensado, para asegurar que las grandes ideas (que habitualmente pasan desapercibidas) sean seleccionadas y desarrolladas.

Antes de continuar, recordemos algunos aspectos importantes que deben tenerse en consideración para plantear una sesión de invención con suficientes ingredientes para obtener el éxito:

Hemos visto diferentes aspectos que conviene tener en cuenta para desarrollar una interacción productiva con un grupo de trabajo, que consiga el éxito en términos de resultado "ganador-ganador" (a diferencia del típico resultado ganador-perdedor que algunos procesos de negociación buscan, y que no pueden ser mantenidos en el tiempo). Este resultado de las interacciones es aquel en el que ambas partes reciben algo útil. Sin embargo, la interacción productiva no se desarrolla en el vacío. Para que esta sea una realidad práctica, y no solo un concepto interesante, es necesario tener presentes algunas cosas más.

Primero, una *tarea o trabajo que tiene que ser realizado:* por ejemplo, un problema que solucionar, o una oportunidad de la que aprovecharse. En una organización, es el trabajo que ha de ser realizado lo que da razón de ser a la necesidad de innovación.

Asimismo, hay que recordar la importancia de los *tres roles:*

- *Cliente:* el propietario del problema, que tiene que asumir cierta responsabilidad en la tarea, y debe tener autoridad en la toma de decisiones y/o en la responsabilidad de implementación.
- *Participantes o recursos:* una o varias personas que desean prestar sus mentes para ayudar a cumplir la tarea.
- *Facilitador:* lleva la parte de "proceso", asegurando que la reunión se desarrolla sin problemas, que la energía se gestiona en el tiempo y que todos los puntos de vista han sido solicitados y oídos.

Finalmente, es útil contar con una *secuencia para la resolución del problema,* una especie de guía que ayude al equipo a localizarse dentro del mismo proceso de resolución (por ejemplo, si ha de estar generando ideas o definiendo los siguientes pasos para la implementación).

Proceso de Resolución de Problemas de Synectics ®: el proceso del diamante

La descripción gráfica del proceso es como sigue:

1. *Tarea:*

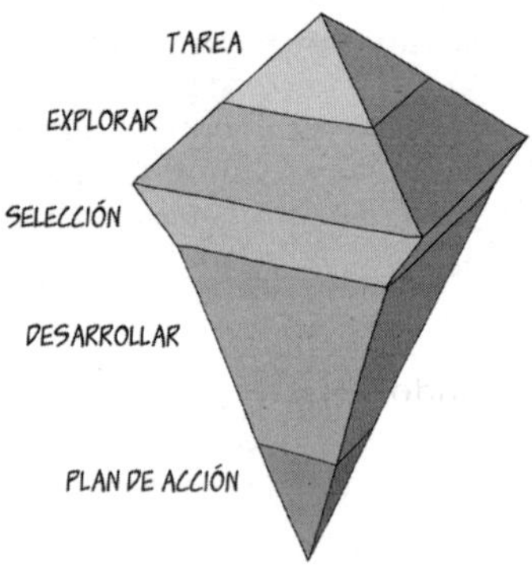

Fuente: Synectics-Altran

El proceso comienza por tener una tarea que resolver. Puede tratarse de un problema al que hay que buscar una solución, una oportunidad que se quiere aprovechar, un objetivo o sueño por cumplir, etc., y que por su dificultad, o porque no hemos encontrado ninguna solución novedosa y viable, necesitemos la aplicación de un proceso creativo. Es importante identificar si tratamos de resolver una tarea que en realidad es una posible solución en la mente del cliente; en tal caso, si al cliente le preguntamos para qué quiere conseguir eso y la respuesta es una tarea de nivel superior, es mejor tomar esta última como tarea.

Uno de los principales errores suele ser querer dar demasiada información. Cuando hablamos de los elementos de interacción, vimos que tener demasiada información puede ser peligroso para la creatividad, pues no haría más que arrastrarnos a todos "dentro del pozo". Por otra parte, las preguntas tienen un efecto negativo en la fase creativa, por la alta probabilidad de que una pregunta sea en realidad una idea escondida (y que pasará por tanto desapercibida) o bien un ataque enmascarado, que podrá generar un ciclo de rechazo-venganza.

Por eso, hemos descubierto a lo largo de la experiencia, que es necesario responder a cinco preguntas básicas, y solo cinco, para que cualquier persona que llevemos a la sesión pueda pensar de manera suficientemente "dirigida" hacia la resolución de nuestro problema, y suficientemente libre de las restricciones con las que cuenta ya el Cliente. El Facilitador tendrá que formularlas, y el Cliente deberá preparar unas respuestas para que los participantes escuchen de viva voz lo principal de la tarea. Estas preguntas son:

i. ¿Por qué es un problema / oportunidad?
ii. Breve historial.
iii. Poder de implementación.
iv. ¿Qué has intentado o pensado antes?
v. ¿Tipo de resultado deseado de la reunión?

Mientras el Cliente va respondiendo, es un excelente momento para que los participantes practiquen la técnica de la escucha dentro / fuera: cuando se exponen por primera vez a la tarea, crearán un montón de conexiones con cosas parecidas, experiencias, imágenes, conexiones aleatorias que hayan sido "disparadas" al escuchar partes del problema, etc. ¡Que no se pierdan!

En realidad, casi todas las preguntas que puedan surgir en la mente de los participantes pueden ponerse en forma de "idea". De esta forma no entramos en un ciclo de pregunta-respuesta que nos pueda meter en "el hoyo", y sin embargo, estamos ya generando posibles nuevas alternativas.

2. *Explorar:*
Es la parte divergente del proceso del diamante. Se trata de abrir muchas vías alternativas. En verdad, no se busca ningún sentido sino solo conectar con nuevas vías. Estas son las "ideas". No las llamamos así porque en realidad es demasiado pronto para darles ese nombre; son simplemente conexiones, que pueden ser cualquier cosa: reformulaciones, ideas concretas, deseos, etc. Las llamamos *springboards* (no hemos encontrado una traducción precisa en este caso del término inglés, que significa literalmente "trampolín"); en nuestro caso, serán ideas o conexiones iniciales que nos podrán llevar a otras mejores (de ahí el nombre). De hecho, para aumentar las probabilidades de entrar en un modo exploratorio de la mente, estas "ideas" o *springboards* solo pueden comenzar por "Me Gustaría..." o "Cómo..." seguido de una breve elaboración.

¿Por qué es importante utilizar "Me Gustaría..." o "Cómo..."? Los deseos, llenos de imágenes y asociaciones, ofrecen ideas novedosas. Un deseo funciona como una amnistía absoluta, permitiéndonos pensar y expresar lo impensable. Así, el material disponible se amplía considerablemente. Lo sabemos después de haber observado a cientos de equipos intentando resolver un problema o inventando algo nuevo. El hecho de desear supera las imposibilidades, que a su vez pueden ser utilizadas como material para hacer conexiones.

Acuérdate de cuando tenías cinco años. ¿Qué es lo que deseabas? ¿Una bici? ¿Volar? ¿Un millón de pesetas? ¿Un hermanito? ¿Un avión? ¿Recuerdas lo que era desear algo? Era fantástico. Eras libre. Y muchas veces no tenía nada que ver con la realidad. Es precisamente lo que buscamos aquí, aquella forma de desear, que es una de nuestras habilidades creativas más tempranas y potentes.

Muy probablemente tus deseos estarán más cerca de la realidad que antes. Piensa en algo que quieras. ¿Cuál es el verdadero y profundo deseo que está detrás de este deseo? Si pudieras conseguir hacer realidad este deseo y algo más, ¿qué sería este algo más? Eso puede ayudarte a empezar a desear a una mayor escala.

Un *springboard* es un titular de una frase de cualquier pensamiento o conexión que empiece a tratar el titular de la tarea, problema u oportunidad. Muchos *springboards* están formados como resultado de la escucha dentro/fuera. En esta fase buscamos el mayor número posible de ideas o *springboards*. No se trata de ver ideas viables, sino muchas ideas, conexiones, etc. Habitualmente se realizan cientos de conexiones, de diferente ámbito, utilizando diversas excursiones mentales para poder tener muchas alternativas distintas.

Por ello es muy importante no juzgar, reconocer que todo vale, y cada vez que escuchamos algo, preguntarnos: "¿Qué me hace pensar esto, qué nueva conexión puedo hacer con ello?", en lugar de pasarla por el filtro de: "¿Qué fallos puede tener?". Esto suele resultarles difícil a las personas muy entrenadas en el Mundo Operacional, y el Facilitador debe estar muy al tanto de que no suceda.

3. *Seleccionar:*
   Llega el momento de seleccionar las vías de desarrollo más atractivas. Aquí es donde solemos cometer un error determinante en los procesos creativos que llevamos a cabo. Por ejemplo, el mencionado *brainstorming* o "tormenta de ideas". Llega un punto en que tenemos muchas ideas, quizá cientos, y tenemos que elegir con cuál nos quedamos. El error más habitual es utilizar parámetros muy operacionales demasiado pronto para seleccionar las ideas supuestamente "mejores". Por ejemplo, es muy típico proceder por descarte: descartamos las que nos parecen irrealizables, y nos quedamos con las que vemos más implantables a corto plazo, las que no tienen grandes inconvenientes, y que por error llamamos "las mejores". Como hemos visto, las que de verdad son las "mejores" ideas, las que aumentan la pro-

babilidad de ser realmente creativas, no parecen factibles al principio. Así que cuando hacemos una selección "por descarte" lo que hacemos es tirar a la basura todas las nuevas conexiones, los embriones de ideas fabulosas.

Veremos que tenemos que seleccionar por otros criterios, que *nunca* sean los de factibilidad en esta fase. Los parámetros que se deben utilizar son más el *atractivo* y la *novedad*.

Es una elección casi "de estómago": nos quedamos con aquellas ideas o *springboards* que realmente nos abran una nueva puerta, que signifiquen una estrategia que no hayamos intentado antes. Además, nos atraen porque si fuese posible llegar a "aterrizarlas", los beneficios serían tremendos. El que tengan un componente emocional de atractivo va a ayudar a canalizar las energías necesarias para poder vencer las barreras que surjan después a la hora de implantarlas. Se entiende que esta elección "de estómago" solo la puede hacer el Cliente (o los Clientes, en el caso de tener a un grupo reducido de personas que son los principales decisores sobre el contenido).

Lo principal que debe recordarse aquí es que la novedad y la intriga son dos polos opuestos de la misma balanza: cuanto más nueva es una idea, menos factible nos parece de entrada. Por lo tanto, una idea que nos parece muy factible nunca será nueva, por mucho que la "decoremos" con fantásticas campañas…

Conviene recordar aquí la frase de Einstein citada anteriormente: "Si una idea nueva no parece absurda de buenas a primeras, no hay ninguna esperanza para ella". Como hemos visto en el pensamiento evolutivo, se puede construir factibilidad de una idea novedosa… Lo que no se puede hacer es a la inversa.

4. *Desarrollar:*
Si hemos elegido bien, es decir, teniendo en cuenta el tipo de pensamiento del Mundo de la Innovación, tendremos una o varias "ideas" disruptivas que serían fantásticas si fuesen posibles, pero que están muy alejadas del umbral

de factibilidad tal y como lo hemos definido anteriormente.

Se trata ahora de aplicar el pensamiento evolutivo, utilizando la técnica de la evaluación constructiva, para ir desarrollando estos conceptos hasta dar con las *posibles soluciones*. Es la fase convergente del diamante, ya que vamos "centrando" la idea abstracta, "aterrizándola" y dotándola de mayor grado de detalle.

5. *Plan de Acción:*
   Como se trata de innovar y no de ser solo creativos, necesitamos acabar el proceso no solo con una o varias *posibles soluciones,* descritas en un párrafo completo con todo el detalle del concepto, sino también con un posible *plan de acción,* donde determinemos quién hace qué, y cuándo.

   Así, después de haber dejado volar nuestra imaginación, y jugar con las excursiones mentales, acabamos con un plan de acción bajo el brazo, lo que reforzará la motivación del grupo y favorecerá el compromiso hacia la acción: el cliente y demás personas responsables, delante de todos los participantes que han utilizado todo su poder mental y emocional, se compromete a sacar adelante el resultado del trabajo del grupo.

Hemos visto a lo largo del tiempo, que en muchas ocasiones la sesión de innovación va bastante bien, pero los Participantes, y muy especialmente el Cliente, "actúan" durante la misma, aparcando las reticencias a hacer algo distinto hasta después de la sesión. Esta "actuación" puede ser consciente o inconsciente, provocada por el clima generado y un buen Facilitador. El hecho de comprometerse con un plan de acción, con fechas y responsables, antes de finalizar la sesión ayuda muchísimo a evitar que después de la actuación se tire por la borda lo conseguido.

El proceso del diamante, según las circunstancias, puede necesitar de un grado de complejidad mayor, pero estas son las pautas principales para poder ser tremendamente innovadores trabajando en un equipo diverso.

Una de las actividades que se puede añadir, en los casos en los que la selección inicial es demasiado abstracta, es realizar una fase que denominamos "Medios y Formas" antes de aplicar la técnica de evaluación constructiva: se trata de diferentes medios y formas de realizar la selección, hasta llegar a algo que emerge y que es suficientemente concreto, aunque todavía irrealizable, a lo que ya se le puede aplicar la evaluación constructiva.

Volvemos a insistir en que pedir a la gente que sea más creativa y que lo hagan es algo difícil, y es imprescindible que todos y cada uno de nosotros aportemos nuestro granito de arena para generar y mantener un clima en el que se favorezcan las interacciones, para que estas den un resultado "Ganador-Ganador".

Ahora que podemos hacer referencia a muchas técnicas y conceptos, resumimos en el cuadro siguiente las formas de actuar que probablemente den un resultado positivo, frente a las que probablemente coarten las posibilidades de la innovación:

Acciones y Actitudes que Probablemente Den Resultados Ganador-Ganador	Acciones y Actitudes que Probablemente Den Resultados Ganador-Perdedor o Perdedor-Perdedor.
• Parafrasear para comprobar la comprensión. • Titular los pensamientos (para facilitar la escucha). • Estudiar las preguntas (para sacar ideas, deseos y preocupaciones provisionales). • Presentar opiniones, preocupaciones, etc. En la forma de un Springboard funcional (por ej., "¿Cómo podríamos hacer eso aceptable para la dirección?"). • Utilizar Evaluación Constructiva para desarrollar las sugerencias presentadas. • Construye sobre las ideas de los demás para hacerlas más viables. • Acredita (reconoce las contribuciones de los demás para tu pensamiento). • Respeta a los demás como Clientes (y su propiedad del problema u oportunidad). • Cuando proceda, utiliza Pensamiento Evolutivo vs. Tomar decisiones va/no va. • Acoge y utiliza las diferencias (por ej., "Yo tengo una idea diferente, pero vamos a ver las dos"). • Escucha la esencia de los pensamientos de la otra persona. • Busca valiosas implicaciones. • Soluciones y cursos de acción con un alto grado de novedad y/o compromiso.	• Reaccionar antes de comprobar la comprensión. • Divagar, no ir al grano. • Preguntar con ideas detrás (y dejar que los demás adivinen lo que estás pensando). • Presentar opiniones, preocupaciones, etc. Como obstáculos para el logro (por ej., "¿Estás de broma? La dirección nunca comprará eso"). • Rechazar las ideas inmediatamente (por ej., "Eso no funcionará", o "es una buena idea, pero..."). • Esperar que los demás busquen o defiendan sus ideas sin tu ayuda. • No acreditar (por ej., presentar ampliaciones de las ideas o pensamientos de los demás como "Yo tengo una idea mucho mejor"). • Minimizar los problemas y preocupaciones del Cliente o decirles qué es lo mejor para ellos. • Insistir durante todo el tiempo en el pensamiento va/no va. • Desanimar o suprimir las diferencias (por ej., "Las cosas son así"). • Entretenerse con los detalles. • Buscar solo defectos. • Soluciones y cursos de acción con poca novedad y/o bajo compromiso a la acción.

Fuente: Synectics - Altran

Insight-Led Innovation: un proceso de innovación partiendo de un conocimiento profundo de las necesidades de los clientes/ usuarios

El Proceso de Resolución de Problemas de Synectics ® nos ayuda a encontrar soluciones muy nuevas, y además implantables, a casi cualquier reto que tengamos. Además, hoy en día el principal reto en casi todos los ámbitos, como quedaba de manifiesto en nuestras pequeñas historias iniciales, es conseguir hacerlo partiendo de unas necesidades muy bien entendidas de nuestros clientes, usuarios o consumidores. Sabemos que es muy importante, pero la mayoría de las veces pensamos "para" nuestros clientes, pero no realmente "desde" y "con" ellos...

Es como una especie de despotismo ilustrado de las empresas, organizaciones e instituciones. Pasamos del liderazgo de la oferta, donde grandes empresas diseñaban productos y servicios que luego "empujaban" en el mercado, para que atribulados clientes o consumidores no tengan más remedio que comprarlos, al liderazgo de la demanda. Antes era una tiranía, y luego se convirtió en un despotismo ilustrado donde lo importante era el cliente, la demanda, el marketing para analizar (o crear) unas necesidades que eran interpretadas en forma de mayor beneficio para la empresa. Ahora, debido a una mayor formación, información y sobre todo comunicación entre los clientes/consumidores/usuarios, son ellos los que realmente tienen la sartén por el mango. Y ¿cómo vamos a tener éxito en nuestro cometido sin entender realmente sus pulsiones emocionales?

Realmente, se trata de una búsqueda de valor constante. Y quienes no estén dispuestos y preparados para añadir valor, tendrán que dejar paso a otros. Los valores están cambiando mucho, así como la información disponible para nuestros clientes/usuarios, que ya no están dispuestos a aceptar el "despotismo". Son conocidos algunos casos de errores de empresas que fueron tomados como engaños por parte de los clientes, y que gracias a las redes sociales corrieron como la pólvora generando un grado de descontento tal que nació espontáneamente una fuerte corriente de boicot a los productos de esas empresas.

Antes de hacer nada, conviene conocer mucho a nuestros clientes. Y más que mucho: conviene *conocerlos en profundidad*. Contamos con muchísima información cuantitativa sobre sus comportamientos. Pero con muy pocos datos sobre las verdaderas motivaciones de esos comportamientos. Prácticamente nadamos en información, pero carecemos de guías que nos conduzcan a través de esta y deduzcan conclusiones válidas, que nos permitan encontrar el camino de la innovación.

Para alejarnos del despotismo, lo primero es interesarse realmente por lo que quieren nuestros clientes. Preguntarles no está mal. En primer lugar, porque se sienten escuchados; y en segundo, porque oír de primera mano lo que tienen que decirnos puede llegar a ser realmente revelador para quienes están encerrados en sus mesas de despacho, tratando de averiguar lo que necesitan sus clientes o usuarios buceando entre informes y gráficos. Pero si queremos innovar, no basta con preguntar; será casi imposible que nuestros clientes nos digan cuál es la nueva innovación que ansían, básicamente porque normalmente pensamos en *solución,* no en *función*.

Decía Henry Ford que si hubiesen llegado a preguntar a sus clientes qué querían, le habrían dicho: "Caballos más veloces". El caballo es una posible solución a la función del transporte. A Ford se le ocurrió que podía satisfacer las necesidades de cumplir mejor esa función, de una manera muy distinta a la que la gente tenía por costumbre: haciendo un automóvil en serie, lo suficientemente barato como para que pudiera ser el transporte de una gran cantidad de personas.

Existen muchos casos en los que la opinión directa de los clientes /usuarios no era la realidad subyacente. Es conocido el estudio realizado en el Reino Unido a mediados de los años 90, cuando se presentó a un grupo de clientes las posibilidades del servicio de mensajería en los teléfonos móviles como un servicio básico de comunicación. La respuesta mayoritaria fue que no estaban en absoluto interesados:

el teléfono era sobre todo voz, y para escribir, ya tenían el *e-mail*…

En todas estas ocasiones, no se había logrado interpretar las pistas que indicaban una realidad subyacente más rica de lo que se decía. Así, puede añadirse a la escucha la observación de nuestros clientes y usuarios. Hay unas cuantas metodologías de "etnografías" para observar, en el entorno que nos interesa, el comportamiento de nuestro público objetivo. Después se estudia con denuedo, tratando de buscar pautas con validez estadística que nos digan qué está pasando.

Sin embargo, todas estas técnicas, tan valiosas en el Mundo Operacional, pueden no ser suficientes en el Mundo de la Innovación. Queremos encontrar nuevas pistas, para crear nuevas cosas. ¿Es el pensamiento deductivo racional suficiente para lograrlo? La experiencia nos dice que no. Lo que subyace a los comportamientos, lo que puede explicarnos estos, es algo a lo que solo podemos llegar mediante técnicas inductivas, con mucha dosis de creatividad y, por qué no decirlo, de intuición. Al resultado, cuando lo encontramos, lo llamamos *insight*.

¿Qué es un *insight?*

Insight es una palabra que se ha puesto muy de moda de un tiempo a esta parte, y en nuestros días se emplea para designar casi cualquier nueva información inspiradora. Sin embargo, en Synectics-Altran llevamos más de veinte años utilizándola. Proviene del mundo de la psicología, y, en sentido académico, es la comprensión profunda de una realidad escondida. En el contexto de la innovación, es la comprensión de las motivaciones profundas del comportamiento de un grupo poblacional determinado.

Veremos a continuación, algunas claves sobre qué es y qué no es un *insight*. Partimos de nuestra definición, según la cual un *insight* sería *un descubrimiento revelador sobre motivaciones, necesidades, deseos y creencias del cliente/usuario/consumidor, que permite generar una idea que conduce a un crecimiento rentable*.

Podemos decir también que un *insight*

- Está acompañado de una experiencia casi física. Es el "¡Eureka!" de Arquímedes, cuando encontramos una razón que explica todo lo que habíamos observado antes.
- Una vez conocida la solución, parece bastante obvio.
- Sin embargo, pocas personas lo pensarían en un primer vistazo al problema, y seguramente no se darían cuenta de que entre todas las posibles motivaciones esta es la clave que explica la mayor parte de los comportamientos.
- Es claro y sencillo: nuestras motivaciones básicas no suelen ser muy complejas.
- Conecta con una necesidad, deseo o creencia humana.
- Es fácil ver las implicaciones empresariales y crea una plataforma para inventar nuevas soluciones.

Un *insight*, sin embargo, *no* es:

- Cualquier dato.
- Conocimiento común.
- El resultado de análisis estándares.
- Una justificación para una opinión que ya se tiene.
- Una idea.

Un ejemplo:

A. Las madres no quieren que nada interfiera en las divertidas memorias de familia bajo el sol.

B. Las madres prefieren marcas de protección solar que tengan la máxima protección SPF y UV para sus familias.

Entre A y B, ¿cuál es un *insight*, y cuál un dato?

A es un *insight*, la verdadera motivación del comportamiento, aunque como está en el nivel inconsciente, es muy probable que la propia persona no lo sepa.

B es un dato, real y útil para muchas cosas... pero si queremos innovar, con este dato solo nos quedarían nuevas maneras de conseguir una crema con mayor protección, y/o a un coste cada vez menor... Nada nuevo bajo el sol, nunca mejor dicho, y muy pocas maneras de diferenciarse. Sin embargo, si encontramos el *insight* A, las posibilidades son infinitamente mayores: podremos buscar nuevas formas de conseguir que las madres no sientan interferidas sus divertidas memorias de familia bajo el sol por culpa de las quemaduras de sus hijos. Puede ser un cambio en la comunicación del mismo producto, puede ser cambiar el producto en sí, o bien inventarse una serie de servicios "alrededor" de la crema para cumplir con las necesidades de los clientes, etc. El campo para la innovación se abre de forma increíble.

Cómo conseguir un *insight*

Puede provenir de muchas fuentes diferentes. Surge cuando de repente descubrimos una conexión no evidente entre nueva información e información conocida. Las investigaciones académicas sobre *insights* muestran que ese momento "¡ajá!" llega antes cuando se reorganizan fragmentos de información en torno a un tema y se incluye información aparentemente irrelevante que permita realizar conexiones que anteriormente no eran evidentes. A veces los sentidos de esos fragmentos de información están muy separados, y forzar una conexión requiere un gran esfuerzo.

Digamos que, en cuanto tenemos piezas de información, establecemos un hilo argumental que hilvane todas esas piezas de información, y que tenga sentido para nosotros. Muchas veces ese hilo conductor está construido a base de prejuicios (en el sentido de "juicios a priori"), de muchas frases hechas y cosas que son "porque siempre han sido así". Esos hilos conductores, con el tiempo se generalizan y se convierten en verdades inamovibles, en "vacas sagradas". Cada vez que tenemos una nueva pieza de información, forzamos a que encajen en ese hilo conductor establecido a priori y que nadie se pregunta ya si es cierto o no. Existen muchas nuevas informaciones que nos darían pistas estupendas para interpretar la realidad de un modo distinto, y encontrar una nueva solución que aporte valor a esa realidad... pero nos pasan totalmente desapercibidas, porque no estamos dispuestos a poner en duda lo que supuestamente ya sabemos, ese "hilo conductor" que ha explicado siempre los comportamientos de nuestro mercado.

Para encontrar los *insights* novedosos, es necesario romper esos hilos conductores, valorar cada una de las pistas de información que tenemos de forma individual, añadir nuevas pistas de información, y buscar nuevas conexiones, nuevos hilos conductores que puedan explicarnos la mayor parte de todas estas pistas.

Cómo utilizar los *insights* en innovación

Si queremos innovar, es decir, aportar valor con algo nuevo e implantarlo, deberíamos pensar a quiénes queremos aportar valor. Estos "quiénes" pueden ser un grupo poblacional, un segmento de nuestro mercado, un tipo de persona, etc. Lo llamamos el *target*, utilizando terminología propia de marketing. Una vez identificado, utilizamos un proceso definido para encontrar *insights* reveladores sobre el comportamiento de este *target*. Luego, para cada *insight* descubierto realizamos sesiones de invención usando el proceso del diamante, con el objetivo de encontrar conceptos disruptivos que ayuden a satisfacer mejor estos *insights*.

Para encontrar los *insights*, hay que situarse en un nivel de "análisis" de lo que consideramos realidad muy distinto del que solemos aplicar. Antes de comenzar, haremos algunas consideraciones previas importantes.

Para empezar, no percibimos la realidad tal y como es ni mucho menos: esta es tan compleja, tan llena de matices, que tenemos que aplicarle un filtro perceptual que nos permite interpretar y dar un sentido a nuestra realidad.

Para darse cuenta de hasta qué punto esto es así, proponemos ver un video siguiendo estas breves instrucciones:

> Se trata de un ejercicio de concentración. En cuanto comience el video, habrá dos grupos de tres personas cada uno, uno con camisetas blancas y otro con camisetas ne-

gras, jugando con una pelota de baloncesto. La duración del video es de menos de un minuto. El ejercicio consiste en contar los pases que se hacen entre los jugadores de camiseta blanca. Y de entre ellos, cuántos son con bote en el suelo. Puede accederse al video "Atención Selectiva" en: http://www.ahorainnova.net/recursos/.

Es importante no seguir leyendo, hasta haber visto el video y hecho el ejercicio.

¿Cuántos pases has contado?

¿Has visto algo raro?

¿Qué dirías si te dijera que ha pasado una persona disfrazada de gorila, paseando lentamente, se ha parado en medio de la pantalla golpeándose el pecho, y ha salido por el otro extremo de la pantalla? Si no lo crees, vuelve a ver el video, esta vez teniendo en cuenta que va a ocurrir lo del gorila.

Cuando hacemos este ejercicio, el 90% de la gente no ve el gorila. Esto si todo el mundo está concentrado en el ejercicio. En cuanto se distraen, piensan en otra cosa y dejan de contar, y por lo tanto es más probable que lo vean.

¿Cómo es posible que no veamos algo tan evidente?

Esto es así porque la percepción de un evento externo y su respuesta, siguen el siguiente patrón:

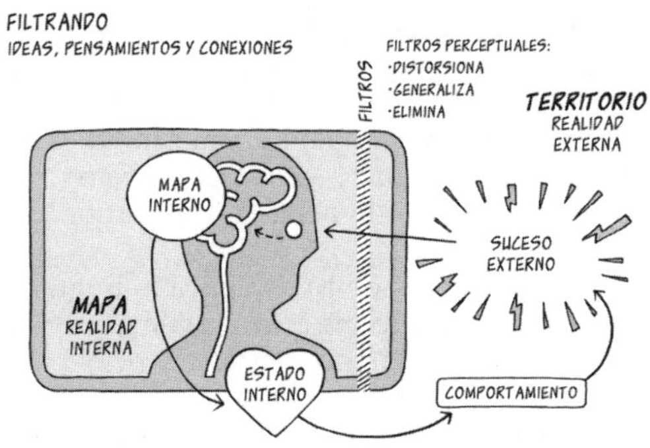

Fuente: Synectics-Altran

Digamos que cualquier evento externo pasa por unos filtros perceptuales que solo realizan tres funciones:

- Distorsiona la realidad para que encaje en nuestros esquemas personales.
- Generaliza para que sea similar a algo que ya conocemos y así lo podemos entender ("esto es como aquello...").
- Elimina, si nuestra mente ve que no le sirve para su propósito.

Después de haber sido tamizado por estos filtros, el evento es codificado según nuestro mapa interno. Se trata de una interpretación única y personal de la realidad, una simplificación que nos permite vivir en ella, aunque no sea una representación fidedigna. Es como si cogiéramos un mapa de las líneas de autobuses de una gran ciudad. Seguramente no es una representación fidedigna de la complejidad y riqueza de la ciudad, porque solo es un mapa con líneas de colores y números, pero sirve a nuestro propósito.

Después, según nuestro estado interno emocional, generamos una respuesta al evento. Parece increíble que sea así, pero hasta los más expertos se ven atrapados en las redes de su prejuicios.

Un ejemplo muy revelador es el del francotirador de Washington. En octubre de 2002, Washington vivió unos días terroríficos porque un francotirador estaba disparando a la gente (diez víctimas mortales y tres heridos) indiscriminadamente, en zonas públicas, y de un solo disparo. Era un experto. El caso es que, cuando finalmente dieron con él, también salió a la luz la insólita información de que el autor de los hechos fue detenido hasta diez veces en los escenarios de los crímenes, pero lo dejaron irse porque "no encajaba en el perfil predefinido". En realidad, no encajaba en los prejuicios de los agentes de investigación, a quienes nadie les había advertido: se supone que alguien que hace algo así es una persona amargada, introvertida, y por lo tanto actúa solo... resulta que en este caso iba con un "casi-hijo" adoptado de diecisiete años. Todos los testigos hablaban de "una camioneta blanca", y de tanto oír "blanco", los investigadores asumieron que el que conducía era blanco… y este era de color. Increíble, pero cierto. Y en realidad, todos actuamos de la misma manera: por unas inercias psicológicas que no dejan de ser prejuicios. Como decía Anaïs Nin: "No vemos las cosas como son, sino que vemos las cosas como somos nosotros".

Siendo conscientes de la tremenda carga interpretativa de lo que creemos que es la realidad, podemos construir un proceso en el que se suman las diferentes interpretaciones de diferentes personas, que han sido expuestas a diferentes estímulos provocadores, para poder encontrar los *insights* únicos que subyacen en los comportamientos observados, algo de lo que todo el grupo está convencido.

Es como la parábola de los ciegos y el elefante, descrita por el sufí Rumi, y elegida como ejemplo de la lógica paradójica oriental frente a la lógica aristotélica occidental. La parábola dice así:

Seis hindúes sabios, inclinados al estudio, quisieron saber qué era un elefante. Como eran ciegos, decidieron hacerlo mediante el tacto. El primero en llegar junto al elefante, chocó contra su ancho y duro lomo y dijo: «Ya veo, es como una pared». El segundo, palpando el colmillo, gritó: «Esto es tan agudo, redondo y liso que el elefante es como una lanza». El tercero tocó la trompa retorcida y gritó: «¡Dios me libre! El elefante es como una serpiente». El cuarto extendió su mano hasta la rodilla, palpó en torno y dijo: «Está claro, el elefante, es como un árbol». El quinto, que casualmente tocó una oreja, exclamó: «Aun el más ciego de los hombres se daría cuenta de que el elefante es como un abanico». El sexto, quien tocó la oscilante cola, acotó: «El elefante es muy parecido a una soga». Y así, los sabios discutían largo y tendido, cada uno excesivamente terco y violento en su propia opinión, y, aunque parcialmente en lo cierto, estaban todos equivocados.

Como ciegos ante una realidad escondida, crearemos un grupo de trabajo suficientemente preparado como para poder aceptar las diferencias y sumar sus visiones y creatividades parciales para encontrar esa realidad escondida.

El proceso iPower5 ™ de Synectics

El iPower5 de Synectics es el proceso completo de un proyecto de innovación basado en *insights*. Basado en las investigaciones más punteras, puede representarse de la siguiente forma:

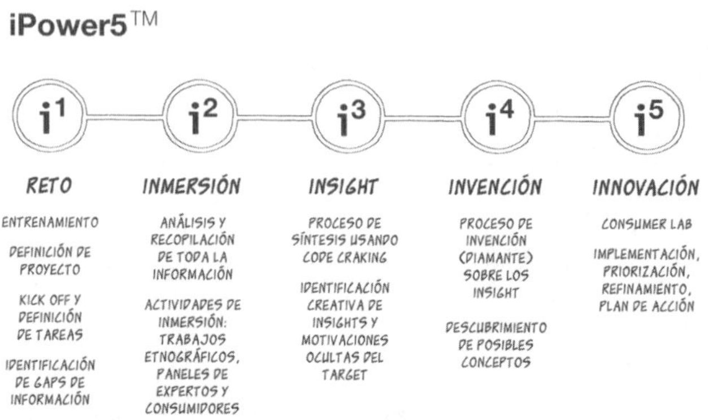

Fuente: Synectics-Altran

Veamos cada una de las fases:

1. *Reto:*
   - Creamos un equipo multidisciplinar (cuya composición explicaremos más adelante).
   - Definimos una visión conjunta del proyecto y trabajamos en su alineación con los objetivos de negocio.
   - Entrenamos al equipo en las habilidades necesarias (todo lo relevante sobre las interacciones constructivas, los procesos creativos, los tipos de pensamiento propios del Mundo de la Innovación, el proceso de resolución de problemas en equipo, etc.).
   - Volcamos en el proyecto los conocimientos más relevantes para el reto que tenga el equipo.
   - Identificamos los gaps de información, cosas que nos gustaría saber para el proyecto pero no sabemos todavía.
   - Planificamos las actividades de la siguiente fase, la de "inmersión".

Recomendamos que el *equipo de proyecto* esté compuesto por personal de demostrada valía, representantes de las diferentes funciones involucradas, tanto globales como locales, y que participe de forma voluntaria en el proyecto.

- Sponsor / Propietario del reto.
- Driver / Jefe de Proyecto.
- Un equipo *core* de hasta unas 12 personas, compuesto por representantes de diversas áreas de la organización.
- El equipo de Facilitadores y catalizadores del proceso.

Desaconsejamos subcontratar un proceso de este tipo, por las siguientes razones:

- Es importante la conexión entre información y experiencias existentes en la organización o institución y la nueva información generada durante el proceso. De esta manera, no solo conseguiremos *insights* propios y únicos, sino que además el resultante puede ser realizable por la propia organización. La información y experiencias existentes solo se pueden encontrar "en casa", por mucho que alguien venga un par de semanas a estudiar la situación.
- Los aprendizajes del proyecto son muy potentes, y no sirven solo para el reto en cuestión, sino para el resto de proyectos y actividades. Sería una pena que este conocimiento se quedase fuera y no fuese capitalizado por la organización o institución.

La subcontratación debería de darse en los Facilitadores que dirijan el proceso, sobre todo si no tenemos experiencia en él, pero el contenido inicial y los beneficiarios de los outputs, deberían de ser "de la casa".

En esta fase es importante que el equipo sea entrenado para poder realizar la siguiente etapa, la de "inmersión", con las máximas posibilidades de poder ver más allá de lo obvio, de "mirar con nuevos ojos". Esto significa:

- Escuchar y mirar de forma diferente. Confiar en la intuición.

- Considerar cualquier idea opuesta o diferente de las propias. No caer en la tentación de juzgar.
- Ser como una pizarra en blanco, abierto de mente, cuando se observa y se escucha.
- Tratar de encontrar metáforas: explorar.
- Buscar paradojas y contradicciones.
- Chequear las cosas que la gente nos ha estado diciendo durante años.
- Detenerse y preguntarse cosas como:
  - Qué es lo más estúpido que he escuchado.
  - Lo que realmente me hizo "clic" fue...
  - Lo que es relevante para otro negocio es...

Son aspectos que normalmente rechazamos por no encontrarles un sentido. Pero si han existido, nos lo han dicho, etc., es que hay algo detrás, para lo que hasta ahora no hemos encontrado una explicación.

2. *Inmersión:*
En esta etapa miraremos con nuevos ojos hacia nuevos lugares, con la mente lo más abierta posible, haciendo realidad otra de las famosas frases de Einstein: "No tengo ningún talento especial. Solo soy apasionadamente curioso":

- Escrutamos *investigaciones e informaciones existentes* (dentro y fuera de la organización o institución) que identifiquemos como interesantes, y lo hacemos con nuevos ojos, identificando aquellos aspectos que nos parecen más absurdos, puesto que son aquellos para los que todavía no tenemos una explicación.
- Añadimos nuevo conocimiento muy específico sobre los *targets*, utilizando, por ejemplo, trabajos etnográficos, entrevistas en profundidad a personas de los *target, discovery groups,* sesiones con Catalizadores y Paneles de expertos, etc.
- Existen muchos tipos de inmersión, entre los que deberá escogerse cuidadosamente para cada caso. La idea principal es conseguir estímulos suficientemente ricos para generar nuevo conocimiento sobre el tema, que permita realizar conexiones con el conocimiento existente. Algunos tipos de inmersión que se pueden utilizar son, entre otros:

- *Discovery Groups: Focus Group*s creativos utilizando técnicas metafóricas y proyectivas.
- *Observatorio de Tendencias:* Oportunidad para explorar tendencias sociales, culturales y de mercado.
- *Panel de Expertos:* Expertos que tratan profesionalmente con nuestros clientes. Expertos que se enfrentan a retos análogos desde otras perspectivas o mundos.
- *Passion Pannels:* Conexiones con clientes / consumidores / usuarios minoritarios pero con fuerte componente emocional hacia al producto, marca o reto.
- *Etnografías:* Observación de consumidores y usuarios interactuando con ellos en su entorno para ver cómo solucionan problemas y usan productos.
- *Entrevistas en profundidad* para entender "más allá de la superficie" comportamientos y emociones.
- *Semiótica: Focus* creativos usando símbolos y analogías para explorar cómo los usuarios entienden su realidad.
- *Inputs Sensoriales:* Diseñar experiencias para tocar / saborear / sentir / oír / ver conceptos y extender nuestra comprensión, construir vínculos emocionales y oportunidades de comunicación.
- *Círculos de Confianza: Focus Group*s Creativos de círculos de confianza del *target*. Recopilando información de forma indirecta.
- *Ejercicios de privación:* Privar de productos o marcas y registrar reacciones (diarios, etc.) junto con un *Focus Group*.
- *Inmersiones web:* Miembros del equipo exploran Internet de forma creativa.
- *Observaciones 360°*: trabajos etnográficos hechos en grupo, donde cada persona decide ver lo que sucede centrándose en un aspecto determinado (uno en el lenguaje no verbal, otro en lo que dicen, otro en lo que hacen, otro en el entorno, etc.). Al finalizar, se ponen en común estas "lentes" distintas y se anotan los aprendizajes.

En general, trataremos de añadir posibles pistas de información en áreas muy distintas de aquellas en las que opere la organización. Por poner un ejemplo, hace bien poco estuvimos trabajando para una empresa farmacéutica con el objetivo de innovar en el tratamiento del dolor. En una de estas actividades de inmersión, entrevistamos a un reconocido líder de sesiones de sadomasoquismo. Compartió con nosotros cómo de subjetivo es el dolor, los diferentes estadios de percepción del mismo, las diferentes estrategias para poder gestionarlo, cuál es el proceso por el que se transforma en placer, etc. Los aprendizajes para el equipo "de bata blanca" fueron muy enriquecedores, y abrieron la puerta a líneas de investigación muy distintas de las encaminadas a inventarse una nueva pastilla. De esta manera se puede llegar a cumplir la misma función con una solución muy diferente, el paradigma de la verdadera innovación.

Al finalizar la fase de inmersión se realiza una sesión de *debriefing* donde se comparten y seleccionan las conclusiones (llamados *nuggets*) más relevantes para el equipo. Esta selección, junto con la gran cantidad de informaciones, sensaciones, imágenes... sobre los *target* con la que cada miembro del equipo cuenta en este punto, nos posicionarán de manera inmejorable para abordar la identificación de los *insights*.

3. *Insight:*
   Se trata de realizar el salto entre el estímulo externo y la motivación interna. Como siempre, existen genios, personas capaces de realizar conexiones entre todo este material y descubrir los *insights*. Los que no lo somos necesitamos la ayuda de un proceso. Esta clase de proceso emplea técnicas del pensamiento creativo para adivinar sentidos y motivaciones, generar símbolos, metáforas y analogías, forzar conexiones y asociaciones y desarrollar múltiples posibilidades.

En nuestro caso, utilizamos como herramienta de trabajo el proceso Code Cracking ®, proceso desarrollado por Synectics junto con la Universidad de Yale en los años 70-80. Según las investigaciones académicas, el *insight* surge cuando se aplican los tres procesos siguientes correctamente:

1. *Codificación:* Cuando se ve en un estímulo una o más características que no eran obvias previamente.
2. *Comparación:* Cuando de repente se descubre una relación no obvia entre nueva información e información adquirida en el pasado.
3. *Re-Combinación:* Cuando se combinan elementos de un problema de una manera que no era obvia previamente. Aquí forzamos combinaciones aleatorias de las "pistas de información" para encontrar lo que explica "a la vez" esas pistas distintas elegidas al azar de entre las seleccionadas.

El proceso de *insight* no es fácil, y requiere mucha paciencia, perseverancia, esfuerzo, dosis de intuición y fe en que llegaremos a algún resultado, como todo proceso de innovación.

Un *insight* siempre empieza por "los *(target)* quieren, creen o necesitan...". De esta manera estamos seguros de que estamos hablando en términos de necesidades ocultas de nuestros clientes o usuarios, y no en función de lo que podemos hacer para satisfacerlos (todavía).

4. *Invención:*

En esta fase, utilizamos cada *insight* como una tarea, que nos sirve de base para aplicar un proceso de diamante utilizando el Proceso de Resolución Creativa de Problemas en Equipo de Synectics, explicado anteriormente. El resultante en este caso no es un plan de acción, sino un concepto de un nuevo producto, servicio o estrategia.

Cada uno de estos conceptos se materializa lo máximo posible. En algunos casos se elaboran maquetas; en otros, "hojas de concepto" con esquemas y suficiente información para entender el concepto, cómo funciona, sus características diferenciales, etc.

5. *Innovación:*

En esta última fase ya estamos trabajando para dotar del mayor grado de detalle posible a los conceptos, desarrollándolos con y sin los clientes, para poder lanzar los proyectos de implantación.

- Se realizan sesiones para enriquecer los conceptos desarrollados en la fase anterior. En estas sesiones contaremos con la participación creativa de clientes del *target;* no se trata de llevar a cabo un test de mercado sino de enriquecer los conceptos con los inputs de sus futuros clientes o usuarios. Es lo que llamamos *Consumer Labs.*
- Las conclusiones extraídas de los *Consumer Labs* serán procesadas creativamente en las actividades de *Refinement Labs* para ser incorporadas a los conceptos.
- Además se podrán realizar algunos procesos de diamante no ya para abrir el abanico a nuevos conceptos, sino para realizar la resolución de problemas de implantación si vemos es necesario en alguno de los conceptos.

Al final de todo este proceso, dispondremos de un conjunto de *conceptos innovadores* (podrán ser productos, servicios, modelos de negocio, mejoras en canales y red de ventas o en formas de comunicarnos con el *target* que sean relevantes para ellos, etc.) aplicables al mercado con un elevado potencial de éxito. Contaremos asimismo con un gran número de conceptos innovadores de naturaleza *incremental* que habrán aparecido a lo largo de todo el proyecto.

Una vez concluido el proyecto, el equipo de trabajo tendrá un *profundo conocimiento sobre los targets* analizados y habrá asimilado una serie de conocimientos que facilitarán su participación en otros proyectos de innovación. La *gestión específica del papel del sponsor* que se habrá llevado a cabo durante el proyecto evitará la necesidad de venta de los conceptos al final del mismo, dado que los conceptos que lleguen al final del proceso estarán validados desde su nacimiento por el propio sponsor.

Proceso iPower5 de Synectics-Altran aplicado internamente: un ejemplo práctico

Altran es una gran consultora multinacional, que, dada su labor en el corazón de la innovación, está muy relacionada con la I+D y la ingeniería. En España, Altran cuenta con unas 2.000 personas. En 2008, desde el departamento de RR.HH., se percibió que se tenía un "enganche emocional" cada vez más pobre con los que deberían de ser el futuro de la compañía: los jóvenes que habían acabado una carrera (principalmente técnica) y tenían menos de treinta años. Por ello, la rotación de personal en esta franja de edad era muy alta.

Sigamos el proceso iPower5 a través de este ejemplo:

1. *Issue:*
   Además de haber determinado cuál es el *target* (jóvenes de la Generación Y, menores de treinta años en el 2008, que hayan estudiado una carrera superior técnica en España), se decidieron los objetivos del proyecto:

   - Descubrir los *insights* o motivaciones ocultas de esta "población Altran".
   - Lanzar una serie de estrategias, políticas y servicios de RR.HH. que permitan hacer de Altran una empresa más atractiva para esta población.
   - Reducir el índice de rotación en un 50%.

   Se conformó un grupo de trabajo de unas doce personas, compuesto por personas de RR.HH., gerentes de diferentes áreas de negocio, personal *staff*, y personal de la división de innovación (Altran IMD), como facilitadores del proceso, y en fases del proyecto como generadores de contenido también. El equipo *core* trabaja en el proyecto temporalmente y a tiempo parcial. Si se dedica un 15-20% del tiempo al proyecto, este puede realizarse en unas catorce semanas. Jugando con el tiempo total y la disponibilidad, pueden fijarse dedicaciones realistas y cumplir los objetivos a un tiempo.

   El Cliente del proyecto debía ser la persona que decidiese sobre los conceptos por implantar. En este caso, el director de RR.HH. Todo cuanto hiciéramos debía servirle a él, puesto que era él quien debía implantar las soluciones.

Se procedió a entrenar a este grupo en técnicas de creatividad e innovación en equipo, así como en "mirar con nuevos ojos" la realidad. Se identificó toda la información relevante disponible (estudios, métricas, conclusiones de las entrevistas de salida, estudios e información externa, etc.), así como la información cualitativa que debíamos añadir, y se planificaron las actividades de la siguiente fase.

2. *Immersión:*
   Se realizaron muchas actividades de "inmersión" para conocer a la "población Altran" desde diferentes prismas. Algunos ejemplos de estas actividades:

   - Análisis de información interna existente: Encuestas de opinión, barómetro de satisfacción laboral, barómetros internos de diferentes divisiones, proyectos anteriores relacionados, revisión de las cartas de motivación de los CV recibidos, etc.
   - Análisis de información externa: estudios de agencias específicas, estudios de *Employer Branding* para ver los valores de otras marcas como Vodafone, Facebook, Apple, Google, Levi's, Adidas, etc.; estudios de mercado laboral realizados en otras empresas para *targets* parecidos como Coca-Cola, Danone, Accenture, etc.
   - Entrevistas en profundidad a gente del *target*.
   - *Focus Groups* a gente del *target*.
   - Entrevistas a personas relacionadas con el *target*: parejas de los consultores, padres, profesores de último curso, a camareros de los bares que frecuentan, etc.
   - Entrevistas a expertos en empresas como Infojobs, Mas Vida Red, TMP, etc.
   - Trabajos etnográficos: estudio de los lugares de trabajo de los consultores, *shadowing* pasando un día con una persona del target (desde ir a recogerlos a casa, desayunar con ellos, acompañarlos una jornada laboral completa...), entrevistas con cámara durante las fiestas corporativas, ir a jugar al fútbol con el equipo de la empresa, estudio de conversaciones en el ascensor y en el espacio del café, etc.

No todo el mundo realiza todas las actividades: estas se reparten entre el equipo. El objetivo es registrar todo lo que normalmente nos pasa desapercibido: las cosas que no encajan para nada, lo más estúpido que he escuchado, las contradicciones entre lo que dicen y hacen, etc. Es en las cosas a las que no encontramos sentido donde podemos descubrir motivaciones nuevas que no entendíamos antes.

El objetivo de esta fase es encontrar piezas de información únicas. Cada persona elige sus preferidas.

3. *Insight:*
En el inicio de esta fase, se pone en común el conocimiento adquirido, los aprendizajes de cada uno, y se enriquecen con las conexiones de todo el grupo. Utilizamos el proceso Code Cracking™ para forzar conexiones entre piezas unitarias de información, tomadas de tres en tres.

Al final de dos jornadas de trabajo, el grupo elige los principales *insights* descubiertos, aquellos que para todo el mundo explican la mayor parte de las observaciones y comportamientos, y que antes del proceso se desconocían. En este caso se encontraron dieciocho *insights* novedosos. Algunos de ellos (de los que podemos hablar) fueron:

- *Los consultores necesitan conocer la compensación cuantificable a sus esfuerzos antes de reutilizarlos porque el otro puede ser igual de egoísta que uno mismo.*
- *Los consultores necesitan el trabajo como medio para ampliar su red social y mejorar sus oportunidades sexuales.*
- *Los consultores son más sociales y las redes comunicativas son más amplias. Necesitan alimentarlas buscando siempre algo que contar que les permita destacar.*
- *Los consultores necesitan conocer las consecuencias de sus decisiones porque no están acostumbrados a equivocarse, tienen miedo.*
- *Los consultores necesitan crear su propia identidad apoyándose en su red social. La identidad es dinámica gracias a la cantidad, calidad y variedad de inputs.*
- *La generación Y quiere un espacio personal tecnológico que refleje su imagen.*

- *La generación Y quiere un espacio personal tecnológico donde puedan recibir reconocimiento instantáneo.*
- *La generación Y quiere apostar su autoestima solo si sabe el valor de su esfuerzo.*
- *Los consultores necesitan un grupo para tener alternativas de realizar intercambios ("yo te doy, tú me das"). En el entorno empresarial se intercambia tiempo, y el valor de este es directamente proporcional al tamaño de la red social.*
- *Los consultores quieren que la empresa encaje sus sueños y les genere otros nuevos.*
- *Los consultores necesitan sentirse guiados con la suficiente libertad para elegir su camino, para no tener que tomar decisiones que puedan no ser reversibles.*

Cuando un grupo de personas ha estado en "inmersión" durante un tiempo sobre una población, y encuentra algo que tiene sentido para él, la primera reacción a estos *insights* por parte de quienes no han estado en el proceso es: "Eeehhh… ¿y esto?". Es difícil entenderlo. Por eso, para poder presentarlos a gente externa al grupo, es importante "darles vida": para cada uno de ellos se expone la argumentación que ha llevado a él, se sitúa en el contexto, se indaga en sus consecuencias, y se ofrecen las primeras ideas de activación en forma de "qué podemos hacer con él". Incluso así, la primera reacción del presidente de Altran al ver estas necesidades y valores, tan alejados de los de su generación, fue de incredulidad, pasando a continuación a reconocer las diferencias generacionales. Ya madurado, entendió que es mucho mejor adaptarse a la realidad cambiante, que aferrarse a valores que ya no son relevantes… Una vez priorizados, estos *insights* se convirtieron en "tareas" para la fase de invención.

4. *Invención:*
   Se realizaron varias jornadas donde se llevó a cabo el proceso del diamante con cada una de las tareas, derivadas de los *insights*.

Por ejemplo, en el caso del *insight "Los consultores necesitan sentirse guiados con la suficiente libertad para elegir su camino, para no tener que tomar decisiones que puedan no ser reversibles"*, se pueden tomar dos tareas, para cada una de las cuales se lleva a cabo un proceso del diamante:

- *¿Cómo puede Altran ayudar a los consultores a que se sientan guiados con la suficiente libertad de elegir su camino?*
- *¿Cómo ayudar a los consultores a tener visibilidad de las consecuencias de las decisiones que pueden ir tomando?*

También se pueden tomar tareas "transversales" a varios *insights*, como por ejemplo:

- *¿Cómo aportar diversión y superación de retos dentro de Altran y que eso redunde en un beneficio mutuo para los consultores y para Altran España?*
- *¿Cómo puede Altran ofrecer un GPS (brújula) a los consultores y enseñarles a usarlo para que ellos mismos se autoguíen en sus principales decisiones (laborales, personales y familiares) recibiendo* feedback *y proyección de sus decisiones?*

No se trataron todos los *insights*, sino aquellos que se priorizaron de acuerdo con el carácter novedoso de los mismos, y su grado de disrupción respecto a lo que se venía haciendo en RR.HH. en otras empresas.

Después de estas jornadas, se llegó a siete conceptos finales de nuevos servicios por parte de RR.HH.

5. *Innovación:*
En esta fase se desarrollaron y pulieron los conceptos, mediante sesiones con grupos del *target* y entrevistas con expertos, donde se les planteaban los *concept boards* y se les pedía que identificaran qué les gustaba, qué no les gustaba, y cómo lo mejorarían. Asimismo, se realizaron algunas sesiones de invención mediante el proceso del diamante para solucionar algunos problemas de implantación. Por último, se estableció un plan de acción priorizado para los siguientes dos años, donde se planificaron las actividades de lanzamiento de cada uno de los conceptos.

Después de 2 años desde su implantación, la rotación se redujo en más de un 50%. En el Ranking de empresas más deseadas para trabajar, Altran ha pasado de no figurar en la lista a ocupar el 20º puesto en 2010 y el 11º en 2011 de todos los sectores en España.

La "inteligencia" en innovación

No podemos acabar el capítulo sobre procesos de innovación, sin hablar del papel fundamental de la "inteligencia", o búsqueda y procesado sistemático de información para poder tomar decisiones.

Y es que antes de innovar es importante conocer qué existe en el mundo y cómo se está utilizando, para, por una parte, implantarlo en nuestro caso sin tener que reinventar la rueda, y por otra, identificar en qué área pueden ser más fructíferos nuestros esfuerzos de innovación. Además, esta búsqueda y procesado de información también nos puede ayudar a potenciar nuestra innovación en diferentes partes del proceso.

Esta función de "inteligencia" la llevamos a cabo mediante lo que podemos llamar un "observatorio" en varios ejes.

Este observatorio ayuda a:

- Cubrir las necesidades de información que puedan surgir durante el proceso de innovación, apoyando en la toma de decisiones.
- Ofrecer inputs que fomenten la ruptura y creación de nuevas conexiones durante las fases más creativas del proceso.

La función de observación debe cubrir cuatro áreas fundamentales, que son:

- *Tecnología*: qué tecnologías emergentes están surgiendo que puedan impactar nuestra área de actividad.
- *Clientes:* cuáles son las necesidades de los clientes/usuarios/consumidores, ahora (*insights*) o en el futuro (*foresights*), que debemos cubrir.

- *Competencia/Negocio:* quiénes son los actores del mercado, con qué modelo de negocio están operando, dónde pueden existir oportunidades…
- *Entorno:* Qué aspectos sociales, políticos, económicos, etc. pueden tener un impacto en nuestra actividad.

Lo hemos bautizado "El Trébol", y podría representarse de la siguiente manera:

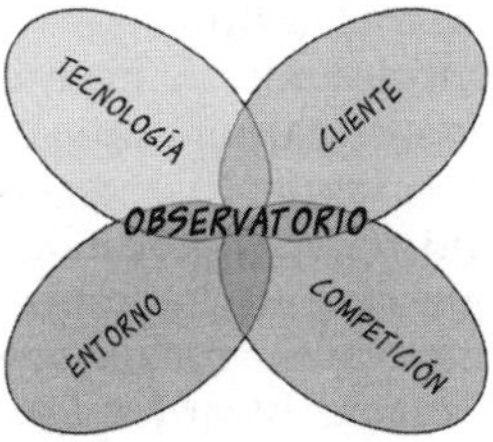

Fuente: Synectics-Altran

Existen ya muchas funciones de observación sistemática de estas áreas, pero normalmente se tratan por separado.

El verdadero valor es el cruce de información entre estas cuatro áreas. Así, podremos por ejemplo identificar nuevas tecnologías con el potencial de satisfacer mejor necesidades de un grupo de clientes, operando un modelo de negocio que tome lo mejor de nuestros competidores, y en un entorno favorable. Este cruce de información es de gran valía tanto para la toma de decisiones como para la ruptura y creación de nuevas conexiones.

Dentro de cada una de estas áreas se pueden realizar múltiples y diferentes actividades de observación.

Veamos algunos ejemplos:

- *Área de Tecnología:* se suelen llevar a cabo actividades de "radar tecnológico" que permiten identificar, seleccionar, clasificar y analizar tecnologías facilitando la toma de decisiones de acuerdo con los intereses de la organización. Esta actividad facilita entre otras cosas conocer el atractivo de la tecnología en el contexto de negocio de una organización; el estado de madurez de la tecnología y previsión para alcanzarla (tiempo de productividad); el análisis desde el punto de vista de negocio: impacto en el negocio (beneficios y riesgos); costes de implantación y proveedores de la tecnología.
- *Área de Competidores:* se llevan a cabo actividades de vigilancia y *benchmarking* de competidores basado en

modelos de negocio: clientes, *offering* de productos, recursos y procesos clave, alianzas, etc. Utilizamos habitualmente el modelo del Business Model Canvas descrito en el fantástico libro *Business Model Generation* de Osterwalder, Pigneur y Smith's. Gracias a esta representación de los diferentes elementos de un modelo de negocio, se pueden comprar fácilmente modelos de negocio de diferentes empresas, y sobre todo a partir de él se puede pensar en nuevas alternativas dentro de nuestro propio modelo de negocio.

- *Área de Clientes:* se realiza la identificación de necesidades, creencias o deseos de clientes. Supone un conocimiento profundo de sus comportamientos y de las motivaciones que influirán a la hora de aceptar nuestras soluciones. Utilizamos habitualmente los procesos para encontrar *insights* descritos en el capítulo 5, y una variación de los mismos para encontrar los *foresights*, que son los *insights* del futuro: realizamos hipótesis con mucha base sobre las necesidades de ciertos grupos de poblaciones dentro de 10 o 20 años.
- *Área de Entorno:* se realiza una recopilación y análisis de información relevante del entorno político social, económico y medioambiental con implicaciones directas e indirectas en negocio. Apoyo en el análisis de información relevante sobre inversiones y despliegues internacionales, análisis de mercado regulatorio, estudios de riesgos.

Para todas estas actividades englobadas en la función de observación, es conveniente seguir un proceso de inteligencia para convertir los datos encontrados durante la observación en sabiduría (idealmente), pasando previamente por diferentes estados como se muestra a continuación:

Fuente: Synectics-Altran

A medida que avanzamos en el espectro de inteligencia, disminuye el gap de riesgo en la toma de decisiones. Es decir, el riesgo en la toma de decisiones disminuye cuando esta se basa en información en lugar de datos; disminuye aún más cuando se toma en función del conocimiento en lugar de información o datos, y así sucesivamente hasta llegar a la sabiduría, que es el estado de menor riesgo para la toma de decisiones, pero a la vez el más difícil de alcanzar.

Por otro lado, la calidad de ruptura y creación de nuevas conexiones aumenta a medida que avanzamos dentro del espectro de inteligencia.

A lo largo de este capítulo hemos aprendido que se puede aprender a innovar. Existen numerosas herramientas, técnicas y procesos. Algunos de ellos los hemos podido ver en detalle. Para poder aplicarlos con éxito es necesario saber cómo interactuar en equipo, ya que es en un equipo diverso donde podemos ser realmente innovadores, teniendo en cuenta la complejidad de las realidades que nos ha tocado vivir.

Todo ello, procesos, técnicas y habilidades, se queda en agua de borrajas si no partimos de una premisa esencial: el coraje de innovar. George Prince, el fundador de Synectics, cuyos conocimientos se destilan en el corazón de todas estas metodologías, dejó claro al final de sus días qué es en definitiva la innovación: "Innovación es, ante todo, una demostración de coraje, de valentía".

Resumen del capítulo

- Las ideas iniciales en un proceso creativo no tienen por qué ser factibles. No hay ideas buenas o malas, sino simplemente ideas, y cuantas más tengamos, mayores posibilidades reuniremos de descubrir alguna realmente novedosa.

- El tipo de pensamiento propio del Mundo de la Innovación es el pensamiento evolutivo, y una técnica para llevarlo a cabo es la evaluación constructiva, que permite construir factibilidad de una idea novedosa pero no realizable de momento.

- El Proceso de Resolución de Problemas Synectics, o proceso del diamante, consta de una fase divergente donde podemos usar las técnicas de creatividad, como las excursiones mentales. Después pasaremos a una selección basada en el atractivo y novedad pero nunca en la factibilidad. Y finalmente llegaremos a una fase convergente, donde aplicaremos el pensamiento evolutivo con el fin de encontrar una posible solución y un plan de acción.

- En las fases iniciales de la innovación, la factibilidad y la novedad son dos polos opuestos de la misma balanza: cuanto más nueva es una idea, menos factible la vemos inicialmente, y viceversa. Por eso es muy importante no aplicar parámetros de selección de ideas demasiado operativos, demasiado pronto.

- En un proceso de innovación, conviene empezar por conocer en profundidad a los clientes/usuarios/consumidores a los que nos queremos dirigir, para, sobre ellos, inventarnos nuevas soluciones.

- Un *insight* es un descubrimiento de las motivaciones ocultas que explican los comportamientos, y es la clave para un proceso de innovación exitoso.

- El proceso iPower5 de Synectics es un proceso de Insight-Led Innovation que nos permite guiar a un grupo diverso a través del descubrimiento de los *insights* o motivaciones ocultas de nuestro *target*, inventar nuevas formas de satisfacerlos, y trasladar esas innovaciones a planes de acción concretos.

- El *insight* se consigue cuando rompemos las conexiones evidentes entre información conocida y forzamos relaciones entre esta y la nueva información generada a partir de un contacto directo.

- Los procesos de innovación son iniciados por una función observatorio, que plasma la "inteligencia de la innovación", ayudando a tomar decisiones, alimentando el proceso y permitiendo identificar los retos sobre los que trabajar. Este observatorio consta de cuatro ejes principales: tecnología, clientes, competencia y entorno. La verdadera riqueza se encuentra en el cruce de la información de cada eje.

6

¿Cómo construir una organización más innovadora?

Ninguno de nosotros es más brillante que todos nosotros juntos
Proverbio japonés

Hemos visto que en los tiempos que corren la innovación es necesaria, ya no solo para competir y diferenciarse, sino también para sobrevivir. También hemos planteado cómo la innovación empieza en uno mismo, en el coraje de querer hacer algo distinto. Y hemos descubierto, asimismo, que existen procesos estructurados y prácticos que permiten a cada uno de nosotros innovar *cuando lo necesitamos.* Pero en nuestros días ya no es suficiente con hacerlo en un momento determinado. Las organizaciones, de cualquier tipo, deben ser capaces de construir su "bicicleta", aquella que les permita sistemáticamente descubrir nuevas tierras, y avanzar de forma eficiente abriendo caminos, tal y como vimos en el capítulo 2.

Ahora bien, ¿cómo es posible ir construyendo esa organización innovadora? ¿Cuál es la mejor estrategia? ¿Por dónde se empieza? ¿Cómo se mantiene? ¿Cuáles son los principales elementos que deben tenerse en cuenta? A lo largo de este capítulo propondremos un proceso de construcción de una organización cada vez más innovadora que desde Synectics-Altran hemos puesto en práctica en multitud de organizaciones líderes.

Cuando decidimos que una organización sea más innovadora, estamos hablando de varias dimensiones a la vez: estructuras organizativas, procesos, equipos, clima, individuos... Pero, sobre todo, estamos hablando de lo que denominamos *cultura* de la organización, que determina los *comportamientos* generalizados a todos los niveles. Y esto es lo más difícil de cambiar. Para que una organización sea innovadora como tal, necesitamos que se generalicen una serie de comportamientos en todos los niveles y funciones, además de asegurarnos de que todos estén capacitados para encontrar y aplicar nuevas soluciones a sus problemas. Y a tal fin tendremos que utilizar en mayor o menor medida todas las palancas antes mencionadas.

Nos encontramos en el difícil campo del cambio organizativo, con la dificultad añadida de que no solo vamos a pedir a las personas que cambien, sino que, además, ese cambio debe consistir en pensar de una forma diferente, siendo más creativos e innovadores.

Se puede afrontar el reto de muchas maneras. La experiencia nos dice que una de ellas no va a funcionar. Y es justo la que muchos tratan de emprender, utilizando las mismas estrategias de implantación de procesos del Mundo Operacional. Es una estrategia tan errónea como, por desgracia, frecuente: lanzar un gran programa corporativo de cambio cultural, hacia una cultura de innovación es justo lo que deberíamos evitar. Y si lo hacemos, no debemos comunicarlo oficialmente. Los grandes procesos corporativos generan grandes rechazos corporativos; las corazas defensivas de la organización se activarán, y conseguiremos justo lo contrario de lo que perseguimos: "bolsas" de colectivos tratando de torpedear el proceso, en lugar de lograr que se sumen al carro para tirar de él.

Después de haber ayudado a cientos de grandes organizaciones, y de observar los resultados obtenidos en miles de procesos de cambios organizativos, en Synectics-Altran podemos recomendar la aproximación a este proceso de construcción de una organización más innovadora con mayor probabilidad de éxito: empecemos a innovar sobre cosas concretas, obteniendo resultados, y sobre ellos, vayamos ganando compromiso, para ir creando una cultura de innovación y construir una organización más innovadora... y no al revés. Dicho de otro modo, es mucho más efectivo empezar a andar e ir haciendo un camino, mientras se va sumando cada vez más gente a proyectos concretos, que dedicar valiosos recursos a construir una fantástica autopista por la que, al final, nadie quiera transitar.

Esta aproximación "haciendo el camino al andar" se puede desarrollar mediante tres grandes fases:

1. Primero hay que concentrarse en conseguir unos buenos resultados en áreas de negocio identificadas como importantes, y después darles visibilidad. Para ello, aplicaremos los nuevos procesos, "set mentales", climas, etc., que generalizaremos luego, con el fin de conseguir esos resultados en las áreas estratégicas.

2. Una vez hayamos comunicado sobre el éxito, y hayamos aprendido con la puesta en práctica de los nuevos procesos, podemos empezar a trabajar en el cambio de forma más general.

3. Finalmente, habrá que seguir trabajando, ganándose a las personas para que apoyen las nuevas ambiciones, y así el ciclo iniciado pueda seguir funcionando.

El proceso macro de construcción de una organización más innovadora que proponemos aquí tiene en cuenta los principales elementos identificados por el genio del cambio John Kotter, y sigue los postulados establecidos por Rick Harriman en su libro *Creativity Inc.*, en el que aplica los conocimientos de Kotter a las especifidades del cambio hacia una organización creativa e innovadora. Este proceso macro se podría esquematizar del siguiente modo:

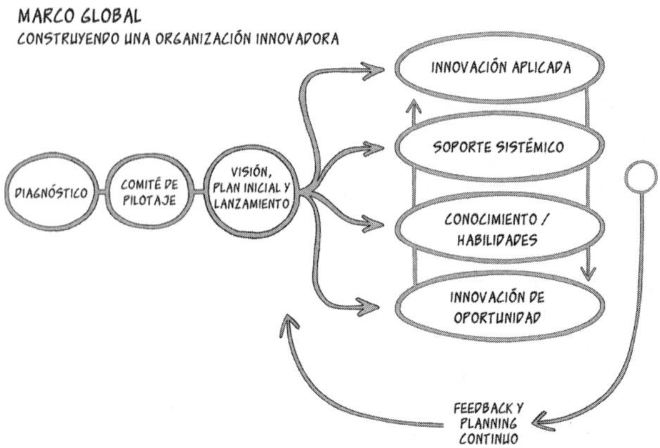

Fuente: Synectics-Altran

Veamos cada uno de los elementos principales:

1. Diagnóstico

Es recomendable realizar un diagnóstico del estado actual de la organización en cuanto a la creatividad e innovación organizacional, para conocer el punto de partida, identificar los elementos organizacionales que deben considerarse (tanto fortalezas como debilidades) y poder evaluar los avances en períodos que suelen ser anuales.

La literatura teórica y empírica establecida sugiere que el grado de creatividad e innovación que se da en una organización está determinado por una serie de factores concretos, aunque pueden variar ligeramente de una organización a otra. Synectics ha desarrollado una serie de factores que explican y predicen la creatividad y la innovación, construyendo sobre las teorías establecidas gracias a más de 50 años de experiencia en facilitar procesos para organizaciones líderes, diseñados para fomentar enfoques creativos, y generar pensamiento radicalmente nuevo.

Los perfiles generados permiten entender las fortalezas específicas que pueden ser extendidas y potenciadas, y las debilidades que deben ser trabajadas, basándose en el orden relativo de los factores organizacionales. Se han identificado un total de 29 factores, que están clasificados por parámetros organizacionales, personales y de proyecto. Diseccionemos cada uno de ellos:

a. Factores organizacionales:

1. Ambiente seguro:
   En un ambiente, seguro las personas se sienten cómodas corriendo riesgos, tanto en la propuesta de nuevas ideas como en el intento de ejecutarlas. No se evalúa ni critica, y las ideas se expresan sin miedo a ser censuradas. Los fallos son inevitables al explorar territorios desconocidos.

2. Premio y reconocimiento:
   Los comportamientos que son premiados y reconocidos tienden a convertirse en los dominantes. Si una organización reconoce y premia de forma efectiva las iniciativas totalmente nuevas, se incrementará el nivel de creatividad e innovación.

3. Toma de decisiones participativa:
   Empleados de cualquier nivel pueden hacer contribuciones únicas y de valor en el proceso. Cuando las personas participan en la toma de decisiones, se involucran más, y están más comprometidas y conscientes en sus trabajos. Los empleados con capacidad de decisión generan más ideas, toman decisiones ágiles, y son capaces de transformar las ideas en algo de valor de manera más rápida. Personas e ideas se ponen en común a nivel inter- e intradepartamental, para tomar decisiones y solucionar problemas.

4. Interacción con el grupo:
   La manera en que los miembros de un grupo interactúan es un indicativo importante de la capacidad de trabajo creativo e innovador del grupo. Los miembros de un grupo deberían confiar y respetarse entre sí, además de valorar las contribuciones de cada uno y comunicarse de forma efectiva.

5. Trabajo Estimulante:
   Si las personas piensan que su trabajo es importante, significativo y retador, tenderán a ser más creativas e innovadoras; se sienten estimuladas en un clima organizacional que sea energético y animado.

6. Tiempo suficiente:
   La disponibilidad de tiempo es crucial para el proceso de creatividad e innovación. Las personas deben poder realizar una pausa en el duro trabajo y contemplar nuevas alternativas y enfoques superiores.

7. Recursos adecuados:
   La capacidad de hacer cosas de forma diferente requiere el acceso a recursos apropiados. Estos recursos deberían estar disponibles no solo para completar las tareas asignadas, sino también para iniciar nuevos proyectos.

8. Autonomía:
   Para poder ser creativos e innovadores, los individuos requieren de una considerable libertad y autonomía para trabajar de forma independiente, incluyendo la habilidad de determinar agendas y prioridades.

9. Apoyo de la Dirección (General):
   La creatividad e innovación necesitan fomentarse y estar apoyadas desde arriba. La responsabilidad última recae en la Dirección, que necesita tener una visión que sea comunicada, enfatizada y adherida.

10. Apoyo del jefe directo:
    Los jefes necesitan comunicarse de manera efectiva y proveer *feedback* regular y constructivo. Deben definir objetivos claros, pero deberían fomentar que los colaboradores cumplan estos objetivos de formas diferentes y únicas.

11. Tecnología adecuada:
    La tecnología está siendo utilizada de manera creciente como un medio necesario para que una organización sea creativa e innovadora. La información debería poder obtenerse de forma instantánea, y por tanto se in-

crementa la cantidad de información con la que se tiene que trabajar.

12. Los jefes como líderes creativos:
    Los líderes a todos los niveles afectan la creatividad e innovación en la empresa. Los jefes directos deben entender, y mostrar, comportamientos creativos, siendo generadores efectivos de ideas.

13. Comunicación efectiva:
    Una comunicación efectiva es crítica para una organización exitosa. Una buena comunicación entre colegas es importante para que los proyectos tengan éxito, y una comunicación efectiva a través de la organización es también necesaria.

14. Cantidad de trabajo:
    En una organización creativa, los empleados deben tener la oportunidad de poder concentrarse en la creatividad e innovación. Las cargas de trabajo deben estar asignadas de tal manera que se permita a las personas dedicar suficiente tiempo y energía a perseguir la creatividad.

15. Aversión al riesgo organizacional:
    La creatividad implica riesgo. Una organización debe tolerar suficiente riesgo para permitir que las ideas creativas lleguen a tomar forma. Organizaciones con una gran aversión al riesgo reprimen muchas oportunidades creativas.

16. Adaptabilidad:
    La habilidad para adaptarse al cambio es la marca de una organización exitosa. Una organización que sea flexible, dinámica, y que pueda adaptarse fácilmente al cambio necesario tendrá éxito.

17. Acceso a la información de proyecto:
    El acceso al conocimiento e información de una compañía permite a los empleados mejorar fácilmente, perpetuar los éxitos y aprender de los fracasos. Las empresas que no consigan un fácil acceso al conocimiento por parte

de los empleados corren el riesgo de repetir errores y promocionar ineficiencias.

b. Factores personales:

1. Conocimiento horizontal:
   Posesión y adquisición de conocimiento extenso a través de diferentes disciplinas y dominios.

2. Conocimiento especializado:
   Posesión y adquisición de conocimiento dentro de una disciplina o dominio.

3. Conocimiento en profundidad:
   El grado en que una persona tiene la comprensión, maestría, pericia, y conocimiento profundo en uno o varios dominios.

4. Búsqueda de conexiones:
   Proceso cognitivo reconocido por la habilidad de identificar pautas comunes, sintetizar información y realizar nuevas relaciones.

5. Ruptura de conexiones:
   La habilidad de cuestionar, deconstruir, y separar supuestos comúnmente dados por válidos.

6. Creatividad:
   El grado en que una persona se considera a sí misma imaginativa, con recursos y capaz de generar ideas.

7. Habilidad para implementar ideas:
   Destreza para implementar ideas a pesar de los obstáculos.

c. Datos de proyecto:

1. Éxito (o expectación de):
   El proyecto ha sido considerado un éxito, y se han cumplido los objetivos marcados de rendimiento.

2. Radical/innovación:
   El proyecto ha significado una mejora respecto a productos o procesos anteriores, y ha representado un gran avance en tecnología, conocimiento, etc.

3. Conocimiento actual utilizado:
   El proyecto ha incorporado competencias *core*, ha usado y construido sobre conocimiento, estrategias, tecnología y capacidades existentes.

4. Nuevo conocimiento utilizado:
   El proyecto ha requerido aprender nuevos métodos y procedimientos, así como aprender de diferentes fuentes de conocimiento.

El diagnóstico se realiza mediante un *mix* de entrevistas personales y un cuestionario donde se evalúan cada uno de estos parámetros. Además de preguntas relativas a los factores explicados, conviene siempre añadir una variable muy cualitativa, pero enormemente enriquecedora: pedir a los encuestados una metáfora de cómo ven ellos la organización respecto a la creatividad y la innovación. Las metáforas son muy ricas en matices, y permiten hablar de cosas sensibles de forma indirecta. Además, la cantidad de información cualitativa en muy poco espacio es insuperable. Una lectura de las metáforas descritas por los empleados de la organización nos aportará una idea muy ajustada de lo que la gente "siente" respecto a la misma y sus capacidades en creatividad e innovación.

Recomendamos, además, realizar un análisis léxico y sintáctico de estas metáforas. El análisis léxico identifica las palabras con contenido (que no sean artículos o proposiciones) más repetidas en las metáforas. Por ejemplo, en un diagnóstico sobre una empresa de consultoría, se realizó un análisis léxico de más de 300 metáforas, y las palabras más repetidas, por este orden, eran: "niño", "árbol", "joven", "crecer"... Estaba claro que la gente percibía la organización en la que trabajaban como algo que estaba empezando, algo con gran potencial que estaba todavía formándose en sus primeras etapas. Muy distinto de otro caso en el sector de las telecomunicaciones donde las palabras más repetidas eran: "elefante", "dinosaurio", etc. Por su parte, el análisis sintáctico identifica el sentido de las metáforas, clasificando estas en positivas, negativas y neutras.

Con toda esta información (resultados de los cuestionarios, entrevistas personales, análisis de las metáforas), se pueden identificar las fortalezas y debilidades *sistémicas* de la organización en cuanto a sus capacidades para la creatividad y la innovación. Decimos que un factor es sistémico cuando, desde cualquier perspectiva que se mire, siempre se observa esa debilidad o fortaleza.

Estos resultados van a permitirnos conocer el punto de partida, las fortalezas con las que contamos y que habrá que capitalizar en los esfuerzos de construcción de una organización más innovadora, y las principales barreras por vencer.

2. Lanzamiento y plan inicial

La siguiente fase a abordar es el lanzamiento del programa, y establecer los principales ejes de actuación. Debemos realizar varias tareas importantes en esta fase:

a. Desarrollar un comité al más alto nivel que vaya a pilotar la iniciativa.
b. Construir un plan de innovación inicial.
c. Elegir las primeras iniciativas de innovación.

Profundicemos en cada una de ellas:

a. Desarrollar el "comité de pilotaje":
Para que una iniciativa de este tipo tenga éxito, debe partir o al menos estar apoyada al más alto nivel posible.

Para ello conviene construir un comité, donde además del director general o consejero delegado, estén representadas las principales áreas afectadas. Este comité no tienen por qué ser un copia del comité de dirección: seguramente no todas las áreas deban estar representadas, y quizá no es preciso que se trate en todos los casos de los máximos responsables de cada área: se necesita a personas con suficiente poder político, pero también muy abiertas de mente, con influencia para ayudar a impulsar los cambios necesarios.

Este comité de pilotaje será el encargado de evaluar los resultados del diagnóstico; construir una *visión* de lo que se pretende conseguir; establecer las prioridades; aprobar el primer plan de innovación; elegir, lanzar y esponsorizar las primeras iniciativas de innovación; y ayudar a vencer las barreras organizacionales y políticas.

El personal directivo de una organización que todavía no es muy innovadora, suele ser excelente en el Mundo Operacional. Por eso mismo, conviene ofrecer una primera formación de inmersión en el Mundo de la Innovación, para conseguir que lo entiendan y lo impulsen en la organización: cómo apoyar la innovación, sus barreras, la comunicación y el lenguaje necesarios, las decisiones que van a tener que tomar y apoyar, y el tipo de mensajes que se esperará de ellos para fomentar una cultura de innovación, etc.

b. Construir un plan de innovación inicial:
Es importante trabajar en un plan inicial, suficientemente concreto como para poder empezar a caminar, y suficientemente abierto como para ir incorporando los cambios necesarios a medida que se avance y se aprenda a lo largo del programa. Como decía Christensen, para innovar no es tan importante un buen plan de trabajo como un buen plan de aprendizaje.

Dependiendo del grado de madurez de las actividades de innovación de la organización, este plan inicial puede contener elementos como:

- Una visión de lo que queremos conseguir: una descripción inspiradora del futuro asumiendo el éxito. Debería ser el comité de pilotaje el que elaborase de forma colaborativa esta visión.
- Con qué modelo de innovación vamos a comenzar: el proceso macro de la gestión de las actividades, donde estén incluidas las fuentes de la innovación, los proce-

sos de su ejecución, los elementos de decisión en las diferentes fases, los elementos de gestión del proceso, qué y cómo se va a medir, etc.
- Cuáles van a ser las áreas iniciales de trabajo, los retos sobre los que lanzar la "innovación aplicada".
- Cualquier otro elemento que ayude a avanzar, sin encasillarnos todavía en procesos que definan cosas que todavía no conocemos.

c. *Elegir y lanzar las primeras iniciativas de innovación aplicada:* Como decíamos al principio de este capítulo, es importante empezar a caminar lo antes posible para ir aprendiendo y conseguir el compromiso de la gente sobre los resultados que vamos consiguiendo. Las áreas sobre las que se lanzan estas primeras iniciativas de innovación son muy importantes. Cada una de estas iniciativas deberá constituir la resolución de retos importantes para la organización, con el ánimo de:

- Conseguir resultados en áreas claves del negocio, usando las metodologías y herramientas de innovación que queremos que se generalicen al final del proceso, demostrando que estas son útiles y no son "una moda".
- Conseguir movilizar a las mejores personas para que integren los equipos de trabajo. Queremos tener éxito, y para eso necesitamos a buenos profesionales. Normalmente los mejores son los más ocupados, y nadie va a conseguir liberarlos de sus importantes tareas, a no ser que el reto sea realmente estratégico y, por lo tanto, merezca la pena.
- Poder dar visibilidad a los éxitos al final del proceso, y que estos movilicen las energías del resto de la organización.
- Utilizar estos proyectos como "pilotos" para que nos permitan identificar las principales barreras organizativas con el objeto de poder llevarlas a cabo, empezando a actuar sobre ellas, para que la organización se vaya haciendo más apta a la hora de generar innovaciones.

3. Innovación aplicada.

Como decíamos al principio del capítulo, se trata de empezar a obtener resultados en áreas importantes del negocio, para ir dando ejemplo de lo que se puede conseguir. Hay que concentrarse en áreas muy concretas, en lugar de tratar de cambiar la organización de golpe mediante un gran proceso de cambio cultural que solo conseguirá activar todas las "defensas organizativas". En cada una de estas iniciativas se aplicarán los procesos que luego generalizaremos en la organización. Recomendamos seguir el proceso iPower5™ explicado en el capítulo 5 como punto de partida, introduciendo las variaciones necesarias para cada caso.

¿Por qué es importante empezar a trabajar en Iniciativas de Innovación concretas?:

- Vamos a formar a equipos multidisciplinares que empiezan a trabajar juntos.
- Se empieza a formar en procesos, herramientas y habilidades a personas clave, para un objetivo determinado.
- Probamos la implantación de procesos nuevos, con sus sistemas de seguimiento y control.
- Ayuda/obliga a dar pasos importantes a la dirección, que se confronta con la realidad de impulsar una "cultura de innovación", y deja de ser una aspiración.
- Se empiezan a asignar recursos (humanos y monetarios).
- Se establecen iniciativas de cambio.
- Se comprueban/validan las verdaderas barreras sistémicas y de inercia psicológica identificadas en el diagnóstico.
- Se empieza a flexibilizar las estructuras, puesto que la ejecución de estas iniciativas necesitará cambiar algunos aspectos de los procesos y paradigmas actuales.
- Se avanza hacia una cultura de innovación al empezar a usar procesos de innovación que conducen a resultados, y que son replicables en el día a día.

Suele ser recomendable lanzar unas tres o cuatro iniciativas de innovación, en áreas diferentes: algunas consistirán en el lanzamiento de nuevos productos o servicios; otras, en algo interno, como la reorganización de la red de ventas, etc. También conviene tratar diferentes escalas temporales: algunas iniciativas se plantearán a largo plazo, otras a corto plazo, etc. De esta forma conseguimos "probar" la organización en sus diferentes ejes, y también nos aseguramos de que algunas de estas iniciativas tendrán suficiente éxito como para poder capitalizar después los resultados.

Para cada una de las iniciativas habrá que elegir un equipo de trabajo: entre ocho y doce personas por iniciativa; una de ellas será un jefe de proyecto, y el resto de participantes representarán la "cadena de valor interna" del área que tratemos. Además, cada iniciativa contará con un sponsor al más alto nivel, preferentemente algún miembro del comité de pilotaje, y en dicho comité se realizará un seguimiento mensual del estado de cada iniciativa.

Diez personas de media multiplicadas por cuatro iniciativas nos da unas 40 personas clave de la organización embarcadas en el aprendizaje y puesta en práctica de los nuevos procesos de innovación, no porque sea "la moda", sino para resolver retos estratégicos de la compañía. Cada una de estas personas dedicará una parte de su tiempo a la iniciativa, y cuando esta concluya y se comuniquen sus resultados, comentará con sus compañeros su experiencia. Además, gran parte de sus aprendizajes podrán ser aplicados en su trabajo diario. Si esta experiencia es positiva, el resto del personal deseará participar en la próxima iniciativa, querrán practicar las mismas habilidades de estas personas clave, y empezarán a pedirnos sumarse al cambio. Es justamente lo que necesitamos: en lugar de tratar de "empujar" para que la gente adopte los nuevos procesos innovadores, conseguiremos que sea la gente la que "tire" de nosotros para sumarse a la iniciativa.

4. Soporte sistémico

Mensualmente, el comité de pilotaje debería reunirse para ver cómo están avanzando las iniciativas o proyectos de innovación. Es muy probable que en estos proyectos surjan problemas inesperados: barreras de alguna parte de la organización, dificultad en compaginar los procesos de su trabajo cotidiano con los nuevos procesos de innovación, etc. Algunas de estas barreras seguramente hayan sido previstas en la fase de diagnóstico, y otras serán un descubrimiento empírico. Será necesario el poder jerárquico y político de los miembros del comité para poder ir introduciendo los cambios necesarios para la buena marcha de las primeras iniciativas, que abrirán camino a los siguientes proyectos y actividades de innovación.

Es muy probable que, a la vista de las dificultades reales encontradas, se precise tomar decisiones sobre cómo ajustar mejor la organización para que este tipo de iniciativas puedan sobrevivir. Es lo que llamamos el "soporte sistémico", porque se trata de construir el sistema que sea capaz de soportar las actividades propias del Mundo de la Innovación, y su engarce con las actividades propias del Mundo Operacional, que al fin y al cabo es el que está dando de comer actualmente a la organización.

Por mucho que hayamos previsto en nuestro plan inicial cómo poder organizar todo esto, ahora estamos empezando a ver la realidad, normalmente más dura de lo previsto, y se hace necesario "hacer el camino" por el que transitar. Algunas de las áreas en las que seguramente tengamos que trabajar en esta fase son:

- Tiempo y espacio disponible para innovar.
- Organización y estructuración de la innovación.
- Esquemas organizativos y relaciones en los procesos.
- Asignación de capital (porcentaje asignado en los presupuestos para la innovación incremental, "bolsa" dispuesta para la innovación significativa y transformadora, etc.).
- Ambiente para la asunción de riesgos en diferentes departamentos.
- Sistemas de ideas para empleados, y opciones de desarrollo de las mismas.
- Visibilidad de las innovaciones y celebración de los éxitos.
- Sistemas de reconocimiento y recompensas.
- Etc.

Para cada una de las áreas identificadas, el comité deberá asignar un plan, con un seguimiento posterior de los cambios aplicados y sus resultados. De esta manera podremos poner en marcha un ciclo de aprendizaje continuo, sobre la innovación aplicada, imprescindible en estas primeras fases.

5. Adquisición de capacidades

Son muchas las organizaciones que quieren comenzar por este aspecto para construir una organización más innovadora, o implantar una "cultura de innovación".

Uno de los problemas de empezar a formar a la gente en creatividad e innovación es que todavía desconocemos las necesidades reales de formación de las diferentes áreas, porque no se sabe "para qué" van a necesitar la formación. Y por tanto esta es ineludiblemente demasiado genérica. Además, los sistemas y procesos todavía no han cambiado, por lo que las personas tendrán muy pocas oportunidades de poner en práctica lo aprendido, y seguramente lo olviden en muy poco tiempo. El dinero que hayamos invertido no servirá de gran cosa, y lo que es peor, la gente se quedará con la idea de que esto de la creatividad y la innovación en realidad no sirve para nada...

Por último, una formación masiva para todo el personal en técnicas y procesos de creatividad e innovación es la mejor manera de dar una señal de un gran programa corporativo de cambio, que, como hemos dicho, suele dar al traste con las probabilidades de éxito. Casi todas las organizaciones observadas que comienzan así, al final han tirado el dinero a la basura y no han conseguido mantener la iniciativa de cambio hacia una organización más innovadora.

Es mucho más efectivo empezar con un perfil bajo, organizar un comité de pilotaje que decida un plan inicial, elegir unas tres o cuatro iniciativas sobre las que aplicar los nuevos procesos, haber elegido y formado a algunas pocas decenas de personas clave en la organización en creatividad e innovación aplicadas a esos retos, esperando a que la gente pida más, y disponer de otra manera los engranajes de la organización para que esta pueda soportar las nuevas iniciativas.

En este momento, ya sabemos a quién podemos formar y en qué, dependiendo de a qué parte del engranaje pertenece, y las personas formadas tendrán la oportunidad de aplicar lo aprendido enseguida. Además, estarán mucho más receptivos a recibir estas formaciones, puesto que querrán ser las personas "estrella" que han participado en esas iniciativas que "tan bien han salido", y donde han aprendido a ser más creativos e innovadores.

Las formaciones en este punto son muchas y variadas. Por ejemplo:

- Talleres de innovación en equipo, donde se enseña a grupos a trabajar juntos para resolver problemas del día a día.
- Talleres de creatividad e innovación individual, con procesos como los de innovación sistemática o TRIZ.
- Talleres de Insight-Led Innovation, para los que puedan ejecutar proyectos de innovación a partir de unas necesidades muy bien entendidas de los "clientes" internos o externos.
- Talleres de facilitación de la innovación, para tener dentro de la organización a facilitadores profesionales que puedan ayudar a las diferentes áreas a innovar cuando lo necesiten.
- *Master classes* de innovación para los equipos directivos que tengan que promover la innovación en sus organizaciones.
- *Coaching* en innovación para conformar los equipos de innovación interna.
- E infinidad de posibilidades de formación concretas, dependiendo de las necesidades encontradas.

6. Innovación de oportunidad y realimentación del ciclo: consolidando el modelo de innovación

Una vez iniciado el ciclo, debemos continuar alimentándolo con nuevos retos para seguir aplicando lo aprendido, involucrando cada vez a más gente clave de la organización. Para ello, es importante estar atentos a las oportunidades que surgen para poder innovar, buscándolas activamente en diferentes frentes.

Los siguientes retos pueden ser de menor calado, no todos tan estratégicos, hasta llegar a una cartera de proyectos de innovación más equilibrada. Este mix de tipo de proyectos de innovación varía según el tipo de organización, el sector en el que opera, su ciclo de madurez, su posición competitiva, etc., pero, sobre todo, según la estrategia que se desee implementar.

De manera estándar, podríamos decir que una cartera "sana" de proyectos de innovación podría estar compuesta por:

- Un 15% de proyectos realmente estratégicos y de más largo plazo (uno o máximo dos proyectos a la vez). Estos son los proyectos de innovación más transformacional. Podríamos llamarlos "proyectos A".
- Un 35% de proyectos disruptivos en alguna de las áreas importantes de la organización. Los llamaremos "proyectos B".
- Un 50% de proyectos de innovación incremental, introduciendo mejoras en el día a día de la organización. Serían los "proyectos C".

El origen de estos nuevos retos también debe empezar a variarse: si bien los primeros, los que deben empezar a romper muchas inercias organizativas, deberían venir de la alta dirección (a través del comité de Pilotaje que hemos propuesto crear), los siguientes pueden provenir del comité, de las propias unidades organizativas o de una función de observación constante en lo que hemos llamado en el capítulo 5 "inteligencia de la innovación".

La ejecución de estos proyectos de innovación también debería variar. Los proyectos más disruptivos y transformacionales, digamos los proyectos A y la mitad de los B, deberían ejecutarse en unidades fuera de las exigencias cotidianas. Una función corporativa de innovación podría dedicarse a la ejecución de estos proyectos más transformacionales. Esto no quiere decir que lo hagan en "modo caja negra", sin la involucración de las unidades que luego deban implementar los cambios: estas deberían estar representadas en los grupos de trabajo desde el inicio, tal y como hemos insistido durante los capítulos 4 y 5.

Pero los objetivos, la dirección y gestión del proyecto, y el presupuesto, no deberían depender de unidades operativas, que lógicamente necesitan resultados a más corto plazo. Esto es así porque, si dejásemos desarrollarse estas innovaciones más disruptivas en las unidades, seguramente las presiones del corto plazo restarían tiempo y energías para poder madurar los conceptos, y acabarían muriendo.

Una vez "incubados" los conceptos iniciales desde fuera de las unidades operacionales, deben ser traspasados lo antes posibles a estas, para que puedan desarrollarse e implantarse. Se trata de un proceso, denominado *handover* en el mundo de la innovación, que muchas veces plantea grandes problemas. En demasiadas ocasiones se produce un corte radical en el momento en que el equipo que ha generado la innovación "pasa la pelota" al equipo de implantación. Hay una falta de entendimiento, y se pierde la chispa que ha conseguido generar la novedad. Para solventar esto, nosotros proponemos aplicar un *handover*. Como alternativa, planteamos una transferencia continua y creciente, sin puntos de corte, con una presencia de las dos partes en todo momento, en proporciones distintas:

- En un principio existe una dirección clara de los equipos de innovación, con una participación mayoritaria, pero también contando con una participación de las unidades que deban hacer la implantación. A medida que avanzamos en el proceso, los equipos de innovación tienen cada vez menos predominancia, y van tomando mayor proporción del trabajo y liderazgo los equipos más operativos que deban implantar la innovación.
- Al final del proceso, el liderazgo y mayor parte del trabajo debería estar en la parte de implantación, pero siempre con una participación de los equipos de innovación para asegurarnos de que el espíritu del concepto inicial se mantiene. A veces, esta participación la hacemos en forma de una persona que asume el rol de "fan del concepto" (o programa, o idea, en función del nivel de complejidad). El sponsor de la iniciativa puede ser el mismo durante todo el proceso, lo que le da continuidad. Este sponsor debería ser el directivo

de mayor nivel posible responsable del área donde se pretenda innovar: el director de ventas, si se trata de inventarse una nueva red comercial; el director de marketing, producto u operaciones, si se trata de un nuevo producto o servicio; el director general, si se trata de un nuevo planteamiento estratégico...

Se podría representar el proceso mediante el siguiente diagrama simple:

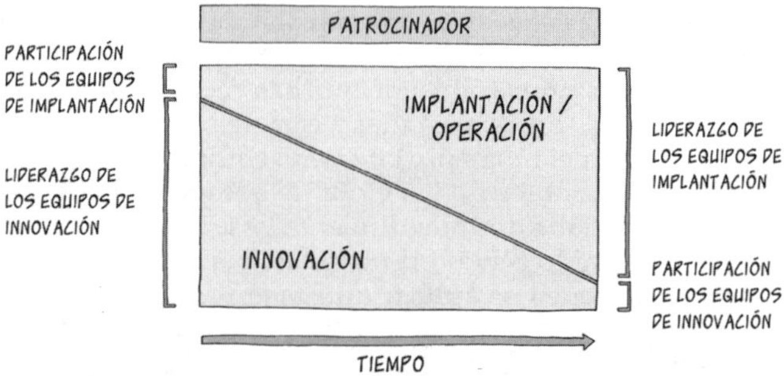

Fuente: Synectics-Altran

En realidad la transición no es una línea recta, sino que varía en función del carácter transformacional de la innovación. Algunas deben ser "incubadas" mucho más tiempo fuera de las unidades de implantación, siguiendo un diagrama parecido a este:

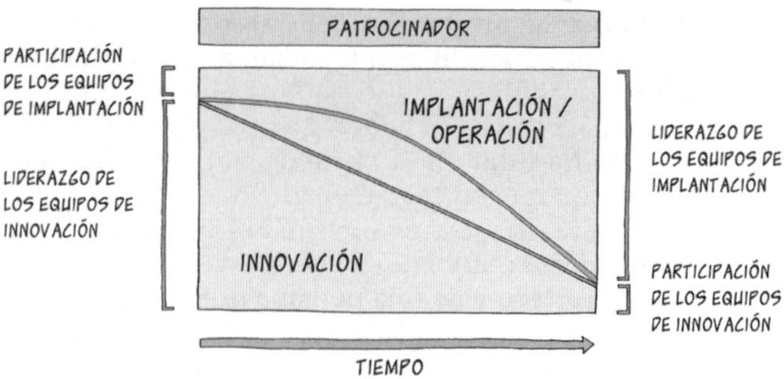

Fuente: Synectics-Altran

Y en otras ocasiones este trabajo de "incubación" es mucho más corto, siendo necesaria una transición hacia las unidades de implantación y operación mucho antes y con mucha mayor participación de estas, siguiendo el diagrama siguiente:

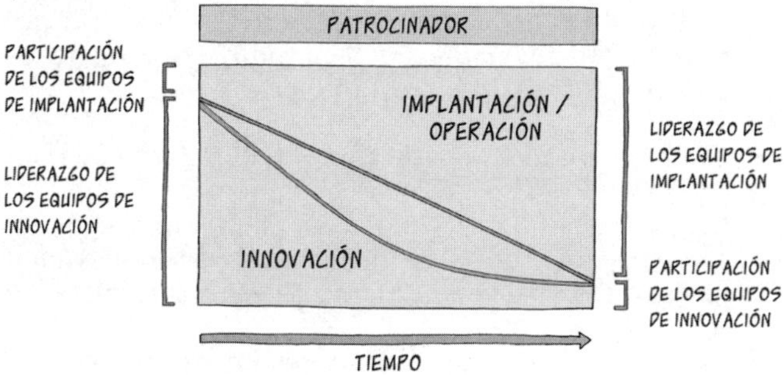

Fuente: Synectics-Altran

En el caso de los proyectos menos disruptivos y transformacionales, los tipo C y parte del tipo B, es mucho mejor dejar que sean las propias unidades afectadas las que ejecuten esta innovación, con el soporte de la función corporativa de innovación, sea quien sea el que se asuma esta función. Para ello se han flexibilizado las estructuras, y se ha formado al personal necesario para que la propia organización innove para sí misma.

Resumen del capítulo

- Para construir una organización más innovadora es necesario cambiar los procesos, las estructuras organizativas, los equipos, las formas de trabajar, los modos de pensamiento... Pero, sobre todo, estamos hablando de la cultura de la empresa, que determina los comportamientos generalizados en toda la organización. Y esto es lo más difícil de cambiar.

- La manera en la que este cambio no funciona es lanzando un gran programa de cambio organizativo. Al menos que no sea percibido como tal. Comuniquemos sobre hechos y no sobre intenciones, para no levantar los mecanismos de defensa de la organización.

- En lugar de tratar de crear artificialmente una cultura de innovación para ser capaces de innovar de manera sostenida, hagámoslo al revés: vayamos innovando paso a paso, sobre retos concretos, demostrando su validez, ganando adeptos, transformando la organización poco a poco según vayan surgiendo las necesidades, y una vez que seamos capaces de innovar cada vez más, conseguiremos una organización más innovadora impregnada de una cultura de innovación.

- Para hacerlo poco a poco, es necesario tener un plan inicial, pero este plan no debe ser hermético. Habrá que transformarlo por el trayecto a medida que avancemos por el camino de la novedad.

- Después necesitamos tener un diagnóstico de la posición inicial

- Crearemos un grupo del mayor nivel posible para lanzar y dirigir el proceso: el comité de pilotaje.

- Este comité elegirá las primeras iniciativas en las que aplicaremos y generaremos los procesos y comportamientos que luego queramos generalizar. Además, resultarán iniciativas "piloto" que nos permitirán comprobar la realidad de la organización y de ese modo empezar a actuar sobre ella para hacerla más apta para la innovación.

- Las primeras iniciativas deben ser lo más estratégicas posible para así conseguir la implicación de las personas clave de la organización. De esta manera, cuando obtengamos resultados en alguna de ellas el impacto será mayor.

- Mientras avanzamos en estas iniciativas, procedemos al cambio de los sistemas y procesos organizativos que consideremos necesarios para llevar a buen término estas iniciativas… y las subsiguientes.

- Una vez conozcamos la realidad, contemos con gente clave con el conocimiento aplicable a retos estratégicos, y hayamos cambiado las estructuras y procesos para permitir que fluya la creatividad y la innovación, es el momento de realizar formaciones masivas sobre ambos conceptos.

- Con el ciclo arrancado, necesitamos alimentarlo para que continúe: debemos formalizar el modelo de innovación, y aprovechar todas las oportunidades para innovar, ya sean generadas por nosotros mismos (en la dirección o las unidades de toda la organización), o producidas en el entorno.

7

El coraje de innovar. La innovación empieza en ti

Existen cuatro barreras para el aprendizaje y el cambio en las organizaciones: no reconocer lo que vemos, no decir lo que pensamos, no hacer lo que decimos y no ver lo que hacemos.
Otto Scharmer

En los capítulos anteriores hemos hecho un recorrido explorando diversas preguntas: ¿Qué es innovar? ¿Qué mueve a las personas a innovar? ¿Por dónde empezar? ¿Cómo innovar? ¿Cómo construir una organización más innovadora?

Si has llegado hasta aquí en la lectura de este libro es porque realmente sientes que quieres innovar, en tu vida o en tu trabajo, como directivo o como empleado, como voluntario o como individuo. Has escuchado esa voz que te impulsa a retar el statu quo y sientes que la vida te llama a hacer algo para cambiar o transformar la realidad que le rodea.

Además, ahora ya conoces un método, una guía, que permite innovar en cualquier situación o circunstancia. Sabes que todo el mundo, aunque no entre en la categoría de "creativos", puede innovar. Tú también. Conoces los pasos, los has leído al menos una vez. Son simples de entender. Tal vez incluso hayas comenzado ya a ponerlos en práctica en algún proyecto que tienes entre manos.

Recuerdas también que el ser humano tiene un potencial ilimitado, y que al liberar su talento o poder creativo, puede manifestar o hacer realidad aquello que ha imaginado. Ese es el poder que tenemos, aunque no siempre lo utilizamos. Todos y cada uno de nosotros, teniendo en cuenta las circunstancias, hace lo mejor que puede. ¿O no es así?

Para ello es fundamental asumir la propia responsabilidad de nuestro futuro, el que queremos crear. En este sentido toda persona puede innovar, pero para innovar es preciso liderar, al menos a uno mismo. De hecho no podemos innovar sin liderarnos a nosotros mismos. Una de tus reacciones (tal vez asertiva, tal vez irónica) puede que sea: "Parece fácil". En realidad, el proceso es simple, pero para nada "fácil". Para llevar a cabo una innovación profunda desde dentro se necesita activar en uno mismo y en la organización "aquello que realmente importa". Ello implica tener el "coraje de innovar", comenzando por uno mismo.

Como explica Robert Fritz en su libro *The Path of Least Resistance*, nuestro sistema sigue los patrones habituales, pues constituyen el camino de menor resistencia. Sin embargo, programados muchos de ellos en nuestra infancia, en cualquier caso en el pasado, no han sido elegidos por la persona. Para que un cambio profundo se convierta en innovación personal duradera que cree valor, es preciso cambiar de paradigmas y escoger los nuevos de forma consciente. Fritz sostiene que fallamos en cambiar porque "luchamos" contra nuestros hábitos con fuerza de voluntad, pensamiento positivo, afirmaciones y otras técnicas de autoayuda. Intentamos eliminar lo que no queremos, en lugar de crear lo que queremos. Nos atascamos en "resolver el problema", en lugar de "crear aquello que deseamos", lo que realmente importa.

Cuando hablamos de liderazgo e innovación, se olvida muchas veces que alguien es líder porque sigue un camino que nunca nadie ha transitado; en caso contrario, sería un seguidor. Un líder creativo no sigue a nadie, pues al visionar el futuro que quiere crear para sí mismo y para su organización, busca algo nuevo, único y que diferencie a la organización. No se puede innovar en el liderazgo personal desde el paradigma de que se "trata de competencias" que "todo buen líder debe tener". Se trata de iluminar el mapa interno, tener una visión clara a partir de la esencia individual, activando el liderazgo propio desde lo que realmente importa. Cuando buscamos resolver un problema, la pregunta que formula es: "¿Cómo se hace?". Cuando buscamos crear un futuro diferente, la respuesta a ese "cómo" es: "¡Sí!".

Peter Block, en su libro *La respuesta es sí*, plantea seis preguntas potentes que abren el espacio para activar lo que realmente importa, asumir la responsabilidad y buscar transformación profunda en el líder, las organizaciones y el mundo. Seis preguntas que contrapone a las seis más habituales en las organizaciones:

#	PREGUNTA "¿CÓMO?" (REACCIÓN)	PREGUNTA "¡SÍ!" (INNOVACIÓN)
1	¿CÓMO SE HACE?	¿QUÉ NEGATIVA HE ESTADO POSPONIENDO?
2	¿CUÁNTO TIEMPO REQUERIRÁ?	¿QUÉ COMPROMISO ESTOY DISPUESTO A ACEPTAR?
3	¿CUÁNTO CUESTA?	¿CUÁL ES EL PRECIO QUE ESTOY DISPUESTO A PAGAR?
4	¿CÓMO CONSEGUIMOS QUE CAMBIE ESA GENTE?	¿CUÁL ES MI CONTRIBUCIÓN AL PROBLEMA QUE ME OCUPA?
5	¿CÓMO LO MEDIMOS?	¿CUÁL ES LA ENCRUCIJADA EN LA QUE ME ENCUENTRO EN ESTE PUNTO DE MI VIDA/TRABAJO?
6	¿CÓMO LO HAN HECHO CON ÉXITO OTRAS PERSONAS?	¿QUÉ ES LO QUE DESEAMOS CREAR JUNTOS?

Fuente: "La Respuesta es Sí" Peter Block

Las personas, al igual que las organizaciones, nos movemos en función de las preguntas que nos formulamos. Si al abordar el proceso de innovación personal lo hacemos desde las preguntas del "¿Cómo?", estaremos delegando nuestro poder personal en otros, en las circunstancias; estaremos haciendo dejadez de nuestra responsabilidad. En cambio, si lo hacemos desde las preguntas del "Sí", estaremos liderando auténticamente y activando lo que realmente importa.

¿Qué es lo que realmente importa?

Preguntas como "¿Quién soy?", "¿Para qué estoy aquí?" o "¿Adónde voy?" nos hacen cuestionarnos. Aunque quizá lo más importante no sea encontrar las respuestas sino encontrar la siguiente pregunta. Además de un espacio que facilite autonomía y la posibilidad de desarrollar la propia maestría, buscamos propósito y sentido en lo que hacemos, para sentirnos motivados a llevar a cabo nuestra acción o labor.

Sin embargo, en general, la vida es observada desde una perspectiva de escasez. De esta forma, se busca proteger lo que se tiene, los pensamientos, las creaciones, los sueños. Somos vida tratando de ocurrir, y todas las creencias limitadoras tan solo nos hacen jugar a lo seguro, jugar a lo pequeño, jugar para no perder. Cada persona tiene un regalo para dar al mundo, es creativa por naturaleza, llena de recursos y completa. Desde esa creencia, e incluso seguridad, la persona se mueve a partir de sus sueños, más o menos alocada o prudentemente, para hacerlos realidad. ¡No hay límites! ¡El futuro deseado se puede crear!

En *Batteries Included,* Nigel Barlow hace referencia al concepto de que las empresas deben crear su propia leyenda (tal vez inspirado por *El alquimista* de Pablo Coelho). Este concepto se extiende también a las personas que desean innovar, y, para innovar, liderar. A tal fin, propone una secuencia: The Quest, "la búsqueda", en que nos preguntamos cuál es el sueño; Code of Chivalry, "código de caballería", a modo de principios que nos rigen; Heroic Acts, "actos heroicos" que llevamos a cabo para alcanzar el sueño, como por ejemplo, cambiar de trabajo, presentar una idea radical a nuestro jefe, decir no a pesar de los miedos, etc.; Using Magic, "usando la magia", creando experiencias memorables en nuestras relaciones, con nuestros clientes, compañeros, etc., a partir de nuestra esencia más auténtica, sin renunciar a nada, creyendo firmemente que todo es posible; Finding the Holy Grail, "encontrando el Santo Grial", lo que persigues, tu "santo grial" particular, tu sueño. El mejor aliado en este camino nuevo, probablemente poco transitado, es una visión poderosa que inspire propósito. De ahí que sea necesario, como dice Peter Block, "introducir nuestros valores humanos en la búsqueda de nuestro modelo". Unos valores que sean "una afirmación más profunda de las cosas que realmente nos importan".

Cuando además de liderar e innovar en la vida propia se trata de liderar a otras personas e impulsar la innovación en las empresas, es importante asegurar que la visión surge de una necesidad y una oportunidad reales, más allá de la ambición personal. Para ilustrar esta necesidad, imagina que eres un pintor y que estás decidido a iniciar una nueva pintura, un nuevo cuadro. Dispones de un lienzo en blanco, de todo tipo de colores, tu paleta y el tiempo para hacerlo. Sujetas el pincel en tus manos y te pones delante del lienzo en blanco. ¿Qué haces? ¿Por dónde comienzas? Seguramente tengas ya una idea de lo que quieres pintar, pero ¿qué te está inspirando a hacerlo? ¿De dónde salen tu creatividad, tus ideas y tus conceptos?

El punto ciego del liderazgo

Al final, frente a ti, habrá una pintura (el resultado), y habrás llevado a cabo el proceso de pintar. Pero ¿quién crea el proceso?, ¿quién genera el resultado? Son dos preguntas, tal vez retóricas, pero te invitamos a pensar en ellas unos instantes.

Imagina (o tal vez no necesites imaginarlo) que eres un director general de una gran empresa con 10.000 colaboradores. Tienes el encargo del consejo de administración de diseñar un nuevo plan estratégico que saque la empresa de la crisis. Te enfrentas de alguna manera a ese "lienzo en blanco". ¿Qué haces? ¿Por dónde comienzas? Seguramente tengas ya una idea de lo que quieres conseguir ("pintar"), pero ¿qué te está inspirando a hacerlo? ¿De dónde salen tu creatividad, tus ideas y tus conceptos?

Efectivamente, el pensamiento (alimentado desde el mapa interno) determina los procesos que diseñamos y creamos. Son los procesos, y su ejecución, los que nos llevan a unos resultados u otros. ¿Qué alimenta nuestro pensamiento? ¿Qué creencias? ¿Qué suposiciones? ¿Qué experiencias? ¿Qué historias? Muchas personas no pueden articular todas las respuestas a esas últimas preguntas, pero estas son en realidad el punto de partida de los resultados que queremos alcanzar. Y si no podemos articular una respuesta es que existe un autodesconocimiento, lo cual supone una zona o punto ciego para cada uno de nosotros; o, como lo denomina Otto Scharmer en *Theory U*, el "punto ciego del liderazgo". Siendo líderes de una organización, ¿qué impacto tiene en la organización, las personas y los resultados la existencia de tal zona o punto ciego?

Solo por poner un ejemplo: piensa en dos directivos. Uno tiene la creencia de que la "vida es un problema por resolver"; el otro cree que "la vida es un misterio por descubrir". ¿Cómo imaginas el plan estratégico (o la pintura) en ambos casos?

Kevin Cashman, autor de *Leadership from the Inside Out*, define liderazgo como "la auto-expresión auténtica que crea valor". Por lo general se admite que un líder es quien consigue que su equipo logre alcanzar la visión y el propósito que se han propuesto, a través de la ejecución de la misión. Es decir, que el equipo cree valor, podríamos decir, para el mundo. Es a través de su autoexpresión que el líder consigue tener un impacto en los demás, inspirarlos y activarlos, obteniendo los resultados deseados. Recuerda que para innovar hay que liderar, y que liderar es innovar.

En muchas ocasiones el impacto no es el deseado. También es frecuente que el líder no sea consciente de su impacto. ¿No se deberá a que la autoexpresión no es auténtica o consciente? La mayoría de los esfuerzos en el desarrollo del liderazgo se centran en el ámbito de las competencias. Existen muchos modelos de competencias de liderazgo, e incluso muchas grandes empresas han diseñado sus propios "diccionarios de competencias". Con independencia de que unos estén correlacionados con los mejores resultados y otros no, cuando el líder se enfrenta a su propio desarrollo, no basta con desarrollar competencias. ¿Cómo puede un líder desarrollarse plenamente si no tiene plena conciencia de quién es y de su impacto? Es más, en la mayoría de los casos de lo que se trata es de cubrir el "gap" entre la situación actual (punto A) y la situación deseada o ideal (punto B). Es como, si de alguna manera, se pretendiese que el líder añadiera a su *tool kit* algo que le falta. El líder es considerado, en este sentido, como deficitario. Pero ¿y si ya tiene todo lo que necesita, y solo se trata de que aprenda a expresarlo? ¿Y si se trata solo de expandir el rango de autoexpresión del líder?

Últimamente se habla mucho de liderazgo creativo. En el informe *IBM CEO Study 2010* podemos leer: "Incorporar un liderazgo creativo". El enfoque sigue siendo el mismo: "Los líderes deben adquirir y desarrollar competencias creativas". De nuevo se ve al directivo o líder, a la persona, como "deficitario"; es decir, fundamentalmente como un "problema por resolver". No hay nada erróneo en los directivos, no son deficitarios, no son un problema. Lo que ocurre es que en su autoexpresión no son auténticos, sobre todo por falta de conciencia o por miedo. Mientras que el enfoque se haga exclusivamente en el desarrollo de competencias, el cambio no podrá ser sostenible. Hace falta abordar la dimensión interna del cambio.

La ventana de Johari, concepto creado por Joseph Luft y Harry Ingham, permite conocer y explorar distintos aspectos de la autoexpresión del líder. Así, tenemos cuatro espacios en función de lo que el líder expresa o no: parte pública, parte secreta, parte ciega y parte desconocida:

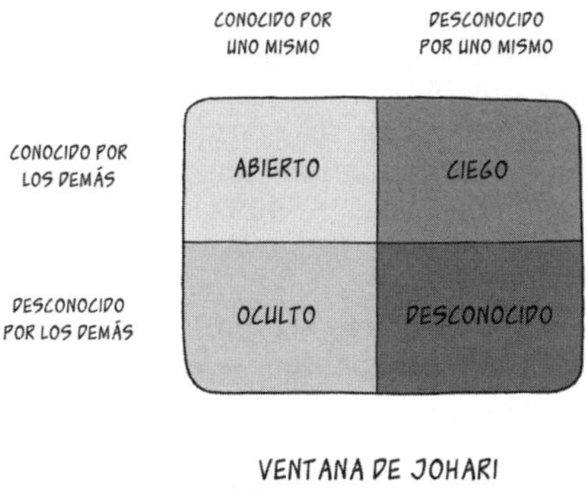

Adaptado del trabajo de Joseph Luft y Harry Ingham.

Habitualmente el líder expresa aquello que conoce mejor de sí mismo, desde su parte pública, aquello que en su experiencia pasada le ha dado mejores resultados. El líder lidera, pues, mirando por el retrovisor; o, como dice Otto Scharmer, *downloading*. El contexto actual, de cambio exponencial, impide que el líder pueda liderar de esta forma, desde lo que aprendió en el pasado, y por ello precisa expandir su rango de autoexpresión, explorando las partes ciegas y desconocidas y dando luz a su parte secreta. En ello reside la dimensión interna del cambio.

Se puede afirmar que en todo directivo hay un líder creativo, aunque la expresión de su liderazgo creativo esté por descubrir en el espacio de su propia ventana de Johari. El camino del liderazgo es un camino hacia la autoexpresión total y consciente, buscando impacto con la intención de generar cambio y crear valor para el mundo.

Esta es una invitación a cada directivo y líder, a cada persona que quiera innovar (por tanto liderar), a "asomarse a su ventana", a decidirse a expandir su rango de autoexpresión y a abrir al mundo el líder creativo que ya hay en él o ella. Está muy bien que trabaje para desarrollar sus competencias, también hay que seguir en esta dirección; pero lo que realmente le va a ser útil es enfocar su desarrollo en la dimensión interna de su cambio. Esta es probablemente, la innovación más necesaria en las organizaciones.

Iluminando el mapa interior

En muchísimos foros se está pidiendo a los directivos que ejerzan un liderazgo creativo y que fomenten la innovación en sus empresas. Para la mayoría de ellos lo del *think out of the box* representa un gran reto. Esta frase, muy popular en el contexto empresarial, tiene dos componentes, *think* ("pensar") y *out of the box* ("fuera de la caja"). Ahora bien, ¿de qué "caja" hablamos?

Tradicionalmente se ha visto "la caja" como el conjunto de prácticas, paradigmas, procesos, habilidades, etc. que sirven de base para las decisiones en la empresa. Para dar respuesta a este enfoque se han desarrollado diversidad de métodos en muchos contextos. Hemos visto la potencia del método iPower5 de Synectics-Altran, herramienta destacada entre los procesos de innovación, y conocemos una numerosa lista de técnicas de creatividad. Todos ellos han sido claves para encontrar respuestas innovadoras que han aportado nuevos productos, servicios, procesos, mercados, conceptos y demás. Han permitido, de la misma manera, a nuestra sociedad evolucionar como nunca antes, con todo tipo de soluciones e innovaciones, hasta tal punto que ya es difícil imaginar cómo será lo nuevo y si realmente será posible encontrar algo realmente innovador.

Pero ¿desde dónde piensa el directivo (o cualquier persona)?, ¿desde dónde se alimenta su pensamiento? Desde otra "caja", la individual. Una "caja" donde residen las creencias (limitadoras o no), los valores, las experiencias, los conocimientos, la educación, lo aprendido. Todo ello alimentado por el pasado y nada por el presente ni el futuro. En el libro *La caja,* del Arbinger Institute, se plantea la cuestión desde una perspectiva totalmente distinta a la entendida habitualmente: "Cada persona se mete en su caja". Esta "caja" individual, de la que la mayoría es poco o nada consciente y que en situaciones pasadas ha podido ser útil para conseguir cierta seguridad, dirige nuestro pensamiento, y de ahí nuestras palabras y acciones. Como describe Otto Scharmer, la mayoría de personas "descarga" información desde esa "caja" como fuente de pensamiento, palabra y acción, de forma automática e inconsciente. Claro está, ello tiene un impacto impredecible como resultado de nuestras acciones. Un impacto absolutamente no intencionado, que tiene repercusiones como la pérdida de clientes, la insatisfacción de los empleados o de los ciudadanos, la falta de compromiso, la alta rotación de empleados, la reducción del beneficio, la pérdida de cuotas de mercado, entre otras. ¿Existe conciencia de este proceso de "descarga" o *downloading* automático? ¿Qué es preciso abordar para poder impulsar una innovación totalmente "fuera de la(s) caja(s)"?

Imagina la siguiente situación y métete en el papel a fondo. Eres el director general de un banco. El mercado inmobiliario está creciendo a un ritmo espectacular. Recibes un informe del departamento de marketing en el que evidencia que la cuota de mercado de tu banco ha caído un 35% en el último trimestre. Escucha por un momento tu diálogo interno... ¿Qué dice tu voz interna? Tal vez algo así como "hay que revisar este informe", "tenemos que reaccionar ya", "estos directores de oficina no hacen su trabajo", "¿cómo podemos cambiar su actitud?", "qué van a pensar en el consejo de administración", etc. Este diálogo interno está determinado por el sistema de creencias profundas, "el mapa interno", que a su vez es como un software programado desde lo que hay dentro de la "caja individual". Es un proceso automático y probablemente inconsciente, pero desde el cual actuamos tomando decisiones, como por ejemplo "bajar precios", "ofrecer ampliaciones de hipoteca", "sobrevalorar las tasaciones", etc. Un evento externo, "el informe de marketing" (u otro) se comunica con el "mapa interno" de la persona, generando un diálogo interior, que a su vez dispara unas emociones o sentimientos, que alimentan la reacción final en respuesta a la necesidad de "apagar el fuego" y escapar así de la ansiedad que produce el "evento". Se trata solo de un ejemplo, pero que da luz al comportamiento más habitual en los directivos, el reactivo –presente en torno al 65-70% de los directivos, según estudios realizados por The Leadership Circle–, que es, en la mayoría de ocasiones, inconsciente.

Una actividad sencilla para comenzar a profundizar en el mapa interno propio es observar, durante una semana, por ejemplo, las "reacciones automáticas" que tienes. Posteriormente podrás analizar qué eventos las han desencadenado. ¿Ha sido una reacción inconsciente o una respuesta consciente? Una libreta puede ayudar a reflejar la observación.

Por todo ello, el primer aspecto que abordar y la innovación más importante que puede impulsar un líder es su propia innovación. Una innovación desde dentro, que comienza por iluminar el "mapa interior". A partir de ahí, es importante tener presente que en cada persona, directivo o no, hay un líder creativo, y que su liderazgo creativo se quiere expresar. Decidirse a innovar en sí mismo, tomar conciencia y descubrir el mapa interior son los primeros pasos hacia el "cambio creativo". Para "liderar un cambio profundo es preciso transformar la dimensión interna desde la que opera el sistema", apunta Scharmer.

Puede que pienses que el liderazgo es solamente para los directivos y mandos en la empresa, las organizaciones y las comunidades. Sin embargo, todo apunta a que el liderazgo del siglo XXI es un liderazgo compartido, en red. Todos y cada uno de los miembros de la organización, en cualquiera de sus formas, estarán expuestos a la necesidad de liderar en un momento u otro. Liderar es innovar, como ya se ha comentado, y para ello es preciso iniciar la innovación desde "dentro", la dimensión interior.

El siglo XXI, al menos en sus comienzos, se está orientando en esa dirección, la del liderazgo en red. Es lo que se denomina *social business*, un concepto nuevo (o tal vez no tanto) que hace que las organizaciones "abracen las redes de personas para crear valor para el negocio", como presenta IBM en su informe *The Social Business. Advent of a new Age.* Un modelo que tiene tres características: comprometido, transparente y ágil. Un modelo que permitirá a las personas –ya sean clientes, socios o empleados– formar redes para generar nuevas fuentes de innovación, impulsar la creatividad y establecer un alcance mayor a nuevas oportunidades de negocio. Se eliminarán barreras entre los agentes y miembros del sistema y se acelerarán los procesos de negocio y de decisión. Este es el entorno en el que se van a mover, o ya están haciéndolo, las organizaciones. Todos somos parte de una o varias organizaciones: ¿estamos abiertos a expresar nuestro liderazgo de forma auténtica para crear valor?

Hemos afirmado que el 65-70% de los líderes en las empresas tiene un estilo de liderazgo reactivo. ¿Qué quiere decir esta afirmación? Fundamentalmente que sus pensamientos, palabras y acciones están condicionados automáticamente por su mapa interior, sin que entre el evento externo y el interno exista el proceso de respuesta consciente. Para superar los límites del liderazgo actual, el paso que tiene que darse va en la dirección de la dimensión interna del cambio, tanto a nivel individual (estilo de liderazgo) como colectivo (cultura de liderazgo). Se trata, en primer lugar, de cobrar conciencia sobre dicho mapa interior que determina nuestro pensamiento, palabras y acciones. Solamente desde la conciencia podremos actuar para generar un nuevo nivel de liderazgo.

Ya hemos dicho que durante años el enfoque en el desarrollo del liderazgo se ha centrado en habilidades y competencias, lo cual ha permitido ciertos avances pero no ha impedido que estemos donde estamos. La razón es que ni competencias ni habilidades se encuentran en el mapa interior. Al no abordarse los aspectos internos, de alguna forma el líder (tras un esfuerzo en el desarrollo de sus competencias y habilidades) vuelve a la casilla de salida. Este es un fenómeno que Robert Keagan denomina "la inmunidad al cambio". Sin trabajar las creencias limitadoras internas, el cambio en nuestro liderazgo no es sostenible. Podríamos decir que, enfocando solo competencias y habilidades, somos más competentes y más habilidosos, pero no necesariamente mejores líderes.

A partir de identificar y conocer nuestro mapa interior y ver de qué manera condiciona nuestro liderazgo, se trata de identificar el conjunto de creencias limitadoras que dirigen nuestro pensamiento y acción, cuestionarlas y sustituirlas por otras creencias, que sean poderosas y reforzantes. Es una tarea fácil de articular, pero que requiere de determinación y dedicación, con asistencia de procesos de *coaching* (tanto individual como sistémico), a partir de una evaluación potente del estilo y cultura de liderazgo.

Innovación personal

Para iniciar el proceso de innovación personal lo primero que debe considerarse es la planificación y definición del "proyecto". En muchas ocasiones, se facilita a las personas, directivos o no, el acceso a programas de formación y desarrollo de su liderazgo sin una invitación previa a participar en la planificación de "su proyecto". Para alimentar su motivación, la persona precisa de los tres factores ya mencionados: autonomía, maestría y propósito. Factores que hay que traer también a los proyectos de desarrollo e innovación en el liderazgo. Por esa razón, debe ser la persona quien demande, o busque, su propio desarrollo, su propia innovación; de lo contrario, la efectividad de la formación o del desarrollo se verá limitada. La persona es responsable de su proceso, y necesita asumir dicha responsabilidad desde el primer momento. No se trata de un mero ejercicio de comunicación del proyecto, sino de una verdadera cocreación con la persona. Así, esta participa en la definición y planificación, es adiestrada en el proceso de innovación y recibe entrenamiento (el suficiente) en los métodos y herramientas que se vayan a utilizar. Es, de alguna manera, el *project manager* de su proceso de innovación personal.

El siguiente paso es facilitar la visualización del resultado final. ¿Qué "sueña" la persona como *output* del proceso de innovación personal? ¿Qué objetivos se plantea? ¿Cuál es la mejor versión de sí mismo que anhela al final del proceso? Es cierto que muchos de los elementos innovadores se encontrarán a lo largo del camino, pero arrancar con una visión potente que inspire a la persona para aportar su pasión y responsabilidad en el proceso es crucial. En esta fase, la persona, el líder, escucha con atención aquello que siente, desde el corazón y el espíritu "del niño", lo que debe y quiere hacer.

Ya se ha cubierto la fase "reto" (en el modelo iPower5 de Synectics-Altran). Ahora llega el momento de la "inmersión". ¿Qué significa "inmersión" cuando la persona quiere innovar a nivel personal? Fundamentalmente, la práctica dedicada del autoconocimiento. Por supuesto, el autoconocimiento no es una acción aislada en el tiempo, sino una práctica que se realiza a lo largo de toda la vida, un enfoque en navegar a través de la ventana de Johari propia, descubriendo más y más de uno mismo. Se trata, pues, en este momento, de iluminar y comenzar a explorar el mapa interior. Una exploración que debe permitir adoptar una mirada sistémica de la persona, y comenzar a verse con "nuevos ojos", dejando atrás la "descarga" habitual que nutre los patrones de comportamiento.

Para llevar a cabo dicha exploración, precisamos de herramientas de autodescubrimiento, que deben ser escogidas muy cuidadosamente, en función de los objetivos. En cualquier caso, estarán enfocadas a facilitar información sobre impacto, interacción, interculturalidad y fortalezas. A partir de esta información, la persona podrá conocer más sobre sus comportamientos y su mapa interior.

Existen varias herramientas, aunque probablemente las más indicadas para obtener esta información en el proceso de innovación personal sean las siguientes:

1. Leadership Circle Profile. Mide el estilo de liderazgo de la persona. Mientras que la mayoría de herramientas de evaluación 360° indican solamente lo que contribuye o no a la efectividad del liderazgo (identificación de competencias), esta herramienta informa al mismo tiempo sobre las "suposiciones" que estructuran el mapa interior, y determinan los patrones de comportamiento habituales, que limitan la efectividad del liderazgo.
2. Evaluación DiSC. Examina el comportamiento de los individuos en su entorno o en una situación específica, enfocando los estilos y preferencias de interacción con otros.
3. Intercultural Dimension Inventory (IDI). Los entornos de trabajo y de comunidad presentan una creciente diversidad. Es una característica de la sociedad creativa a la que tiende la sociedad. Por ello es importante conocer la competencia intercultural. Esta herramienta informa sobre la misma, sobre la base del Developmental Model of Intercultural Sensitivity.
4. StrengthsFinder 2.0. Una autoevaluación en línea muy simple pero potente, que permite identificar las cinco principales fortalezas de la persona. En un proceso de innovación personal, es importante conocerlas para apalancar la innovación en las mismas.

El estilo de liderazgo es una de las principales variables que afectan a los resultados empresariales. Es importante tomar conciencia de nuestro estilo de liderazgo y de nuestro impacto para abordar el propio proceso de innovación y transformación hacia un nuevo estilo de liderazgo. Este debe enfocarse en las causas de las situaciones que planteamos y no solo en los síntomas, de forma sistémica, para emprender iniciativas de cambio realmente sostenibles.

Permitiendo esta mirada introspectiva y crítica, estaremos viendo a las personas, directivos o no, como tales, no como recursos. Personas que desean hacer realidad sus sueños, pero que en muchas organizaciones van a trabajar tan solo por dinero. Este cambio de enfoque permitiría que se volviese a apreciar el trabajo como un contexto clave para el logro de los sueños personales y profesionales. Devolver a las personas esta aspiración, en forma de sueño colectivo o visión y haciendo que sientan su contribución especial al proyecto común, es un requisito igualmente importante. Cada individuo, enfrentado a la realidad actual desde la perspectiva personal, puede elegir sus respuestas y comportamientos, cobrando conciencia, siendo proactivo y apostando por la autenticidad.

Es importante resaltar que a lo largo de todo el proceso de innovación personal, las prácticas de la escucha profunda y el diálogo son fundamentales. Además de las herramientas planteadas, abrir el espacio al *feedback* ("retroalimentación") y al *feedforward* (técnica de *coaching* planteada por Marshall Goldsmith consistente en solicitar a otras personas ideas para el futuro en torno a una cuestión concreta; quien lo recibe, escucha las sugerencias y aprende cuanto puede) nos ayudará a profundizar cualitativamente en los tres últimos pasos. Aunque se pueden abordar en una secuencia lineal, estos tres pasos del proceso iPower5 aplicado a la innovación personal se dan a través de un continuo de iteraciones *insight-invention-innovation* ("entendimiento-invención-innovación"). Esto es así porque el proceso de innovación personal es continuo.

La información recogida a partir de la observación y de la información que brindan las herramientas de auto-descubrimiento dará lugar a *insights* (entendimientos) diversos a medida que el proceso avance, y a medida que la persona se vaya comprometiendo cada vez más en el desarrollo de su propio liderazgo; es un trabajo que difícilmente puede hacer en solitario, pues necesita mantener una perspectiva holística a lo largo de todo el proceso, así como una estructura que refuerce su responsabilidad. Para asegurar que esto ocurre, es importante aportar a la innovación personal un proceso de *coaching*. Ello permitirá entrar a fondo en cada uno de los *insights*, generando entendimiento, como base para el aprendizaje y la acción. Durante el *coaching* la persona podrá plantearse y replantearse objetivos, definir acciones y llevarlas a la práctica, siempre manteniendo la visión personal como horizonte. En este proceso, surgirán las ideas creativas e inventivas, que se convertirán en innovación mediante la acción y la responsabilidad.

Llegados a este punto, la persona debe decidirse a innovar (alterar las cosas introduciendo novedades), apreciando lo que quiere mantener, pero, sobre todo, con el coraje de dejar atrás aquello que le ha servido anteriormente pero que no va ser útil en nuestra nueva "versión". Solamente de ese modo quedará espacio en el sistema personal para incorporar lo nuevo. Es el momento de reiniciar el proceso de innovación personal, que es cíclico o recurrente si la visión que sostiene la persona es expresar la mejor versión de sí misma para el mundo. Es una evolución constante de la consciencia individual, haciendo que el impacto del líder sea cada vez más consciente, determinado por la elección personal, la responsabilidad y el aprendizaje.

El impacto de la innovación personal

Ya sabes que existe un líder creativo dentro de ti, un líder que quiere innovar tanto en sí mismo como en su entorno. Sabes, asimismo, que liderar es innovar creando valor para el mundo. Conoces un método que puede guiarte en el camino de la innovación personal. Probablemente estés buscando, o comenzando a buscar, una "linterna" que ilumine tu mapa interior, pues quieres visitarlo para conocer el sistema de creencias, cuestionarlo y elegir los cambios que deseas introducir. Tal vez estés más alerta al proceso de "descarga" más habitual en ti y comenzando a observar tu impacto. Por otra parte, puede que estés pensando que parece fácil, pero que en realidad no lo es. Efectivamente, es simple, pero no fácil. Tampoco difícil, ni imposible. Depende de ti. La innovación personal requiere el coraje de comenzar innovando por uno mismo, para una innovación sostenible en todo lo demás.

Como comenta John Kotter en su obra *The Heart of Change*, el reto más importante de las organizaciones seguirá siendo el de la transformación del comportamiento humano, elevando el nivel de conciencia. "La clave no está tanto en el análisis y el pensamiento, sino más en el ver y en el sentir". Para ello, como dijo Albert Schweitzer, "el ejemplo no es la principal forma de influir en otros. Es la única". Visualizar, haciendo la situación "tangible", y activar la emoción que facilita conectar pasión y responsabilidad, son las dos principales avenidas para el cambio y la innovación, como explica Kotter.

El liderazgo efectivo da mejores resultados que el liderazgo inefectivo; por esa razón, la innovación personal particularmente enfocada en el liderazgo personal es una ventaja competitiva principal, y una prioridad estratégica. La efectividad del liderazgo determina, en gran medida, nuestro desempeño y el de la organización de la que formamos parte, especialmente en entornos de negocio volátiles e inciertos. Innovar en tu liderazgo te permitirá mantener relaciones más conscientes e intencionales. Contribuirá a que te conozcas cada vez mejor, a que manifiestes tus ideas y opiniones de forma más auténtica y con mayor coraje, todo y aceptando que representan solo una perspectiva más y viendo en el diálogo la mejor fuente de co-creación. Relaciones que se extenderán más allá de los "muros" de tu organización, al mantener una perspectiva sistémica, conectándola con los clientes, con los proveedores y con la comunidad.

El entusiasmo es positivo. Al considerar una empresa como una red de personas interdependientes y conectadas con el propósito de alcanzar una misión común que consiste en lograr el alto rendimiento, generando valor para accionistas, clientes y empleados, vemos la importancia de disponer de una red de colaboradores "entusiasmados" desde el compromiso personal. Si existe una masa crítica de personas comprometidas, el cambio es imparable.

Según Gary Hamel, el 80% del éxito competitivo de cualquier empresa depende de que las personas que forman parte de la organización aporten su pasión, su creatividad y su iniciativa. ¿Cuándo decide una persona aportarlos? Sencillamente cuando está comprometido con la visión y propósito de la empresa, lo cual da a sentido a su trabajo, y cuando tiene autonomía para crear e innovar desarrollando su maestría. El compromiso genera mejores resultados. Según diversos estudios e investigaciones (*The Leadership Circle and Organizational Performance,* de Bob Anderson; *The Extraordinary Leader Research,* de Zenger y Folckman; *Global Workforce Study,* de Towers Perrin; *Employee Engagement Overview,* de Gallup...), el compromiso de las personas que emplea una empresa está directamente relacionado con los mejores resultados empresariales, determinado principalmente por la efectividad del liderazgo.

Un liderazgo efectivo es más rentable. Un liderazgo efectivo da mejores resultados que un liderazgo inefectivo. Parece obvio, pero vale la pena insistir en que un liderazgo creativo da de dos a cuatro veces mejores resultados económicos, en torno a cuatro veces mayor compromiso de los empleados, en torno a cinco veces mayor satisfacción de los empleados, un 75% más en satisfacción de clientes y un 53% menos en rotación de empleados que el liderazgo reactivo. Son algunas de las cifras que evidencian el impacto del liderazgo efectivo.

Más allá, en el ámbito más personal, existe la dimensión de la plenitud y de la satisfacción personal, al darse permiso para soñar, abrir el espacio para la innovación personal y afrontar con coraje y determinación la acción innovadora, especialmente en lo personal.

Un salto de fe ¿Podemos permitirnos no darlo?

Muchas personas pasan toda su vida sin asumir riesgos, sin salirse del camino en el que están, sin importar lo desagradable que sea. Otros pasan de una aventura a otra, aparentemente sin tener necesidad de red de seguridad. La mayoría de las personas, probablemente, estén entre estos dos extremos. Decidimos nuestros pasos con meditada atención, e incluso en ocasiones posponiendo durante años esa decisión. Algunos puede que lleguen a lamentarse de no haber dado el paso. ¿Qué hubiera sucedido si Thomas Edison no hubiese dedicado su vida a la investigación, buscando la innovación? ¿Y si Jules Verne no hubiera soñado con ir a la Luna? ¿O si John F. Kennedy no hubiera inspirado al país impulsándolo a hacer realidad ese sueño?

Lo que nos mueve a dar un salto de fe y tener el coraje de innovar es, sin duda, la creencia firme y sostenida de que nuestro sueño se puede hacer realidad. Damos el salto de fe fundamentalmente para liberar nuestro máximo potencial y el de nuestras organizaciones, abrazando la innovación en todos los ámbitos y contextos. Como dijo Ambrose Redmoon, "el coraje no es la ausencia de miedo, sino considerar que algo es más importante que el mismo miedo". Al no abordar el proceso de innovación personal en ningún punto, se puede iniciar, con gran probabilidad, lo que Otto Scharmer denomina *absencing*. Al seguir ejecutando de forma automática el *downloading*, sin cobrar conciencia de ello, se entra en un espacio de apego. Primero, a la propia verdad o perspectiva; a continuación, a nuestro mundo, generándose una polarización entre ellos y nosotros. Y, por último, apego a uno mismo. Ello, eventualmente, puede conducir a comportamientos de aferramiento, manipulación, abusos y, finalmente, "destrucción".

Seth Godin, autor del best seller *The Dip*, plantea tres escenarios a los que se enfrentan las personas cuando están en un proceso de cambio e innovación, y que determinan el éxito personal a largo plazo. El primero que plantea es el "Dip". Como explica Godin, al principio, cuando iniciamos algo, es divertido; el acelerado aprendizaje y la suma de experiencias iniciales hacen que la persona sostenga el esfuerzo transformador. Al cabo de cierto tiempo, aparece el "Dip" ("la depresión"), de donde aparentemente no hay salida, una combinación entre burocracia y estar ocupado que aleja a la persona de la pasión. Es este uno de los momentos para el "salto de fe". Un momento en que el debate se centra entre mantener la visión y abandonar. En estas situaciones, el principiante puede convertirse en maestro. Mantener la visión, reencontrar la pasión y seguir avanzando permitirá alcanzar el éxito. Decidirse a permanecer, cuando todo puede indicar que lo mejor es abandonar, es una decisión arriesgada. La persona, el líder, que cree en la visión y permanece, habitualmente recoge los frutos mejores.

Los otros dos escenarios, según Godin, el *Cul-de-Sac* ("el callejón sin salida") y el *Cliff* ("el precipicio"), son escenarios que invitan a "abandonar". Aun así, por miedo al corto plazo, o aversión al riesgo, nos resistimos a hacerlo. El primero nos llevará a una "muerte" lenta; el segundo, a una "muerte" acelerada. Ambos, en cualquier caso, son una invitación a dar ese "salto de fe", arriesgándose a entrar en la innovación personal. De no hacerlo así, la persona, el líder, estará en un círculo vicioso, alimentado por el "pánico al corto plazo" o el "aburrimiento a largo plazo".

Estemos en el escenario que estemos, la mejor opción es siempre "jugar para ganar", asumiendo la responsabilidad de la creación del futuro que deseamos, sin dejar que otros lo hagan por nosotros. El "salto de fe" es la manifestación del coraje personal por liderar para innovar, e innovar para liderar, tanto en lo personal como en lo profesional. En esos momentos, justo antes de dar el salto y adentrarse en el terreno del liderazgo personal, avanzando por caminos que nunca antes han sido transitados, el sentir el valor de lo que esperamos encontrar al otro lado es fundamental. ¿Qué nos mueve a hacerlo? ¿Está la intención alineada con el propósito? Aquí radica la diferencia entre aquellos que aspiran a ser los mejores "del" mundo y aquellos cuya ambición es ser los mejores "para" el mundo.

Resumen del capítulo

- Para innovar es preciso liderar, y para liderar hay que innovar. El líder es líder porque sigue un camino que nunca nadie ha transitado; en caso contrario, será un seguidor.

- El sistema personal se aferra a los patrones habituales, pues siempre busca el "camino de menor resistencia". Para innovar a nivel personal, es preciso abordar la dimensión interna del cambio.

- Las personas, al igual que las organizaciones, nos movemos en función de las preguntas que nos formulamos. Si al abordar el proceso de innovación personal lo hacemos desde las preguntas del "¿Cómo?", estaremos delegando nuestro poder personal, haciendo dejadez de nuestra responsabilidad.

- Para la innovación es preciso activar lo que realmente importa. El mejor aliado en este camino nuevo, probablemente poco transitado, es una visión poderosa que inspire propósito. En cada persona hay un líder creativo.

- Habitualmente, la acción personal es el resultado de un proceso de *downloading* a partir del mapa interior, que incorpora las creencias, experiencias y conocimientos adquiridos en el pasado. Para innovar es preciso iluminar dicho mapa.

- Las nuevas formas de autoorganización y organización en red requieren que el liderazgo y la innovación surjan de todos los miembros del sistema organizativo.

- La innovación personal puede seguir un método. El iPower5 (reto-inmersión-*insight*-invención-innovación) es una potente guía para llevar a cabo este proceso. Un proceso que es cíclico o recurrente. Hay que innovar cada vez.

- La innovación personal tiene un gran impacto en el desempeño propio y en el de las organizaciones, así como en el compromiso y en la satisfacción personal. Un liderazgo efectivo da mejores resultados que un liderazgo inefectivo.

- Para romper el círculo vicioso entre el "pánico a corto plazo" y "el aburrimiento a largo plazo", innove a nivel personal, buscando expresar su mejor versión "para" el mundo.

8

Innovación para el mundo

Elijo arriesgar mi importancia para vivir de forma que lo que vino a mí como semilla, le llegue al siguiente como flor, y lo que me llegó como flor siga adelante como fruto.
Dawna Markowa

La innovación que crea valor

Son las once de la mañana. La temperatura ambiente es de 27° y la humedad relativa del 74%. Se comienza a sentir bochorno. Momento idóneo para encender el aire acondicionado. Ya se empieza a notar. ¡Qué bueno es este invento del aire acondicionado!

Cuentan que ya los faraones disponían de sistemas para refrigerar los palacios. Al parecer, cuando anochecía, tres mil esclavos llevaban las piedras de las paredes al desierto para que se enfriaran con las bajas temperaturas nocturnas. Luego las volvían a colocar en su sitio para que por la mañana el palacio estuviera fresco. Seguramente a los esclavos nos les hacía ninguna gracia, pero al menos tenían "trabajo". Cuando Lord Kevin, en 1842, inventó el principio del aire acondicionado, su objetivo era innovar para conseguir un ambiente agradable y sano; creó un circuito frigorífico hermético, basado en la absorción de calor a través de un gas refrigerante. Posteriormente, en 1902, el estadounidense Willis Haviland Carrier sentó las bases de la refrigeración moderna cuando diseñó un aparato que permitía controlar la temperatura y la humedad por medio de tubos enfriados. Patentado en 1906, fue la primera unidad de aire acondicionado de la historia. Desde entonces, algo más de cien años después, el mercado mundial de aparatos de aire acondicionado mueve cientos de millones de unidades. Un invento innovador que ha contribuido a mejorar las condiciones de vida de las personas, a tener mejores entornos laborales, a incrementar la productividad, a desperdiciar menos en muchos sectores y a otras ventajas inherentes a su aparición y uso. Incluso se han evitado muertes durante los veranos por temperaturas extremadamente altas.

No obstante, ese resultado es el que obtenemos al mirar a uno de los dos platillos de la balanza. Si miramos en el otro platillo, lo que vemos es algo distinto. Nuestra pasión por el aire acondicionado está provocando que el planeta se caliente aún más. A medida que se calienta más, se demandan más aparatos. Se usan estos aparatos para enfriar el microentorno próximo (coche, casa, oficina, etc.), pero al hacerlo expulsamos el calor hacia el entorno externo, con lo cual se contribuye al calentamiento global, lo cual lleva a instalar más aparatos de aire acondicionado. Se trata de un "círculo vicioso", que se plantea en la teoría de sistemas.

Como explica Joël de Rosnay en *Le Macroscope*, con la aceleración del consumo de energía y de la intensidad del metabolismo del sistema social, la acción del hombre sobre la naturaleza resulta alarmante: "Todo sistema genera desperdicios y entropía". La creatividad humana ha permitido avances significativos en todas las épocas. Gracias a ello el ser humano ha podido sobrevivir a circunstancias adversas y a todo tipo de retos. Ya se ha dicho que el ser humano es naturalmente creativo, lleno de recursos y completo. Sin embargo, cuando observamos el impacto de la creatividad humana, se ve que muchos de los nuevos retos a los que se enfrenta la humanidad son consecuencia de la propia creatividad humana. Probablemente, cuando se aborda el proceso creativo e innovador, se persigue un impacto positivo; pero, en la mayoría de los casos, al mismo tiempo se genera un impacto negativo. Por ello cabe preguntarse si, cuando iniciamos el proceso de innovación, el objetivo es crear valor. ¿Qué valor se crea con la innovación? ¿En qué medida existe conciencia sobre el impacto en toda su dimensión?

En una mayoría de los procesos innovadores, el innovador se enfrenta a la presión por lanzar la innovación en el plazo más corto posible. El condicionante de generar riqueza para quien promueve la innovación pesa más que la búsqueda de valor que perdure. El sistema de "incentivos" orienta a las personas en esa dirección, lo que redunda en una visión ciertamente miope, pues parece que solo exista el corto plazo. El largo plazo ha quedado relegado a una posición casi filosófica en la mayoría de organizaciones.

Se puede decir que cualquier innovación tiene dos tipos de impacto: afirmar la vida y disminuir la vida. No existen impactos puramente en un sentido u otro, sino que toda acción humana presenta una combinación de ambos. Mientras que el impacto afirmativo sea mayor que el diminutivo, la vida (del ser humano) seguirá. Hasta ahora, el ser humano ha demostrado ser capaz de avanzar a través de esta "danza" entre impacto y aprendizaje, que ha permitido ir elevando la conciencia colectiva en favor de la vida.

Innovación y sostenibilidad

En el proceso de innovación, por lo tanto, no solamente debe atenderse al impacto en la cuenta de resultados del micromedioambiente empresa cuyo output se desea incrementar, sino que también es fundamental considerar el impacto de la innovación en otras dos dimensiones: las personas y el planeta. Tres dimensiones que constituyen el concepto de *tripple bottom line* ("triple resultado"), incluido en la definición de sostenibilidad recogida en el *Informe Brundtland* de las Naciones Unidas, de 1987. Se define en el mismo el desarrollo sostenible como "aquel que satisface las necesidades del presente sin comprometer la habilidad de las futuras generaciones de satisfacer sus propias necesidades".

Son muchos los retos a los que se enfrenta el mundo actual, cuya solución reivindica la ONU en su documento "Objetivos de desarrollo del milenio". Retos que Otto Scharmer resume perfectamente. La economía mundial, que evoluciona dejando "fuera del sistema" a 850 millones de personas que pasan hambre, a 3.000 millones que viven con menos de dos dólares al día, y el 80% de la humanidad vive con el 15% de PIB mundial; mientras que un 1% de los seres humanos acumula el 50% de la riqueza mundial. Un modelo basado en un sistema de producción de alimentos en masa, que no es sostenible y que impacta negativamente en la salud y en el medioambiente. Sistemas de salud que enfocan los síntomas sin abordar las causas de las enfermedades, muchas de ellas solucionables con medidas preventivas, lo que provoca una escalada exponencial de los gastos en salud. El sistema educativo, que no se enfoca en desenvolver ciudadanos críticos que desarrollen sus capacidades innatas para crear el futuro que desean, ni en co-crear la sociedad que se necesita. Y ya se ha planteado el reto del cambio climático, enmarcado en el de la degradación del medioambiente y la sobreexplotación de los recursos naturales. No es la primera vez, ni la última, que el ser humano se enfrentará a retos importantes como estos. Sin embargo, en esta época, el crecimiento del impacto diminutivo es exponencial. Es necesaria, más que nunca, la innovación para abordar dichos retos en profundidad; y para ello es fundamental la constitución de grupos intersectoriales que enfoquen iniciativas innovadoras para afrontarlos.

Al nivel mini o micro, se necesita iniciar un proceso de reflexión profunda a partir de dos preguntas: ¿Cuál ha sido nuestra contribución? ¿Qué impacto tienen los procesos de innovación? Innovar es combinar la esencia, la tradición, con lo nuevo. Es apreciar lo que se tiene, dejar atrás lo que no se necesita más, e introducir lo nuevo necesario. Toda empresa nace de un propósito inicial que generó el entusiasmo que se precisa para emprender un proyecto. Esa esencia debe estar presente al abordar la innovación. Lo más probable es que ese punto de inicio fuera solucionar un problema que tenía una persona (muestra de un problema compartido con muchas más), como en el caso de YouTube; o la visión de dar solución a un problema social, como en el caso de La Fageda. La existencia de ese propósito inicial es la que impulsa la innovación. Una esencia que se integra, consciente o inconscientemente, en la responsabilidad social de las empresas y de las personas.

Cuando se habla de Responsabilidad Social Corporativa se tiende a pensar en cómo la empresa compensa el impacto diminutivo de su acción. Ello es positivo. Al mismo tiempo, es necesario incluir en el proceso de innovación las consideraciones sistémicas oportunas para avanzar, minimizar y eventualmente eliminar cualquier impacto negativo en el nuevo producto, servicio, proceso, etc. La práctica auténtica de la RSC empieza en el momento en que se idea un nuevo concepto innovador. En este sentido, y en todas las fases del proceso de innovación, es fundamental abordar la visión del proyecto desde el planteamiento de preguntas apreciativas y posibilistas.

Innovación para el mundo

Albert Einstein dijo en cierta ocasión: "Si tuviera una hora para resolver un problema y mi vida dependiera de la solución, pasaría los primeros 55 minutos determinando la pregunta adecuada que formular, ya que una vez supiera la pregunta adecuada, podría resolver el problema en menos de cinco minutos". Aunque no mucho más, las personas que inician un proceso de innovación –en empresas, equipos, comunidades o a nivel personal– tienen tiempo para decidir cómo abordan el liderazgo del proyecto. Pueden elegir a qué dedican esos "primeros 55 minutos", a buscar la pregunta o a encontrar la respuesta.

Las organizaciones y las personas van en el sentido de las preguntas que se formulan. El líder que busca el desarrollo de su organización o equipo (natural, funcional o de proyecto) tiene dos alternativas fundamentales: enfocarse en ver la empresa como problema a resolver, o enfocarse en descubrir su potencial. Son dos enfoques diametralmente opuestos, pues el primero se basa en preguntas reactivas, mientras que el segundo lo hace en preguntas creativas. Las preguntas reactivas van encaminadas a identificar el problema, analizar las causas, abrir hipótesis de soluciones, listar posibles acciones; por su parte, las preguntas creativas se orientan positivamente a descubrir las fortalezas, a imaginar lo que podría ser, a activar lo que realmente importa, a sentir lo que llena a las personas de vida y de energía. En el primer enfoque, se juega para no perder. En el segundo, se juega para ganar.

Si lo que buscamos es solo desempeño, tal vez el primer enfoque sea suficiente. Si lo que buscamos es transformación, recurrir al segundo será fundamental, pues, como dice Marilee Goldberg en *The Art of Powerful Questions*, "un cambio de paradigma (*paradigm shift*) ocurre cuando una pregunta que es propuesta desde dentro del paradigma existente solo puede ser respondida desde fuera del mismo".

Peter Drucker, considerado el padre del Management como disciplina, dijo: "La tarea del liderazgo es crear alineamiento de fortalezas, haciendo las debilidades del sistema irrelevantes". Cuando abordamos sistémicamente el proceso de innovación, es importante ver el sistema en el que intervenimos como parte de un sistema mayor. Se trata de un conjunto de sistemas anidados, que necesitan alineamiento para poder avanzar creativamente. La pregunta inicial, pasados los "55 minutos", que se haga el líder será clave para alcanzar este objetivo o no. Liderar es innovar, e innovar es liderar. Al acceder al liderazgo, el líder puede plantearse "la pregunta" en dos formas, que le llevarán a sitios distintos: ¿Qué hacer para obtener la mejor innovación del mundo?, ¿qué hacer para obtener la mejor innovación para el mundo?

Ya sabemos cómo innovar, en las empresas y en uno mismo; pero ¿innovar para qué? Ser el mejor del mundo o el mejor para el mundo. La primera orientación tiene una connotación puramente resultadista, particular y cortoplacista. La segunda se enfoca en el qué y al mismo tiempo en el cómo, busca anticipar el impacto para realmente crear valor, y sostiene una mirada de largo plazo que garantice la sostenibilidad desde la innovación. De ahí el planteamiento de la necesidad de innovar para el mundo, teniendo en cuenta el impacto de la innovación en el "triple resultado" *(tripple bottom line)*, considerando en especial a las futuras generaciones.

El concepto de sostenibilidad no es nuevo. Ha estado presente en todas las etapas de la humanidad, en unas más que en otras. El impulso actual es de recuperación de un aspecto consustancial del ser humano, que crea con la intención de que la creación pase a las siguientes generaciones. La inteligencia colectiva se alimenta de esta forma. Es momento de recordar esta esencia.

En la constitución de las Naciones Iroquois, una confederación de tribus nativas norteamericanas, se destaca: "En todas vuestras deliberaciones [...] en vuestros esfuerzos por hacer leyes, en todos los actos oficiales, el interés personal arrojado al olvido [...]. En cada una de nuestras deliberaciones, debemos considerar el impacto de nuestras decisiones en las próximas siete generaciones".

Piensa por un instante en "tus" siete generaciones, tanto las que te preceden como las que te suceden. Conoces, tal vez, poco sobre tus antecesores más allá de tus abuelos. Tal vez te gustaría saber más. Lo que sí sabes es que todos ellos y ellas, esas siete generaciones, hicieron posible que estés aquí. Los pensamientos, palabras y acciones tienen impacto en la vida. ¿Cuál es el impacto que se quiere en las próximas siete generaciones?

Lo más común es que, incluida la tuya, haya entre tres y cuatro generaciones vivas. Al observar la realidad y los retos actuales, no hace falta proyectar hasta la séptima generación para reconocer que algo no se está enfocando adecuadamente. Se habla mucho de desarrollo sostenible en las empresas, y muchas disponen de políticas de responsabilidad social. Cuando hablamos de sostenibilidad, ¿para quién estamos "sosteniendo" el desarrollo? Se supone que para las futuras generaciones, ¿no? Se supone que los jóvenes actuales son la siguiente generación. ¿Cuál es la situación de los jóvenes en la actualidad? ¿Cuál ha sido la contribución de las seis generaciones anteriores en esta situación? ¿Cuál ha sido o es nuestra contribución como generación inmediatamente anterior?

Seth Godin publicó en uno de sus *posts*: "Lo que hay que recordar sobre el corto plazo es que con toda probabilidad estaremos aquí cuando llegue el largo plazo". Un post que inicia de forma irónica: "Hay pocas razones por las que no deberíamos preocuparnos por lo que ocurra en el largo plazo: no tener intención de estar por aquí, pensar que ganaremos mucho dinero a corto plazo y no importa, pensar que no te pillará".

Algunos tal vez podrán decir que "tenemos suerte" porque somos la última generación "que vivió mejor que sus padres". Me gustaría pensar que no, pero nos está "pillando". ¿Qué es lo que deseamos crear juntos? Algo mejor, sin duda. Además, es posible; hay numerosos ejemplos en ese sentido.

Es el caso de la empresa Seventh Generations, una firma estadounidense de productos de limpieza y lavado, cuidado personal e infantil. Una empresa que apuesta por la innovación disruptiva y que tiene como misión "inspirar una revolución que nutra la salud de las próximas siete generaciones". Además de practicar activamente esta misión con sus productos, extienden su filosofía a los consumidores, educándolos en prácticas sostenibles, y compartiendo su experiencia con otras empresas.

Otro ejemplo lo encontramos en el conglomerado Tata, en la India. Un caso que se describe en profundidad en un artículo publicado en *The Economist* en marzo de 2011. Su actual presidente, Ratan Tata, tiene una imagen radicalmente distinta de la del típico magnate de los negocios. En su conversación, las palabras "dignidad" y "deber" son frecuentes. Vive con austeridad y al mismo tiempo es el empresario más poderoso de la India y uno de los más influyentes en el mundo. El grupo Tata es un gigante, constituido por una familia de empresas que actúan en sectores diversos: automóviles, consultoría, software, acero, té, chocolate, productos químicos y hoteles; en su conjunto, el grupo ingresó cerca de 50.000 millones de euros en 2009-2010. Ratan Tata ha transformado el grupo en muchos sentidos y opera en más de 80 países. Pero más allá de la historia económica de Tata, está el orgullo de su cultura, basada en tres pilares: lealtad, dignidad y responsabilidad social corporativa. En torno al 66% del capital de Tata, pertenece a una agrupación con ánimo benéfico, propiedad de la familia Tata. Alan Rosling, un antiguo ejecutivo del grupo, afirmó: "Ganamos dinero para que la familia pueda donarlo". Con el dinero obtenido de esta forma, financian causas valiosas como proyectos para disponibilidad de agua potable y alfabetización, con inversiones anuales de más de 60 millones de euros en 2010. El compromiso social de Tata va más allá aún. Tata Steel, la división de producción de acero, gestiona hospitales, un zoo, un estadio deportivo y la empresa local de servicios de utilidades. Emplea a 250 personas que se dedican a mejorar la agricultura, la sanidad y la educación en la región. Como dicen, "también producimos acero".

Como dijo David Whyte, poeta irlandés que aborda la relación con el trabajo y que es consultor de muchas grandes corporaciones, "lo que es recordado de todo nuestro trabajo es lo que sigue vivo en las mentes y corazones de otros".

¿Qué se necesita?

En los últimos años se ha hablado mucho de la necesidad de incorporar, en la acción empresarial occidental, más energía femenina. En general se aborda este tema desde la perspectiva de la "cuota" de mujeres en los cargos más altos de organizaciones, empresas e instituciones. Como si cada energía correspondiera a cada sexo, cuando el acceso a ambas está disponible para todos y todas. Sin embargo, aquello que precisa nuestra sociedad es equilibrar la energía masculina predominante. Una energía orientada a la acción, a la inmediatez, al control, al mundo externo y a los objetivos y expectativas. La energía masculina está relacionada con el enfoque, el discernimiento y el poder de actuar. Es una energía extremadamente necesaria, y que por ello debe estar en equilibrio dinámico con la energía femenina.

La energía femenina se inclina por naturaleza a volcarse hacia el interior, hacia la reflexión. Se relaciona con las emociones, los sentimientos, la inspiración y con ir más allá de los límites del "yo" para conectarse con los demás. Es, en cierto sentido, la energía de lo no manifestado y el potencial. La energía femenina es fluida y receptiva y, cuando se combina con la energía masculina, conduce a expresiones de máxima creatividad.

Al combinar en equilibrio dinámico las dos energías, se promueve que toda acción nazca de la necesidad, del potencial y de la reflexión, y que el impacto de la acción considere no solamente aquello que la persona que innova "necesita", sino también, y sobre todo, "aquello que la sociedad necesita".

Para buscar este equilibrio dinámico, es útil observar la realidad sobre la que queremos innovar desde ocho perspectivas: libertad, condición presente, confianza, propósito, sostenibilidad, aprendizaje, coraje y vitalidad. Mediante esta observación se podrá cobrar conciencia de lo que se necesita en cada situación, en cada proyecto. Haciendo este ejercicio desde la inteligencia colectiva, se encontrarán soluciones innovadoras a los retos actuales, tanto a corto como a largo plazo.

Acceder a la inteligencia colectiva es necesario, porque cualquier persona (incluso un "gurú"), por mucho que sepa, por muy sabia que sea, conoce solamente la parte del pasado que alimenta su experiencia. Conoce en cualquier caso una parte ínfima del conocimiento disponible, y una parte ínfima de las posibilidades de descubrimiento e innovación. Así, toda persona, esté en el nivel de conciencia que esté, precisa del diálogo auténtico para sentir que se necesita, y actuar en consecuencia.

Estamos en un momento de cambio exponencial. Esta circunstancia está abriendo el espacio para que muchas organizaciones decidan transformarse, explorar sus límites e innovar en todos los frentes. Es el caso de CEMEX, que hace algo más de una año optó por el desarrollo de la red social en la empresa. ¿Para hacer amigos? ¡No! ¡Para hacer *business*! En este tiempo se han incorporado a la red de CEMEX, bajo la denominación de Shift, más de 20,000 empleados en todo el mundo, creando más de 500 comunidades, y lanzado 9 iniciativas globales que están en ejecución. Hemos entrado en la era del *social business*.

Ya hemos visto que abrir el espacio a una transformación de esta índole requiere de un liderazgo auténtico, creativo. Los líderes de la organización que mantienen visiones potentes del futuro saben que el cambio o la transformación comienza en ellos mismos, abordando la dimensión interna del cambio. Para innovar en cualquier ámbito de la organización, los líderes empiezan por la "innovación personal". Solamente desde esa base los líderes pueden "liderar desde el futuro que emerge" (como define el liderazgo Otto Scharmer *Theory U*) en los entornos cambiantes del siglo XXI.

Para liderar la transformación de la sociedad y de las organizaciones hacia un modelo de desarrollo sostenible, los líderes se han de "estirar" más que nunca. Christopher Baan, Phil Long y Dana Pearlman, autores de la investigación cuyos resultados publican en *The Lotus. A Practice Guide for Authentic Leadership in Strategic Sustainable Development*, plantean las nueve capacidades que toda persona que afronta el reto de una transformación en organizaciones y comunidades debe practicar, desarrollando su maestría. Estas capacidades son:

1. *Estar presente.* Significa estar totalmente consciente y despierto en el momento presente: física, mental, emocional y espiritualmente. Incluye conectar con los demás, con el entorno y con las circunstancias.
2. *Suspender el pensamiento y dejarse ir.* Es la habilidad de experimentar activamente y observar un pensamiento, suposición, juicio, patrón habitual, emoción o sensación como el miedo, la confusión, el conflicto o el deseo, y entonces refrenar el impulso de reaccionar inmediatamente o de responder a la situación.
3. *Intención alineada con un propósito superior.* Es el alineamiento de la naturaleza auténtica personal con el orden natural en el mundo o en la vida.
4. *Compasión.* Tener aceptación incondicional y amabilidad hacia todas las dimensiones de uno mismo y de los demás, con independencia de la circunstancia. Incluye la habilidad de reflexionar sobre uno mismo y los demás sin juicio, pero con el reconocimiento y confianza de que los otros están haciendo lo mejor que pueden en una situación dada.
5. *Conciencia sistémica total.* La capacidad de cambiar rápidamente entre diferentes perspectivas, escalas y puntos de vista, para ver la imagen global *(big picture)*,

las interconexiones dentro del sistema, y de ser capaz de descender hasta los pequeños detalles.

6. *Autoconciencia total.* El proceso continuado, que dura toda la vida, de prestar atención a conocerse a uno mismo; implica la observación consciente e intencional de las diversas dimensiones del ser (física, mental, las "sombras", emocional, espiritual). Es la capacidad de observar cómo uno piensa, se relaciona, siente, nota y juzga. Incluye percepciones más allá de la mente racional, incluida la intuición.
7. *Poder personal.* La habilidad de usar energía y empuje en manifestar acciones sabias en el mundo para el bien común, al tiempo que se es consciente de la propia influencia en una situación.
8. *Sentido del humor.* La experimentación universal de simultanear diversión, risa y alegría, a partir de una experiencia, pensamiento o sensación.
9. *Gestionar dualidades y paradojas.* Es la capacidad de "sentarse" con la ambigüedad cuando se está facilitando una sesión, de gestionar polaridades y sostener múltiples perspectivas.

Podemos ver estas nueve capacidades como "un duro camino que recorrer" o como "una visión personal poderosa", o como ambas cosas, o como ninguna de las dos. En todo caso, el punto de partida tal vez sea seguir conociéndose en profundidad y descubrir más de nuestras competencias y patrones de comportamiento.

Cuando se enfoca la innovación personal, no debemos confundir innovación con *branding*. La innovación personal busca la autoexpresión auténtica que crea valor, mientras que la "marca personal" persigue posicionar a la persona como experto en algo. La innovación personal busca el propósito y la creación de valor para el mundo; la marca personal, el reconocimiento por parte de los demás del conocimiento específico que tiene la persona, con un objetivo meramente comercial. El segundo lleva fácilmente a "qué necesito", mientras que el primero lleva sin duda al "qué se necesita". ¿Se puede productivizar la esencia personal o se puede hacer productos desde la esencia? La persona busca, esencialmente, expresarse en libertad, de forma auténtica, para crear valor para el mundo. La mejor manera de posicionarse es siendo "uno mismo".

Made for the World

Una vez más, hay que abandonar el paradigma del control. Como dice Margaret Wheatley en su libro *A Simpler Way*, "existe una forma más sencilla de organizar el esfuerzo humano, que requiere una forma nueva de estar en el mundo, con creatividad y juego, para buscar lo que es posible". Ello requiere una nueva creencia: el mundo es inherentemente ordenado. El mundo busca organización y no necesita a los humanos para organizarse. Si simplemente pudiéramos ser y estar en el mundo en la máxima expresión de nuestra humanidad, ¿de qué seríamos capaces?

El liderazgo y su expresión a través de la innovación marcarán la agenda del futuro del planeta. Desde todos los sectores y ámbitos –político, económico, empresarial, financiero, social, académico, etc.–, la influencia ejercida es tal que el futuro colectivo depende de cómo innovemos y para que innovemos.

Aún existe el recuerdo de los esfuerzos en épocas pasadas por atraer el turismo a España. El lema SPAIN IS DIFFERENT! recorrió el mundo entero y contribuyó a crear un importante flujo de turistas hacia el país. En el ámbito empresarial, con más o menos efectividad, se probó también aquello del MADE IN SPAIN, emulando los exitosos MADE IN GERMANY o MADE IN THE USA. Todo perfecto, y sin embargo el país está donde está. Con todo ello, España buscaba competir y ser "el mejor país del mundo".

Al observar el mundo en metavisión, se ve un conjunto de países y grupos que velan por sus intereses propios. El mundo presenta un alto grado de polarización, una división entre "ellos y nosotros". La gran oportunidad es buscar, desde la contribución individual y colectiva, ese "alineamiento de fortalezas necesario que haga las debilidades irrelevantes".

El mundo es rico en diversidad, tanto cultural, como histórica y humana. Se necesita abrazar la diferencia como palanca estratégica para el desarrollo sostenible del planeta. Tal vez esté comenzando a ocurrir, ya hay algunos ejemplos de ello. Los seres humanos somos diferentes –cada persona, cada grupo, cada región, cada origen, cada lengua, cada lugar–, y eso es bueno. Para superar la polarización, el primer paso es ver lo que tenemos en común, que es mucho, para después aceptar la "diferencia", como paso previo a la "diversidad plena".

Un primer salto hacia adelante que se puede dar es comenzar a pensar, hablar y actuar para el mundo: *Made for the World!* ("Hecho para el Mundo"). Un nuevo "lema" o paradigma que alimentaría la voluntad individual de escuchar lo que se necesita, y "arrojar al olvido" el interés meramente personal.

¿Por qué no?

Resumen del capítulo

- La innovación tiene como objetivo la creación de valor. Para ello, en el proceso innovador, hay que considerar el impacto de la innovación, tanto afirmativo como diminutivo, en el sistema en su globalidad.

- La innovación que refuerza la sostenibilidad, encara objetivos en la cuenta de "triple resultado" *(tripple bottom line)*: beneficio, personas, planeta. Innovar desde esta perspectiva es fundamental para que, entre todos los sectores, se puedan abordar con éxito los grandes retos de la humanidad.

- Un principio de sostenibilidad: "En cada una de nuestras deliberaciones, debemos considerar el impacto de nuestras decisiones en las próximas siete generaciones".

- Al plantear la pregunta "¿Qué se necesita?" se accede a la dimensión colectiva, y ello permite anticipar los impactos de nuestras acciones innovadoras.

- La innovación para el mundo comienza con la innovación personal para el mundo. A partir de ahí, se puede producir el "alineamiento de fortalezas necesario que haga las debilidades irrelevantes".

- *"Made for the World!"* ¿Por qué no?

Epílogo: "Y ahora que lo sabes, *¡Ahora, innova!*"

Un viaje de mil millas comienza con un simple paso
Lao Tse

Si al leer las historias del principio del libro te sentiste identificado con alguno de los cuatro personajes (Julia, Sandra, Eduardo o Manuel), ahora ha llegado el momento para ti. El momento de innovar. En tu vida, en tu empresa, en tu comunidad. Esperamos que este libro te haya inspirado y ayudado a entender que innovar es imperativo, que todos podemos innovar y que la innovación empieza en uno mismo. Para iniciar tu proceso es necesario afrontar con coraje la oportunidad de cambio que te ofrece tu entorno, ayudándote de las metodologías que proponemos en este libro, que son el resultado de más de 50 años de aplicación e investigación.

Ahora te invitamos a descubrir la continuación de las historias de innovación, a través de nuestro diálogo con Julia, Sandra, Eduardo y Manuel. Esperamos que te ayuden a visualizar la aplicación de lo que hemos compartido, en los diferentes contextos. Te invitamos también a imaginar, a soñar, a actuar...

¡Ahora, innova!

Diálogo con Julia, emprendedora, 38 años.

Liberto: ¿Cómo te sientes, Julia?

Julia: Un poco confundida. No sé qué hacer, ni cómo avanzar. Sé que tengo que hacer algo, que me falta algo, y quiero afrontar la situación. ¿Cuál es el chocolate de mi negocio?

L.: De alguna forma tienes que empezar descubriendo lo que ya tienes. Reconocer lo que hay dentro de ti, de la misma forma que lo hiciste hace unos cuantos años. Ahora estás planteándote volver a empezar porque han cambiado las cosas. ¿Qué es lo que ha cambiado desde que comenzaste?

Julia: Ha cambiado la situación de los mercados, ha cambiado la economía…

L.: ¿Y qué es lo que no ha cambiado?

Julia: No hemos cambiado nosotros, y tampoco nuestra esencia.

L.: Sí, la esencia del negocio está ahí. Eso es cierto, y al mismo tiempo, tal vez, los paradigmas que eran válidos antes ya no lo son. Parece como si la vorágine te hubiera impedido ver lo que estaba cambiando a tu alrededor.

Julia: Es que la rueda del día a día no me deja ver mucho más allá.

L.: El árbol no te deja ver el bosque. Primero deberías mirar con perspectiva lo que has hecho hasta ahora: montar un negocio, tener esta cantidad de tiendas, haber lanzado con éxito nuevos productos, nuevos diseños, haber cambiado el mercado, ¿no? Ya has cambiado el mercado, ahora el mercado te está cambiando a ti y a tu negocio. Pero el talento, la esencia, está ahí. Entonces, ¿cómo encontrar el coraje? De la misma forma que lo hiciste hace veinte años, cuando no tenías nada.

Julia: No tenía nada material, pero tenía la ilusión, tenía las ideas, me tenía a mí.

L.: ¡Aja!, y te sigues teniendo a ti, y además, tienes una tradición de éxito en tu negocio. Necesitas una nueva visión de cómo adaptar tu negocio a los cambios. Y es verdad, los chinos están ahí, pero ahí van a seguir estando, y luego vendrán los africanos, y las marcas de lujo... El nuevo chocolate. El nuevo escenario al que te enfrentas es un camino de invasión, de cambios permanentes, de adaptación, de estar leyendo, de no dar nada por sentado, de ser parte de ese cambio permanente.

Borja: Eso que hiciste ya una vez hay que intentar replicarlo ahora, además de con ilusión, con método. Replicarlo todas las veces que sea necesario.

L.: Y además, ahora no estás sola. Tienes contigo una organización, un montón de gente a la que puedes invitar para que participe en el proceso de transformación. Puedes acceder al liderazgo de tu equipo, desde el tuyo propio.

Julia: Quizás ellos tengan nuevas ideas... En realidad, quien más sabe sobre cómo se hacen las cosas son ellos.

B.: Sí, y no solo puedes y debes contar con la sabiduría de tu gente. También puedes abrir el campo de visión a otros, tanto en tu sector como en otros más alejados. Así podrás evaluar los diferentes modelos de negocio, y juzgar si puedes recuperarlos para tu gestión. Una herramienta útil en este sentido sería el "modelo del Canvas", que te permite hacer una fotografía de los modelos de negocio y actuar sobre ellos.

Julia: Eso es una buena idea.

L.: ¡Claro!

Julia: Ver cómo lo hacen otros.

B.: Sí, tienes que estar cada día con el telescopio viendo qué se hace por ahí. Pero más importante todavía es replantearse la relación con tus propios clientes. Porque seguramente también hayan evolucionado. Además, necesitarás encontrar nuevas "bolsas" de clientes.

Julia: Y ¿cómo puedo hacerlo?

B.: Lo primero es conocer mejor a tus verdaderos clientes. Aquí podríamos plantear un proceso para encontrar sus *insights,* sus verdaderas motivaciones. Y por otro lado, se podría definir cuáles son las "bolsas" de nuevos clientes que te pueden interesar. Una vez encontrados estos nuevos *targets,* deberías de nuevo descubrir esas motivaciones ocultas que explican sus comportamientos respecto a la moda. Esto es oro para tu empresa, porque os permitirá orientar todo el negocio hacia sus necesidades: productos, servicios, formas de comunicar…

Julia: *Ok.* Ya veo… ¡Anda que no me queda…!

L.: Sí es un camino largo y que nunca termina. Pero debes recordar que, aunque seas el motor de la innovación, no estás sola. Yo diría que no debes estar sola, ya que lo ideal sería impregnar a todo tu equipo con esta semilla de evolución.

Julia: Sí, la idea de apoyarme en los demás me quita mucha carga.

L.: Te quita carga. ¡Ajá!

B: Julia, ya has dado un paso muy grande dándote cuenta de que necesitas renovarte y asumiendo que el cambio debe empezar por ti. Eso te hace ser consciente de lo que puede ocurrir si no haces nada.

Julia: Sí, si no hago nada vamos al fracaso directamente; bueno, al cierre.

B: ¡Sí, innovas o revientas!

L.: Además tienes que tener claro que tu organización ya no va a necesitar que seas la gestora, la diseñadora, la organizadora... Igual necesita que seas otra cosa, que desempeñes otro rol en ella, y que desde ahí lideres todos los procesos de innovación.

Julia: No puedo estar en todo con la cantidad de trabajo que hay por hacer.

L.: Sí, en tu caso concreto hay varios ámbitos en los que se puede empezar aplicando la innovación: en la búsqueda de nuevas fórmulas de financiación, en el desarrollo de una organización ágil que responda de forma rápida a los cambios del entorno, y en la reorientación de la actividad de la empresa hacia los clientes.

Julia: Me he exprimido la cabeza buscando soluciones, pero no he llegado a nada realmente eficaz y diferente.

B.: Julia, lo que hay que tener claro en este sentido es que no se pueden encontrar nuevas soluciones a los problemas en el mismo marco en el que se crearon, ni con la misma gente. Existen algunos procesos de invención específicos, que se pueden aprender para poder aplicarlos a los diferentes problemas con los que te encuentras. Estos procesos son más ricos si implican a diversos grupos y persigues la diversidad. En tu caso, podrías implicar a modistos de otras áreas, "espiar" lo que se hace en China, estudiar las tendencias que vienen de "otros mundos" como la arquitectura, el diseño tecnológico, etc. Todo esto también se puede aplicar al caso concreto de la financiación. Aunque no lo parezca, hay mucho dinero por ahí, buscando buenas inversiones..., pero hay que hallar la forma de hacerte irresistible.

L.: Eso es, una nueva fresa irresistible...

B. y L.: ¡Y el nuevo chocolate!

L.: Además, hay algo que tanto Borja como yo tenemos claro: nosotros no tenemos la solución. Nosotros podemos contribuir a ayudarte a facilitar los procesos, pero la inteligencia de tu negocio la tienes tú y todo tu equipo.

B.: Nosotros somos las matronas que ayudamos a dar a

luz. Pero quien empuja… eso no lo podemos reemplazar. Quienes vais a parir la idea sois vosotros.

Julia: Seguramente tengo que empezar por parirme de nuevo a mí misma, ¡ja, ja!

L.: ¡Absolutamente! Bien, ¿reinventamos las nuevas fresas con chocolate?

Julia: Adelante. ¡Es un nuevo sueño para mí!

L.: Pues ya sabes, si puedes soñarlo puedes hacerlo realidad…

Diálogo con Sandra, 48 años. Directora general de una multinacional.

Borja: Hemos escuchado tu pregunta y conocemos tu situación. Cuando preguntas cómo lo hacemos, se nos ocurre enfocar las principales prioridades. Al mismo tiempo te invitamos a que te preguntes qué hacemos. De esta forma estarás aceptando la posibilidad de conseguirlo.

Sandra: Pero es que tengo tantos frentes abiertos... Y no consigo que las cosas funcionen en la mayoría de los ámbitos ¿Qué podemos hacer?

B.: La gran tentación es querer abordar todos los problemas de golpe. Y sobre todo, darse cuenta de que todo ha cambiado y es necesario hacer las cosas de otra forma para resolver problemas.

Liberto: Es preciso que en todo momento formulemos el problema en forma de oportunidad. Si nos enfocamos en el problema, corremos el riesgo de atacar solamente los síntomas, y no las causas. Debemos dar una orientación positiva a la situación.

Sandra: ¿Y eso qué aporta? El problema va a seguir estando ahí.

L.: Sí pero cuando establecemos una visión que nos moviliza, estamos abriendo el espacio a las posibilidades, a la innovación. Si solo buscamos eliminar un problema, tal vez dejemos de lado algunas perspectivas potentes.

Sandra: De acuerdo, pero ¿por dónde empezamos?

L.: Lo primero es comenzar a inyectar entusiasmo de nuevo en la empresa. Imagino que el ambiente no es nada del otro mundo. Para ello, el primer paso podría ser descubrir la cultura actual de liderazgo en la empresa, y el potencial de desarrollo. El 40% de los resultados empresariales están determinados por la cultura de liderazgo, y alguna de las situaciones que describes suenan a que la efectividad del liderazgo es un punto estratégico para liberar el potencial.

B.: Sí, y junto con la cultura de liderazgo, podríamos ver la cultura imperante respecto a la creatividad e innovación: un acertado diagnóstico en ambos frentes nos dará un buen punto de partida sobre el que trabajar. Y después, hay que concentrarse en la primera prioridad, que seguramente sea la caída de las ventas. Hay que entender las diferencias entre el Mundo Operacional y el de la Innovación: llevamos mucho tiempo haciendo cada vez mejor lo que ya sabemos hacer. Todo lo que comentas sobre las ventas es propio de Mundo Operacional. No se trata de hacer mejor lo que ya sabemos hacer, sino que ahora hay que hacer algo distinto... y esto nos lleva a un mundo nuevo, el de la Innovación.

Sandra: Pero no siempre hemos estado haciendo lo mismo. En marketing se han desarrollado nuevos productos con nuevas prestaciones, pero no conseguimos darles salida como antes...

B.: Quizá los clientes no compren estas prestaciones..., quizá ni siquiera compren prestaciones. Habéis desarrollado lo que vosotros pensáis que es lo mejor. Pero tal vez vuestros clientes no lo consideran así. Debéis entenderles mejor, hacer menos, pero justo lo que ellos necesitan. No se trata tanto de pensar como ellos, sino de sentir como ellos. Ir al origen, a sus motivaciones profundas, para así poder satisfacerlos mejor. Las empresas son personas. Los clientes son personas. Nosotros somos personas. Falta entender mejor el factor humano, y hacer algo en consonancia. Lo que hagamos podrá ser más o menos innovador, pero no garantizamos que dé en la diana aun a partir de un entendimiento profundo de las motivaciones de nuestros clientes o usuarios.

Sandra: De acuerdo, tratar de entender a las personas... Y ¿qué pasa con la tecnología? Nos arrollan...

B.: Puede ser interesante montar un proceso de observatorio que nos permita descubrir anticipadamente las tecnologías emergentes que puedan resolver retos de clientes, y en una forma que sea rentable. Pero para no ser los últimos, debemos asumir cierto riesgo: si esperamos a que todo esté totalmente probado, todos los competidores lo tendrán. Necesitamos adoptarlo antes que los demás, tratando de minimizar el riesgo, pero no eliminándolo. Podemos hacer muchas cosas para incrementar las posibilidades de éxito, pero nunca garantizarlo, si queremos innovar. En ese sentido, otra de las cosas que podemos hacer es montar un especie de "laboratorio" donde probar estas nuevas soluciones antes de lanzarlas al gran mercado, minimizando así los riesgos.

Sandra: Por lo que veo, hay que darle la vuelta a la tortilla, el cambio va a implicar a muchos...

L.: Sí, y por ello es importante comenzar a pensar en identificar la red de influencia en la empresa. Son ellos quienes van a facilitar o a obstaculizar la implementación del cambio. Identificarlos, trabajar con ellos e involucrarlos en el proceso de diseño de las estrategias de cambio e innovación.

B.: Ahí podemos entrar a abordar el siguiente tema que te inquieta, el compromiso de los jóvenes y el salto entre vuestra forma de entender el trabajo y la suya. Lo que comentas es un claro indicativo de que tampoco conseguimos entender a nuestra gente, a los candidatos para trabajar con nosotros y a los nuevos empleados. Evidentemente son distintos de los que teníamos antes, lo que no quiere decir peores.

Sandra: Sí, no parece que el trabajo les llene, trabajan sin ganas...

B.: Sin embargo sí que tienen energías de sobra para actividades sociales, en las redes, hacer deporte o tocar en un grupo de música. No es que sean vagos, es que ¡no les interesa lo que hacen en nuestra organización! Eso quiere decir que en cuanto la situación de empleabilidad mejore, se irán... Si queremos atraer y retener al talento, deberemos entender mejor a estas nuevas generaciones. Podrías plantear un proceso de *insight* para el tipo de gente que queremos contratar. En lugar de poner puertas al campo... ¡aprovecha estas energías! Sobre todo en el caso actual, porque las nuevas generaciones, a partir de la generación Y, tienen unos valores muy distintos. Entre otros, no separan tanto la vida personal de la laboral. Necesitan poder divertirse y socializar en la vida laboral de la misma manera que en la vida social. De hecho, no son dos vidas distintas para ellos.

L.: Otro aspecto sería trabajar contigo y el equipo directivo en el desarrollo de un liderazgo creativo, basado en competencias y en la eliminación de las tendencias reactivas. Ello aumentará sin duda vuestra efectividad como líderes, y traerá una mejora de los resultados en todas las dimensiones. Evaluamos el estilo actual y os acompañamos con procesos de *coaching* para que puedas expresar el cien por cien de vuestro potencial de liderazgo.

Sandra: Ya veo el cómo. Pero ¿cómo hago que me sigan?

L.: Haciendo que quieran seguirte. Para ello es importante que juntos, usando un proceso participativo, diseñéis la visión de futuro que queréis crear. Una visión que inspire a todos a dar lo mejor de vosotros mismos, y que vaya más allá de los "muros" de vuestra organización.

B.: Exacto. Después de esta visión, es importante comenzar a andar, empezar a elegir los principales retos en los que necesitamos trabajar de forma diferente. En el primer proyecto que hagamos ya comenzaremos a involucrar a diferentes personas de la organización que quieran participar. Con el éxito en este primer proyecto, se creará un "virus" de entusiasmo que animará a los demás. Está comprobado que la motivación intrínseca (hago algo porque quiero, porque me motiva), es mucho más potente que la motivación extrínseca (palo o zanahoria, premio o castigo).

Sandra: Os advierto que el nivel de participación en la empresa y la iniciativa propia son bastante bajos.

B.: ¿Cómo reaccionáis tú y tus directivos cuando os proponen mejoras, o más aún, cuando os proponen algún cambio disruptivo? Quizá vuestras reacciones están creando un clima en el que la gente no se atreve a proponer nada distinto. Si lo hacen una vez y no obtienen resultados, no les compensará intentarlo más veces.

Sandra: Lo que decís es muy interesante. Creo que esta noche voy a dormir mejor. Aunque con tanto cambio, me da vértigo pensar por dónde atacar.

B.: Sí, supone muchos cambios, pero sobre todo estamos hablando de un cambio en la cultura de la empresa, que determina los comportamientos generalizados en toda la organización. Y esto es lo más difícil de movilizar. No se trata tanto de crear una revolución que provoque resistencias, sino de ir innovando poco a poco, sobre retos concretos, demostrando su validez, ganando adeptos, transformando la organización por pasos según vayan surgiendo las necesidades; y una vez que seamos capaces de innovar cada vez más, tendremos una organización más innovadora impregnada de una cultura de innovación. Para hacerlo real debemos contar con un plan inicial, que debe ser absolutamente maleable en función de las necesidades que vayamos encontrando por el camino, para finalmente implementar un modelo de innovación que vaya generando oportunidades.

Sandra: Visto así parece algo más sencillo. Pero hay algo que me preocupa. ¿Cuánto va a costar todo esto?

L.: En realidad Sandra, la pregunta sería cuál es el precio que estás dispuesta a pagar. ¿Cuál es el precio que estás pagando tanto a nivel personal como empresarial?

Diálogo con Eduardo, 42 años. Director de unidad de Negocio.

Eduardo: ¿Cómo puedo renovar mi vida?

Liberto: ¡Bien! Para comenzar, Eduardo, es importante ver cómo te formulas las preguntas a ti mismo, porque, cuando me estás preguntando cómo puedes renovar tu vida, estás negándote sutilmente la posibilidad de hacerlo y buscando la solución fuera de ti. Me estás preguntando a mí para que yo te dé una solución, cuando la solución está dentro de ti. La pregunta sería qué puedes hacer para renovar tu vida. ¿Ves la diferencia?

Eduardo: ¿Qué puedo hacer?

L.: El poder está en ti. Una crisis es en el fondo una oportunidad. Estás donde estás, y ¡sí!, te han despedido. Y esto debe ser para ti una oportunidad de renovarte, de reinventarte, de redescubrir quién eres ¿Cuál es tu reto más inmediato?

Eduardo: Encontrar un poco de orientación. He hecho todo lo que debía, creía que estaba trabajando bien, he dedicado muchas horas. Para mí el trabajo lo era todo, y al echarme todo se ha desvanecido. Siempre había tenido éxito y ahora...

L.: Quizás aquí sea importante revisar el concepto de éxito ¿Qué es el éxito?, ¿ganar mucho dinero?, ¿conseguir vender muchos productos?, ¿logros? ¿Qué es el éxito en realidad?

Eduardo: El éxito es ser una persona reconocida.

L.: ¡Ah! Sí, esa es una perspectiva de éxito que muchas personas tienen. Quiero ofrecerte otra. El éxito como la capacidad de expresarse uno mismo en su máximo potencial, ser uno mismo, en toda circunstancia, con coraje, con determinación, con valentía, con autenticidad.

Eduardo: Ahora mismo me cuesta ver eso.

L.: Es normal, has estado trabajando muy duro y al final... ¿para qué estás trabajando? ¿Cuál es la motivación que te lleva a trabajar?

Eduardo: Supongo que para sentirme bien para... bueno, para ser reconocido en la empresa. Conseguir los objetivos y poder llegar a una situación donde pueda tener opción de llegar a cabo mis decisiones y, además, conseguir una estabilidad financiera importante para mi familia...

Borja: Lo que estoy escuchando es que quieres ser el mejor Eduardo del mundo.

Eduardo: Puede ser…

L.: Yo te ofrezco otra perspectiva. ¿Cómo es el mejor Eduardo para el mundo?

(Silencio.)

Eduardo: Yo diría que un equilibrio entre el mejor Eduardo para el mundo y el mejor Eduardo para mí.

L.: Para ti, ¡ajá! Buscas reconocimiento, buscas logro, buscas éxito y ahora estás en la calle...

Eduardo: Sí, y no me explico por qué, si he trabajado duro y bien.

L.: Muchas veces, trabajar duro no significa trabajar bien. Pero, de todas formas, ¿quién sabe qué es bueno y quién sabe qué es malo? En definitiva, aquí puedes optar por dos opciones: verlo como un fracaso o verlo como una oportunidad. Verlo como una crisis o verlo como una ocasión de renovarte. En conclusión, ¿qué te va exigir esta nueva situación? Te va exigir que mires hacia ti para reconocer tus talentos, para volver a entrar en contacto con tus valores, con tus fortalezas, con lo que sabes hacer, con lo que has logrado. Valorar todo eso y al mismo tiempo imaginar un nuevo camino, un nuevo destino, un nuevo sueño. ¡Quién sabe adónde te va a llevar esta situación!

Eduardo: Sí, de hecho yo estaba cómodo y estaba bien. Tenía un buen sueldo, pero había cosas en que me sentía limitado. Lo único es que ahora tengo un miedo terrible porque no sé qué hacer, cómo hacer, y además no me puedo permitir estar sin trabajar. No sé qué va a pasar ahora. Me asomo a un abismo y no sé cómo... Aunque, por otro lado, tengo algo de tiempo y quiero aprovecharlo.

L.: Perfecto, tienes un tiempo. La invitación es, primero, respirar, tomarte unos días para respirar y dejar atrás. Siempre va a haber un proceso de duelo en una situación así. Una vez que hayas aceptado que las circunstancias han cambiado, estaría bien reconocer en ti los recursos necesarios para afrontarlo con éxito, como ya has hecho hasta ahora en tu vida.

Eduardo: Y ¿cómo hago algo distinto? Intuyo que tengo que hacer algo distinto, pero ¿cómo lo hago? Yo no soy un tío creativo.

L.: Esto es uno de los paradigmas que más se oyen en la sociedad, creativos son unos cuantos y buscamos las personas creativas; pero el ser humano en sí mismo es creativo. Ahora mismo estamos creando una conversación. Esta conversación no existía, la estamos creando entre los dos. Y si creamos una conversación podemos crear muchas cosas. Somos creativos por naturaleza. Otra cosa es que conceptualmente la palabra "creativo" se asocie hoy en día, y sobre todo en el mundo empresarial, a los publicitarios, a los que crean mensajes, diseñan un producto, etc. Eso nos lleva a pensar que los demás no somos creativos. ¿Acaso no has hecho nunca un *business plan*?

Eduardo: ¡Sí, claro!

L.: Y las estrategias, ¿de dónde han salido? Las has creado tú. La forma de gestionar tu equipo, ¿quién la ha desarrollado?

Eduardo: Claro, pero lo hacía en un entorno con red de seguridad. Tenía que crear planes y proyectos, pero no tenía que preocuparme de ganarme el pan todos los días. Era en un entorno que ya conocía, usaba unas plantillas que... Tenía que inventar pero ya con herramientas hechas, y ahora veo que no tengo nada y que tengo que sacarlo de la nada, y yo quiero creerte cuando dices que soy creativo pero es que no lo veo.

L.: Eso es un regalazo, Eduardo, porque el paradigma de la seguridad es una falacia. En realidad, el regalo que te está dando esta oportunidad es poder reconocer que vivimos en un entorno inseguro. Imagina que nos miras desde la Luna. Verás una bola, que es la Tierra, que viaja por el universo a una velocidad impresionante, y nosotros nos creemos que estamos seguros... ¿De qué? Al contrario, la única seguridad es ser uno mismo, expresar nuestro propio yo, y responder siempre a lo que trae la vida desde tu esencia. Bienvenido a la inseguridad.

B.: Perdonad que interrumpa este momento... Como dice Liberto, bienvenido a la inseguridad, a la realidad…, a la vida misma, un proceso de evolución y adaptación constante. Si no, estaríamos muertos. La vida, desde su origen, tiene la necesidad de reinventarse, y la mejor oportunidad para crecer y readaptarse es la necesidad del cambio. Ya lo decía Darwin: sin cambio, no hay evolución.

L.: Si todo esto te parecen buenas palabras, pero no consigues concretar estos conceptos de forma real, te diré, por ejemplo, que en el ámbito del liderazgo hay herramientas que te permiten medir tu estilo, ver cuáles son tus paradigmas, tus creencias limitadoras, y trabajar en ello.

B.: Igualmente existen metodologías de innovación que puedes aprender y aplicar para conseguir ser más innovador en cualquier área, siempre que lo necesites.

L.: Ello te permitirá buscar algo que no te limite, sabiendo que la red de seguridad que creías que te sujetaba era una alucinación.

Eduardo: No me queda más remedio que volar, no tengo más huevos.

B.: Como decía aquel poema: "Acercaos hasta el borde. Podríamos caernos. Acercaos hasta el borde. ¡Está demasiado alto! Acercaos hasta el borde. Y ellos se acercaron. Y Él los empujó. Y ellos volaron". Pues ¿qué mejor oportunidad para ti?

Eduardo: Todos esos procesos que me comentas, ¿los tengo que hacer yo solo?

L.: Al contrario, un factor fundamental de la creatividad y la innovación es la diversidad. Con cuantas más personas te pongas en contacto, mejor. Se trata de compartir para enriquecer. Seguro que tienes un montón de gente con la que puedes restablecer contacto.

Eduardo: Algunos muy distintos; tengo uno que es granjero...

B.: Eso es. Como dice una canción, la riqueza está en la mezcla. Pongamos el ejemplo de cómo se han inventado muchos productos, de forma "serendípica". En el caso de velcro, observar la forma en que actuaba la naturaleza llevó a sus inventores a crear un producto revolucionario en su sector. Algo distinto, de otro mundo, llevado a otro contexto. Así pues, un granjero te puede aportar mucha información y tú a su vez a él. Hablar con otras personas aporta información, conocimientos, experiencias, incluso sueños.

Eduardo: Todo esto está muy bien, pero dar el salto asusta, como dice vuestro poema.

L.: Al final hay un factor fundamental. Existen dos tipos de empresas, las que se atreven y las que no se atreven; y dos tipos de personas, las que tienen coraje y las que no lo tienen. Siempre que innovemos, estaremos en contextos de riesgo. Nadie tiene la seguridad de que cuando lances un producto nuevo, cuando lances un proceso nuevo, vas a ser perfecto. Hay que arriesgarse. Es importante dar ese paso, ponerlo en marcha, porque no hay mayor riesgo que no aplicarlo y no hacer nada. Además, puedes llegar a ideas muy creativas, pero para que tengan éxito y sean provechosas es fundamental aplicarlas.

B.: Sí, la innovación no es solo la creatividad. La innovación es lo que está diciendo ahora Liberto, la creatividad aplicada de forma que aporta valor. En todos estos procesos tienes que llegar hasta el final y, además de abrir todas las líneas posibles, necesitas acabar con algún plan de acción. Pero todo este proceso necesita del coraje. Por eso siempre hablamos de la noche oscura de la innovación. No sabes adónde vas a llegar; hay que pasar zonas de arenas movedizas, de bruma. Son como las pruebas que pasa el intrépido Indiana Jones. Solo el coraje y la valentía te harán aventurarte para alcanzar tu Santo Grial, la innovación que te aporte valor.

Eduardo: Pues nada, me cojo el sombrero y el látigo y… ¡a por ello!

Diálogo con Manuel, 55 años. Alcalde de un pueblo de Madrid.

Liberto: ¿Por quién doblan las campanas, Manuel?

Manuel: ¡Vaya cabreo que tengo! Es que ya no sé por dónde salir.

L.: ¿Sabes qué me dice ese cabreo? Que amas profundamente a tu pueblo, que lo tuyo es pasión por tu gente. El hecho de que no puedas darles respuesta es lo que te hace estar enfadado. Han cambiado las personas y sus necesidades. Tu actitud, tu voluntad de servicio, tus ganas de hacer cosas están ahí, son las mismas.

Manuel: Ya, pero ¿por qué no me he dado cuenta antes?, ¿por qué esto es así, de repente?

L.: Tal vez no sea tan de repente. Lo que pasa es que las cosas van cambiando y se van acelerando cada vez más. Ha habido una época de bonanza tremenda, el crecimiento ha sido exponencial, y eso lo ha trastocado todo.

Borja: Sí nuestro entorno cambia muy rápidamente..., tanto que, cuando nos queremos dar cuenta, estamos ya muy fuera de la realidad. Lo primero que tendrías que hacer es ser consciente de que la gente ya no piensa como pensábamos nosotros. Hay que adaptarse al nuevo entorno. A la nueva forma de comunicarse, a los nuevos valores... Si no lo hacemos, simplemente estaremos fuera.

Manuel: ¿Y por dónde empiezo? Porque la administración es muy complicada.

L.: ¡Por ti! Primero apreciar quién eres, apreciar tu amor por el pueblo y apreciar las posibilidades. A partir de ahí, parar un momento, respirar, abrir los ojos y empezar a ver la nueva realidad, una nueva realidad cambiante y que cada vez lo va a ser más. Cambian las necesidades, y no se trata tanto de qué hacer, sino de escuchar a los demás para, entonces, darles respuestas. Todo eso implica que tú des un paso atrás, para tener una visión en perspectiva de la foto. Cambiar la forma de organizarse, hacerlo de forma más dinámica, involucrar a la gente en el gobierno del municipio, participar con ellos, abrir espacios para que las personas participen y poder escuchar sus voces…

Manuel: Me van a poner a caer de un burro…

L.: Sí, seguro que te van a poner verde, pero ahí es donde vas a demostrar el coraje. Porque, para cambiar algo, lo primero que necesitas es coraje para asumir el cambio. Si quieres innovar y transformar las cosas en el municipio tienes que empezar por ti. Y eso tu gente lo irá viendo poco a poco. Tú eres el primero que debe dar un paso al frente. No puedes pedir a los demás que cambien sin comenzar por ti mismo. Tú eres la persona que puede liderar el cambio.

B.: Sí, lo que dice Liberto es esencial, y al mismo tiempo es necesario tener en cuenta que los problemas son tantos y tan variados que difícilmente podrás pensar tú solo por todos... Les has acostumbrado demasiado a que tú decides todo, y ellos han dejado de pensar por sí mismos. Necesitas poder contar con la creatividad y capacidad resolutiva de cada persona de tu equipo. Y para ello, todos deben saber que no dependen de ti para solucionar sus problemas... También tendrás que darles herramientas para que sean capaces de encontrar nuevas soluciones a sus problemas cuando lo necesiten.

Manuel: Ya, entiendo, lo de pensar que el alcalde, por ser alcalde, lo sabe todo del pueblo ya no funciona…

B.: Eso es, Manuel. Tu trabajo de liderazgo debería estar más centrado en crear las condiciones para que todos los demás sean capaces de resolver sus problemas. Son ellos los que están en contacto directo con su personal, con mucha gente distinta con la que tú no puedes relacionarte en el día a día. Dales herramientas para entenderles mejor, y tratemos de montar diferentes grupos para solucionar los problemas colaborativamente. ¿Con qué retos te enfrentas ahora, para comenzar?

Manuel: Pues con el tema de la nueva población. Tanta gente necesita muchos recursos del Ayuntamiento. Yo no tengo gente para cubrir los servicios que necesitan. Y luego todo esto del Facebook y el Twitter, que no entiendo. Están pasando cosas que me suenan a chino.

B.: Bueno, vayamos tema por tema. El aumento de población y la escasez de recursos es un problema que creemos que solo podrías solucionar desde un nuevo prisma. Es decir, empezando a buscar soluciones innovadoras de forma sistemática. Y lo primero para innovar es saber *para quién* o *para qué* necesitas innovar. En principio, tendrás dos ámbitos: innovación en tus procesos internos (cómo conseguir la financiación, cómo mejorar nuestra gestión con recursos limitados, etc.), e innovación para añadir valor a algún grupo poblacional. Y tú Liberto, ¿qué opinas del tema de las redes sociales que tanto le preocupan a Manuel?

L.: Las redes abren el espacio a una conversación distinta con los ciudadanos. Te dan la oportunidad de tener una relación más cercana con ellos, más allá de las veces que te los encuentras en la calle o en los plenos. No tienes por qué tenerles miedo, simplemente utilizarlos como una herramienta de escucha activa para entenderlos.

Manuel: Vale, pues supongamos que acepto las redes sociales, que acepto que tengo que cambiar y que tengo que innovar. ¿Cómo le metemos mano a eso? Ponedme un ejemplo.

B.: Bueno, Manuel, lo primero que tienes que tener claro es que innovación, en el fondo, es algo nuevo que conseguimos implantar, de manera que añade valor frente a lo que teníamos. Antes hablábamos de añadir valor a un grupo. Imagina que tú quieres añadir valor a todos los extranjeros que han llegado al municipio, y que podrían ser una fuente de riqueza. ¿Qué deberías hacer? Primero, hablar con ellos, preguntarles, observarlos..., estudiarlos hasta conocerlos mejor que ellos mismos. Las motivaciones más profundas son aquellas que difícilmente podrán decirnos, porque están en el plano inconsciente, pero son las que explican todos sus comportamientos. Y nos hablan de lo que quieren, de lo que necesitan, de lo que creen… Segundo, una vez que conocemos esas motivaciones, podemos pensar en qué hacemos para satisfacer esos deseos o creencias. En algunos casos tendremos que cambiar levemente las cosas que ya hacemos, de forma que sean más relevantes para ellos, y en otros casos podremos inventarnos cosas totalmente distintas, pero con mucha mayor probabilidad de éxito puesto que están basadas en necesidades muy bien estudiadas.

L.: Sí, y además de aplicar las técnicas que Borja te comenta, debes abordar esta nueva etapa con un espíritu positivo. En vez de cabrearte, trata de reaccionar ante lo que te viene encima, intenta verlo desde otra perspectiva, quizá desde la ilusión de descubrir nuevos caminos, aprender, crear…

Manuel: Bueno, me cuesta entenderlo, pero veo un poco de luz… Oye, Borja, y una vez que sabes lo que le interesa a la gente y lo que quieres cambiar de tu organización, ¿qué haces? Porque en el Ayuntamiento, lo que se dice muy creativos, no somos.

B.: Sí, bueno en realidad todos podemos ser creativos si nos ayudamos de algunas técnicas. Por ejemplo, existe un proceso estructurado y práctico, iPower5, para innovar a través de *insights* o motivaciones ocultas. Se trata de fijar un reto y montar un grupo de trabajo. Es importante que en este grupo estén representadas todas las áreas que tengan alguna implicación en el proceso o servicio que queramos mejorar. Así nos ahorraremos las críticas y dificultades que nos pondrían si tratamos de imponerles algo nuevo. Con este grupo, hacemos sesiones de invención usando el modelo del diamante para conseguir encontrar nuevas ideas, alternativas, que además de nuevas sean implantables. Es importante hacerlo en grupo. Descubrirás que nadie es tan listo como todos nosotros juntos.

L.: ¿Cuál es el primer reto al que te enfrentas, Manuel?

Manuel: La recaudación y la falta de liquidez

B.: Pues de los procesos que comentaba antes quizá pueden surgir ideas como, por ejemplo, empresas que están contaminando mucho y necesitan mejorar su RSC. Quizá podemos plantearles un proyecto de plantación de árboles en el municipio que ellos paguen, y de esa manera difundimos que están compensando el CO^2 que emiten a la atmósfera. También podemos encontrar inspiración en lo que tenemos alrededor, como otros ayuntamientos que sabemos hayan estado en situaciones parecidas. ¿No tiene el pueblo del al lado parques patrocinados por Coca-Cola?, ¿por qué nosotros no? Y todas estas ideas pueden surgir de cualquier persona o grupo del municipio, del trabajo colaborativo, utilizando procesos que hacen sistemática la innovación, como el iPower5.

Manuel: ¿Y cómo convenzo a mis concejales de que no me he vuelto loco?

B.: Probablemente, lo primero sería elegir a la gente que está más dispuesta, atacar un primer reto, conseguir resultados y, con el ejemplo de haber logrado algo, avanzar para convencer al resto.

L.: No es necesario que todo el mundo esté alineado con el proyecto al principio.

B.: Claro.

L.: Lo que necesitamos es una masa crítica de personas que crean en el proyecto para que se conviertan en agentes del cambio que quieres. Esas personas clave serán como un "virus de entusiasmo" que se expandirá. Poco a poco, más y más personas estarán contigo en los nuevos proyectos.

B.: Sí, se trata de que hagan suyo el nuevo proyecto, que sean actores en primera persona del cambio.

L.: Exactamente, y al mismo tiempo trabajar contigo con un proceso de acompañamiento, un proceso de *coaching* que te permita encontrar realmente tu esencia de nuevo, conectar con tu pasión por el pueblo, con tus valores profundos, y descubrir cuál es el siguiente nivel que hace falta en este nuevo entorno. Podemos trabajar juntos para descubrir en qué paradigmas te estás basando en este momento para buscar unos nuevos que te lleven más allá de los límites a los que te enfrentas hoy en día. Y eso se puede hacer con un proceso de acompañamiento, contigo al mismo tiempo que con tus doce apóstoles. Al principio serán doce apóstoles, después serán cien, luego serán mil, y así todo el municipio estará contigo, juntos, conectados y conversando en el futuro que queréis.

B.: Y eso, Manuel, es lo que Liberto y yo llamamos coraje y método de la innovación. Corazón y cerebro trabajando juntos.

Bibliografía

Anderson, Bob: *The Spirit of Leadership*, Position Papers, The Leadership Circle.

—, *Mastering Leadership*, Position Papers, The Leadership Circle.

—, *Leadership: Uncommon Sense*, Position Papers, The Leadership Circle.

—, *The Leadership Circle and Organizational Performance*, Position Papers, The Leadership Circle.

Anthony, Scott and et al.: *The Innovator's Guide to Growth: Putting Disruptive Innovation to Work*. Boston, Harvard Business Press, 2008

Anthony, Scott D. ; Christensen, Clayton M. and Roth, Eric A. *Seeing What's Next: Using Theories of Innovation to Predict Industry Change*. Boston, Harvard Business Press, 2004.

Arbinger Institute: *Leadership and Self-Deception: Getting Out Of the Box*, San Francisco, Berrett-Koehler Publishers, 2000 (*La Caja*, Barcelona, Ed. Urano, Col. Empresa Activa, 2000).

Ariely, Dan: *Predictably Irrational: The Hidden Forces that Shape Our Decisions*, New York, Harper-Collins Publishers, 2008.

Barlow, Nigel: *Batteries Included!: Creating Legendary Customer Service*, London, Random House UK, 2001.

Berkun, Scott: *The Myths of Innovation*. San Francisco, O'Reilly Media, 2007.

Block, Peter: *The Answer to How is Yes: Acting on What Matters*, San Francisco, Berrett-Koehler Publishers, 2002 (*La respuesta es sí: Activar lo que realmente importa*, Barcelona, Paidós Ibérica, 2003).

Cashman, Kevin: *Leadership from the Inside Out*, Minneapolis, TCLG, 1998.

Christensen, Clayton M.: *The Innovator's Dilemma: The Revolutionary Book that Will Change the Way You Do Business*. New York, Harper Business Essentials, 2003.

Cross, R. and Parker, A.: *The Hidden Power of Social Networks: Understanding How Work Really Gets Done in Organizations*, Boston, Harvard Business Review Press, 2004.

Cross, R. and Thomas, R. J.: *Driving Results through Social Networks: How Top Organizations Leverage Networks for Performance and Growth*, San Francisco, Jossey-Bass, 2009.

De Rosnay, Joël : *Le Macroscope. Vers une vision globale*, Éditions du Seuil, 1975.

Drucker, Peter F.: *Innovation and Entrepreneurship: Practice and Principles* New York, Collins Publishing, 2006

El-Gandhouri, Lofti: *El Despido Interior: Cuando nuestra infelicidad laboral nos lleva a convertir nuestro trabajo en una prisión*, Barcelona, Editorial Alienta, 2007.

Fahey, L. and Randall, R. M.: *Learning from the Future: Competitive Foresight Scenarios*, New Jersey, Wiley Press, Hoboken, 1997.

Fritz, Robert: *The Path of Least Resistance. Learning to Become the Creative Force in Your Life*, Toronto, The Random House Publishing Group, 1984, 1989.

Gharajedaghi, Jamshid: *Systems Thinking: Managing Chaos and Complexity. A Platform for Designing Business Architecture*, San Diego, Butterworth-Heinemann, 2006.

Gladwell, Malcom: *The Tipping Point: How Little Things Can Make a Big Difference*, Boston, Little Brown, 2000.

Godin, Seth: *The Dip: A Little Book that Teaches you When to Quit (and When to Stick)*, New York, Penguin Group, 2007.

Govindarajan, V. and Trimble, C.: *Ten Rules for Strategic Innovators: From Idea to Execution*, Boston, Harvard Business School Press, 2005.

Hamel, Gary: *The Future of Management*, Boston, Harvard Business School Press, 2007(*El Futuro del Management*, Barcelona, Paidós Ibérica, 2008).

Harvard Business Review. *Harvard Business Review on Innovation*, Boston, Harvard Business Press, 2001

Hippel, Eric Von: *Democratizing Innovation*, Boston, MIT Press, 2006.

Hock, Dee W.: *One From Many: VISA and the Rise of Chaordic Organization*, San Francisco, Berrett-Koehler, 2005.

IBM Institute for Business Value: *Liderar en la Complejidad Conclusiones de "The Global CEO Study 2010"*, IBM Corporation, 2010.

IBM Institute for Business Value: *Trabajar más allá de las fronteras. Conclusiones de "The Global CHRO Study 2010"*, IBM Corporation, 2010.

IBM, *The Social Business. The Advent of a New Age*, IBM Corporation, 2010.

Johnson, Steve: *Where Good Ideas Come From. The Natural History of Innovation*, New York, Penguin Group, 2010.

Keagan, R. and Laskow, L.: *Immmunity to Change. How to Overcome it and Unlock the Potential in Yourself and your Organization*, Boston, Harvard Business School Press, 2009.

Kelley, Tom: *The Art of Innovation: Lessons in Creativity from IDEO, America's Leading Design Firm*, New York, Doubleday Business, 2001.

Kotter, John P. and Cohen Dan S.: *The Heart of Change*, Boston, Harvard Business School Publishing, 2002.

Li, Charlen: *Open Leadership: How Social Technology Can Transform the Way you Lead*, San Francisco, Jossey-Bass Wiley, 2010.

Logan, Dave et al.: *Tribal Leadership. Leveraging Natural Groups to Build a Thriving Organization*, New York, Harper Business, 2008.

Mauzy, J. and Harriman, R.: *Creativity, Inc.: Building an Inventive Organization*, Boston, Harvard Business Review Press, 2003.

Osterwalder, A.: and Pigneur, Y. *Business Model Generation*, New Jersey, John Wiley & Sons Inc., 2010.

Owen, Harrison: *Wave Rider: Leadership for High Performance in a Self-Organizing World*, San Francisco, Berrett-Koehler Publishers, 2008.

—, *Open Space Technology. A User's Guide*, San Francisco, Berrett-Koehler Publishers, 2008.

Pink, Daniel H.: *Drive: The Surprising Truth of What Motivates*

Us, Riverhead Books, 2009 (*La sorprendente verdad sobre qué nos motiva*, Barcelona, Gestión 2000, 2010).

Rath, T. and Conchie, B.: *Strengths-Based Leadership*, New York, Gallup Press, 2008.

Rogers, Everett M.: *Diffusion of Innovations*. 5th edition. Free Press. 2003.

Shapiro, Andrea: *Creating Contagious Commitment. Applying the Tipping Point to Organizational Change*, North Carolina, Hillsborough, Strategy Perspective, 2003.

Scharmer, Otto C.: *Theory U: Leading from the Future as It Emerges*, New York, Berrett-Koehler, 2009.

Senge, Peter: *The Fifth Discipline: The Art & Practice of the Learning Organization*, New York, Doubleday Business, 2006.

Trompenaars, F. and Hampdem-Turner, Ch.: *Riding the Waves of Culture. Understanding Diversity in Global Business*, New York, McGraw-Hill, 1998.

Vogt, E.; Brown, J. and Isaacs, D.: *The Art of Powerful Questions. Catalyzing Insight, Innovation and Action*, Millney, Whole Systems Associates, 2003.

Wheatley, M. and Kellner-Rogers, M.: *A Simpler Way*, San Francisco, Berrett-Koehler Publishers, 1996.

Zenger, J. and Folkman, J.: *The Extraordinary Leader: Turning Good Managers into Great Leaders*, New York, The McGraw-Hill Companies, Inc., 2002 (*El Líder Extraordinario*, Barcelona, Bresca Editorial, 2008).

Zenger, J.; Folkman, J. and Edinger, S.: *The Inspiring Leader: Unlocking the Secrets of How Extraordinary Leaders Motivate*, New York , The McGraw-Hill Companies, Inc., 2009 (*El Líder Inspirador*, Barcelona, Profit Editorial, 2009).

Bibliografía específica de Synectics:

Gordon, W.J., *Synectics: The Development of Creative Capacity, New York, Collier Books, 1961.*

Mauzy, J. and Harriman, R. A.: *Creativity Inc.: Building an Inventive Organization*, Harvard Business Review Press, 2003.

Nolan, Vincent: *The Innovators Handbook* , 1989.

Prince, George M.: *The Practice of Creativity*, Collier/ MacMillan Publishers, 1970.

Roukes, Nicholas: *Design Synectics: Stimulating Creativity in Design*, Davis Publications, 1988.
—, *Art Synectics*, Davis Publications, 1984
Williams, C.; Walker, D. and Nolan, V.: *Imagine That*. Synecticsworld, 2010.

Agradecimientos

Borja.

A lo largo del libro leeréis cómo la creación es mucho más potente cuando es colaborativa. Este libro no es una excepción. Por eso quiero dar las gracias a todos los que de alguna manera han sido un nodo de la red que hemos tejido para poder hacerlo realidad.

Quiero destacar un agradecimiento especial a Richard Harriman, quien, además de ser mi padrino en el mundo de la facilitación de la innovación, me ha transmitido de forma directa e indirecta muchos valores necesarios para ayudar a innovar al resto. También a todas las personas con las que he tenido contacto en Synectics (hoy Synecticsworld), de las que he aprendido muchísimo, y que han sabido trasladarme con el plus de su propia personalidad la inmensa sabiduría generada desde 1960, año en que comenzó su singladura. Entre ellos, destacan Terry Guilliam, Connie Williams, Joe Gammal, David Walker y tantos otros que no puedo citar sin que se convierta en una lista interminable.

Quiero agradecer a José Ramón Magarzo, Presidente Ejecutivo de Altran España y Portugal, mi jefe y consejero, quien ha conseguido crear y mantener un entorno que permite desarrollar la innovación en el seno de Altran.

Gracias a todos mis colegas y colaboradores, que día a día me inspiran y hacen crecer el cuerpo de conocimiento que parcialmente se destila en este libro. Y muy especialmente a Luis Miguel Ciprés, Cristóbal Perán, Ángeles Amado, y Jerónimo de la Rosa, que, en todos estos años de colaboración y trabajo en entornos más o menos difíciles, han alimentado este conocimiento y han sido la chispa de nuevas conexiones. Trabajar con ellos codo con codo ha hecho realidad metas que parecían imposibles.

Gracias a todas las personas y organizaciones con las que he colaborado en estos últimos años: en todas y cada una de estas colaboraciones, he aprendido algo que de una manera u otra se perfila en este libro. Por nombrar algunos, quiero agradecer a los representantes de Alcatel-Lucent, Amadip-Esment , Bankinter, BBVA, British Telecom, Caja Laboral, Club Excelencia en Gestión, Coca-Cola, Endesa, Ericsson, Institut de Seguretat Pública de Catalunya, Instituto de Empresa, Instituto para la Calidad de las ONG, Ayuntamiento de Madrid, Mapfre, Mossos d'Esquadra, Ayuntamiento de Paracuellos de Jarama, Telefónica, Vodafone.

Gracias a Ferran Amago por haber iniciado la posibilidad de este libro, y a Francesc Ribera por ser capaz de encauzar el trabajo colaborativo hacia algo concreto en los límites de tiempo y forma necesarios.

Gracias, por supuesto, a Liberto, por su sabiduría, simpatía y amplitud de miras para conseguir un trabajo colaborativo que no solo no impone límites, sino que ayuda a expandir los propios. Ha sido un placer comenzar una colaboración que va mucho más allá de este libro. También gracias a su mujer Rosario, por su ayuda en todo este proceso, y por aguantar las maratonianas sesiones de trabajo. Y a su hijo Mario, el ilustrador de esta obra, que consigue siempre materializar gráficamente los conceptos que van surgiendo.

Y sobre todo, gracias a Silvia, mi mujer, que a lo largo de toda esta creación ha sido para mí la principal consejera y correctora. Su apoyo, trabajo, comprensión y amor, me ofrecen día a día la energía necesaria para, entre otras muchas cosas, escribir este libro.

Liberto.

Me vienen muchas personas a la mente, y sobre todo al corazón, al escribir estas líneas de agradecimiento. De alguna manera, como en el dibujo de las dos manos de Escher, todos co-creamos todo y los unos a los otros. Durante años, he tenido el sueño de escribir un libro. Ha sido mediante una serie de sincronías que ello ha sido posible, todas ellas hilvanadas por todas y cada una de las personas con las que he tenido el honor de trabajar, de vivir. Cada palabra en este libro ha sido escrita también por ellas. Así se embasta la vida, con la co-creación entre todas las generaciones, pasadas, presentes y futuras. Con cada persona, una perla; con todas las perlas, un gran collar.

Son muchas las personas a las que querría expresar mi agradecimiento, pero en particular quiero mencionar a: Liberto Pereda Salvador (mi padre, "no dejándome nada, me lo diste todo"), Enrique Rey (mi mentor durante muchos años), Jerry Wofford (me abrió la puerta del liderazgo), Honorio Pertejo (maestro y mentor en mis principios), Xavier Cots (me dio la posibilidad), Xavier Isern (me enseñó a aprender), Nicolas Paillot (me dio el espacio para crecer profesionalmente), Sam House (amigo y maestro), Fabiano Alberti (maestro y amigo), Okokon Udo (amigo y compañero de *dreaming*, maestro en estirar el tiempo), Art Shirk (amigo que me inspira generosidad y liderazgo desde el amor), Paul y Sarah Matthews (mis amigos de Heirr Island), Bob Anderson (maestro, y *elder* del liderazgo creativo), White-Eagle Sterling (*keeper* de The Delicate Lodge Teachings y maestra). Gracias a Karina Sandee, que me animó a descubrir más allá de los límites, y a Clark Friedrichs, mi *coach*, por acompañarme en el "salto".

Gracias a todas las personas con quienes hemos formado equipo, soñado juntos y logrado juntos. En la empresa familiar de mi padre, en Gates Rubber Company, en BIC Graphic Europe y en Société Bic. También a todos mis clientes y amigos.

Por supuesto, mi agradecimiento a Ferran Amago, quien impulsó el libro y que nos ha animado en todo momento.

Gracias muy especialmente a Francesc Ribera, que es para mí mucho más que el editor de la obra. Más allá de su gran trabajo y exquisita profesionalidad como tal, Francesc ha tenido el coraje de confiar en mí para la escritura de este libro, mi primer libro. Gracias a su visión y confianza, siento que se abren nuevas posibilidades para que pueda seguir avanzando en el desarrollo de mi propósito personal.

Borja, para ti, un fuerte abrazo y mi agradecimiento por el espacio que has creado para nuestra relación desde el minuto uno en el Café Saigón. Tu dedicación y compromiso por la innovación en las empresas y en la sociedad es inspiradora. Como bien dices, esto solo acaba de empezar. Me has ayudado a estirarme y a ir más allá. Gracias.

Gracias a Silvia, mujer de Borja, quien ha resistido también las maratones de redacción y co-creación.

Gracias a Mario, mi hijo e ilustrador del libro. Gracias a Adrià, mi hijo más joven. Gracias a los dos por inspirarme a crecer y a ir hacia la autenticidad, desde el talento natural, y por ayudarme a comprender que la generación "Y" viene con mucha fuerza y con valores muy profundos.

Gracias a ti, Rosario, por toda esta vida juntos.